JN084558

まえがき　「讐念」を「報恩」に変換できるか？

「恩讐」とは、北垣国道（第一・三・六部で詳述）と田邉朔郎（本物語の主人公）二人の葛藤である。あたかも、菊池寛の名作、耶馬渓「青の洞門」を掘った了海と実之助の「心の」葛藤を彷彿とさせる。

国道／朔郎の二人は、お互いに明治維新「戦争」における仇敵だった。倒幕の志士と、倒された幕臣の子。戦争後、二人は「恩讐」の彼方に二人三脚を組み、京都疏水を完成した。明治十八年に着工し、明治四十四年に完成。第一期工事と第二期工事を合わせてトンネル五本。出入口を「洞門」と呼ぶ。トンネルは赤レンガ巻き。故に、「赤の洞門」とした。

――不思議な暗号：洞門扁額

第一期も第二期も北垣国道がプロジェクト・プロポーザー（計画提案者）だった。この提案者は「洞門」扁額に暗号（コード）を残した。

伊藤博文、山縣有朋、井上馨、西郷従道、松方正義、三条実美、久邇宮邦彦王。そして国道もある。だれが配列を決めたのか？　筆者は、この謎に取り組み、国道が残したコードを解読した。第二部「『赤の洞門』物語」で明かす。

――筆者は孫／曾孫

筆者は、明治維新「戦争」の「敗者」田邉朔郎の嫡孫。加えて京都疏水工事の御縁で「勝者」北垣国道（京都府知事）の曾孫にもなった。第一期工事で二人は「恩讐」を超えた。その果実（証人）

が筆者である。
筆者は、小学校三年生から現在（八十六歳）に至るまで朔郎が遺した遺品に囲まれて生きてきた。これらと家伝によって、国道が残した「コード」を解読したものである。

―― 舟から見える洞門

大津市と京都市が、約七十年振りに（廃止されていた）疏水舟運を再開した。舟から扁額が見える。乗る前に謎解き（後述：第二部「赤の洞門」物語）を頭の片隅にでも置いておくと、楽しみが倍増する。

《本書の由来》

筆者は平成二（一九九〇）年、一般社団法人近畿化学協会から御依頼を受けてその月刊機関紙『近畿化学工業界』に四月から十月の八回に亘って解説文を投稿した。
タイトルは「近代『土木・電気・機械』の黎明期を切り開いた田邉朔郎とその後ろ楯、男爵北垣国道」だった。

―― びわ湖疏水にまつわる、ある一族のはなし

前項の投稿を一冊にまとめて平成三（一九九一）年、単行本『びわ湖疏水にまつわる、ある一族のはなし』を出版して国会図書館に献本した。
この本を琵琶湖疏水記念館においてご覧になった『水道産業新聞』社が平成四（一九九二）年一月三十日版に紹介記事を書いて下さった。

――日本の政権交代システム

同新聞は、「一族のはなしだけでなく、政権交代に対する考察が面白い」と評価して下さった。有村源介記者だった。

聖徳太子以来、権威の中心としての皇室の下における政権交代。筆者は、これを「システム」と評価して紹介したのだ。以来、背中を押された思いで今日までの三十年間、研究を継続してきた。

筆者は東証一部上場企業の本社事業企画部門に属していたことがある。本社では御多分にもれず、政権交代劇が、舞台上で演じられていた。筆者は、この「劇」の観客のひとりだった。自分には関係のないことだったので、「他人事」と思って観劇できた。とても面白かった。

――真説・明治維新

筆者の一族は、政権交代劇「明治維新『戦争』」に巻き込まれた。故に明治維新は「他人事」ではない。納得の行くまで切り込んだ。

切り込む材料は、交代舞台上で（脇役ながら）演技した「近い血族」九名、「近い姻族」三名、併せて十二名。

彼らを「讐念」と「報恩」の切り口から存分に切りきざんだ。田邉家以外の人は知らない恥ずかしい部分まで切り刻んだ。そして「真説・明治維新『戦争』（本書第五部）」を提唱した。

――『びわ湖…一族』巻末の結び

薩長軍事政権にその価値・意義を無視された徳川軍事政権時代は、すでに世界有数の科学・技術保有国だった。

この科学・技術が、他国に例を見ないユニークな天皇制の下で平和裏に薩長軍事政権に継承され、これが京都疏水を可能にした。この大胆な仮説をもって「まとめ」とする。筆者は今後、この仮説の立証を試みる。と、以上のように結んだ。

――厭離穢土欣求浄土

「おんりえどごんぐじょうど」。良く知られた徳川家康軍の旗印である。「穢れたこの世を厭い離れ、来世の浄土を欣んで求めよう」。意味をとると、「戦乱で苦しい現世を離れて極楽浄土に生まれ変わろう。

家康公は、旗印通り武力によってめでたく、「穢土」を平定して「浄土」をもたらした。すばらしい。

――家康公のエゴイズム

まてよ。本当に「すばらしい」かどうか、今回見直した。すると別の結論がでた。すなわち、獲得した「浄土」を保全する手段が姑息だった。徳川家の安泰は、これ即ち日本の安泰という枠組みを創ってしまった。徳川家の安泰だけを目標にしてしまった。

筆者は、これを家康公の自己中心主義（エゴイズム）と（今回）断定した。このエゴによって約二百六十年間の平和な惰眠を貪った。

眠っている間に、軍事技術の発展は、これを忘れていた。いや、忘れたというよりも、幕府はもとより、諸藩に対しても禁止したのだ。

これにより幕府の旗本は、本来の「武人」から実質は「文人」になってしまった。分かり易く言うと、武術はスポーツになってしまった。

――なぜ、信長・秀吉時代にスペイン・ポルトガルの植民地にならなかったか？

スペイン・ポルトガルが世界中に植民地を拡大している最中、世界の鉄砲の三分の一が日本にあった。だから、スペイン・ポルトガルが遠路はるばる航海してきて占領できるような日本列島ではなかった。スペインの植民地になったルソン（フィリピン）とは違う。

ところが、たまたま内戦（戦国時代）を勝ち抜いた徳川家康公とその後継者は、（分かり易く言えば）「鉄砲の技術向上」を放棄した。

徳川家の存続が「世界平和」だと誤認した。おそまつ。このこと、現在の日本にも通じる。日本が戦争をしなければ世界は平和だと国民の「少なからず」が信じている。なお、戦争の本質については第四部「明治維新『戦争』序曲」において詳述する。

――工学の遅れ

二百六十年間の惰眠の結果、関孝和の微積分、平賀源内のエレキテル等、科学は進歩した。しかし（大量生産）技術の進歩に必要な「工学」は生まれなかった。

「人力」に代わる「熱力」の利用は、これを考えなかった。だから「大規模」工業は生まれなかった。「家内工業」に留まっていた。

だから大量殺りく兵器の生産において、欧米に大きく後れをとった。「熱力学」なる基盤の上に立つエンジニア（工学者）の筆者はこのことを、声を大にして主張しよう。

――明治の「文明開化」？

話戻って、既著『びわ湖疏水一族』の結語、「江戸時代は、世界有数の科学・技術保有国であった」とする仮定は、間違っていた。科学はあったものの、技術は無かったのだ。そのことをここで確認する。

明治時代に入って工学が急発展した。「文明開化」と呼ばれる。急発展の理由は、工学を咀嚼する基礎学力が、国民全体に行き渡っていたことであった。読み・書き・ソロバンだった。その典型が田邉朔郎だった。

――徳川幕臣子孫の会「柳営会」

『びわ湖一族』巻末の結び（約束）の通り、筆者は三十年間、鋭意調査・研究してきた。この研究結果を、柳営会（筆者も会員）から御依頼を受けて年刊機関紙『柳営』に六年間（六回）投稿した。

――京都琵琶湖疏水記念館田邉朔郎特別展

『柳営』発表の成果を基盤として京都市上下水道局琵琶湖疏水記念館から御依頼を受けて「田邉朔郎特別展」を開催して頂いた。

これが御来訪者の大半から大好評を頂いた。「博物館的でなく面白い」と。「わが意を得た」との思いだった。このこと、第三部序節に詳述する。

――時代背景の描写

この朔郎展を記念に残したいと考えて出版を考えた。すでに弊『生涯現役エンジニア（経産省からの受託報告書をベースとした提言）』の出版で依頼実績のある出版社丸善プラネットに相談した。すると、「面白い」。付け加えて「近現代史を俯瞰するともっと面白くなる」。これが、アドバイスだった。

――有りのままの描写

貴重なアドバイスをヒントにして考えた。田邉朔郎一族が経験した明治維新「戦争」の「勝ち」と「敗け」から大東亜戦争の「敗け」を描写すると共に、戦争の中で必死に生きた一族を描写することにした。すなわち、「京都疏水にまつわる一族」の生きざまである。

描写に当たっては、「キレイ事」は抜きにして「必死」の姿をありのままに描写することにした。すなわち、「人間の性（さが）」の描写だ。

《本書のストーリー》

――「讐念」と「報恩」

人間の性（さが）を描くに当たっては、「讐念」と「恩念」を車の両輪に据え、「讐念」は意思の力で「報恩」に変えることができる。こんな仮説を立て、この立証に腐心した。立証結果が、「あとがき」である。「変えることができる」だった。

――北垣国道の讐念

但馬の農民北垣国道は、第九代開化天皇の末裔（日下部氏）を称し、誇りをもっていた。これを認めない徳川幕府に祖先代々「讐念」を抱いていた。この「讐念」で「生野の変」を首謀して倒幕の狼煙を上げ、明治維新戦争（戊辰戦争）に長州軍（隊長）として従軍した。

――榎本武揚の報恩

一方、江戸城無血開城を潔しとしない幕臣榎本武揚は、艦隊を率いて「脱走」し、函館五稜郭に籠った。互いに仇同士の二人（北垣／榎本）は、新政府に出仕し、北海道において「恩讐を超えて」協力した。

北海道小樽市中心部の梁川通り／静屋通り。これは、二人の号をとった道路である。こんな親しい付き合いをしたのだ。この親交が十年後に京都で花開いた。京都疏水計画だった。

《真実の歴史》

――『古事記』

話が変わる。約千三百年前、天武天皇は太安万侶（おおのやすまろ）に仰せになった。「諸家に伝わっている国の歴史や言い伝えは、まこととは異なり、多くの誤りが加えられている。故に、正しい歴史を選び、言い伝えを調べ、まことを定めて後の世に伝えようと思う」と。これを受けた安万侶は、語部稗田阿礼（かたりべひえだのあれ）の詠ずるところを書き記し、元明天皇へ『古事記』として献上した。

―部分的正解

インド「六人の盲人」寓話に言う。象の鼻を触った人は、「蛇のようなもの」と。耳は「うちわ」と。それぞれ部分的には正しい。

京都疏水も、「盲人」の「部分正解」が多い。今日に至るまでも、全体像を示してくれる識者はいなかった。部分正解者の中には誤りを加えている人もいた。

誤りの中でも以下の説は、識者の一部から「朔郎神話」と揶揄されている。「本当であるはずがない」と。すなわち、「田邉朔郎の京都疏水設計に関する卒業論文が北垣国道の目にとまってそのまま採用された」との説である。このことに関しては、真実を語らなければならない。朔郎のために。ひいては、日本の工学のために。生涯現役エンジニア®（工学者）を達成しつつある、筆者の最後の大仕事である。

―田邉賞

東大工学部土木工学科に「田邉賞」が「古市賞」と並んで設営されている。大変名誉なことであり、感謝に堪えない。

田邉賞は、優秀な卒業論文を書いた学生に授けられる賞だそうだ。授ける以上は、（北垣国道が採用した）田邉朔郎の卒業論文が保存されているものと期待している。

一方、田邉家の朔郎遺品の中にはそのような「論文」は存在しない。存在するという証拠もない。そして第一部「疏水建設物語」において、朔郎の卒業論文がでてくる余地のないことを確認した。

このことが本書の大きな目的の一つである。本件、「朔郎神話」を提唱する識者の反論を待つ。

―― 太安万侶

故に筆者は、家に伝わる話を調べ、正しい歴史を選び、まことを定めて後の世に伝えようと思った。天武天皇の命を受けた太安万侶と思いを同じくする。

―― 筆者の「讐念」

今、幼少から中学生時代を回顧している。他人に暴力を振るわれたことが何度かあった。筋肉質でない筆者は、その場で「報復」できなかった。悔しかった。

成長すれば報復できる。これを念じて少年期を過ごした。しかし青年期に入ると、「理性」が出てきた。だから暴力による「報復」などできなくなった。

成年後も「悔しい」思いは何度も経験した。そして、その「讐念」を原動力にして今日まで生きてきた。

この「讐念」こそが筆者人生の原動力だった。くやしい悶々とした思いは、「いい仕事をして見返してやる」に変わったのだ。

―― ルサンチマン

後年知った。強者に対して密かに抱く「報復」の思いは、哲学者ニーチェのいうルサンチマンであり、人間の本性のひとつである、と。

――故岡崎久彦さま

先生曰く「歴史とは、その時代々々懸命に生きた人間の軌跡である。後の世の人が、その軌跡をどう読み取るかは、人によって異なる」。「正しい歴史観などない」と。

このお言葉に元気を得てルサンチマンこそが、人間の行動力の原動力である。「殴られたら、殴り返す」が「歴史」である。と、納得した。

その納得の上に付け加えた。理性によって「讐念」を「報恩」に変えることができる。この「報恩」の軌跡も岡崎先生が仰せになる歴史である。こんな身勝手な仮説を立て、これを田邉朔郎一族の「恩讐」で検証を試みた。

――明治維新の見直し

検証に当たっては、既著『ある一族のはなし』を見直した。見直した結果、拙著『びわ湖疏水一族』における「時代検証」が不十分だったと反省した。

そこで『水道産業新聞』社が評価してくれた「史実の丹念な掘り起こし」をさらに深く実施し、京都疏水だけでなくて背景となる明治維新に踏み込んだ。踏み込んだはいいが、前人未踏の荒野に足を踏み入れた思いだった。

しかし荒野の中で明治維新「戦争」発端の真実を解明できた。西鋭夫先生の御著『新説・明治維新』という大きな石（岩盤）の上に立ち、解明できたのだ。

―― 西郷隆盛ひきいる薩摩軍の奇襲

解明を進めた結果、身内の情報と組み合わせて「英国式陸軍訓練を十分に受けた薩摩藩陸軍による奇襲だった」ことを発見した。

薩摩軍は、御所に向かう（戦闘態勢を取らず単なる使い走りの）徳川小部隊を（周到に戦闘態勢をとって）奇襲したのだ。このことを（身内の）客観的（公式）資料と現場検証によって確認し、明治維新に関する「真説」を提唱した。第五部「真説・明治維新『戦争』」である。

《本書の柱「讐念／恩念」》

―― 讐念とは「報復」を「密かに」念ずる「深層心理」であり、恩念とは、「報恩」を「顕わに」志す「表層心理」である。

そして「讐念」は、意思の力により、「恩念」に変えることが可能であり、「恩念」に変われば「報恩」が可能である。

そして「報恩」の成果が「社会基盤」である。これが無形の場合は、共通の礼儀、常識、思いやり、武士道などの文化。そして有形の場合は、万民に利益を与える書、絵画、構築物等である。そう理解した。

―― 世代を超えて鬱積する「讐念」

明治維新において長州軍は徳川軍を虐殺した。武士道は、これが無かった。故に、徳川軍「子孫」の長州軍「子孫」に対する「讐念」は、百五十年を経過した現在も消えていない。

――若松市の讐念

近年、（長州）萩市が（徳川）若松市に対して提案したそうだ。「姉妹都市にならないか？　もう百年たったから」と。これに対して若松市は回答したと聞く。「まだ、百年しかたっていない」と。

――田邉家「徳川」の讐念

徳川軍の「子」、田邉朔郎は縁あって長州軍の「隊長」北垣国道の娘を嫁に貰った。すると朔郎の母親（姑）は、嫁に「報復」した。

ある時嫁は七輪を落とし、これが真っ二つに割れた。すると姑は、「元通りに直せ」と迫った。家庭内で長州軍に対する「讐念」を発散した。すなわち、「報復」した。

――鬱積する朔郎の讐念

前述の如く、国道は、徳川幕府に対する「讐念」を原動力として「尊王」に燃え、王城の地京都への思い入れが大だった。

だから、京都の基盤整備のために田邉朔郎を（その生涯に亘って）京都に引き留めた。江戸（東京）出身の朔郎は後年ぼやく。「わしは京都の田邉になってしまった」と。その心は、「京都疏水の田邉になってしまった」であろう。朔郎の長州軍に対する「讐念」は、鬱結した。

目次

第二部「赤の洞門」物語　49

第三部　田邉朔郎の一生　65

第一章　生誕から大学卒業まで　75

第三章　京都帝国大学停年から没まで　158

第五部　真説・明治維新「戦争」　229

序章　京都疏水とは

第一節　そうだ京都、帰ろう

東京でJR東海の新幹線「のぞみ」に乗ろう。進行方向に向かって右側の窓際席を取ろう。名古屋を出発して約三十分経たころ、車窓に琵琶湖の一部が見える。瀬田川だ。すぐ、トンネルに入る。「次は京都」とアナウンスがある。トンネルを出ると、山科盆地を見下ろす。向こうに丘陵地帯が見える。

京都疏水は、この丘陵地帯の山裾の高台を通っている。だから、盆地からは見えない。列車は、すぐに二つ目のトンネルに入る。「ぎゅーん」とブレーキがかかって速度を落とす。このブレーキで「京都に帰ってきた」と筆者は感ずる。

――京都疏水

トンネルを出る。もう徐行している。そして眼下に鴨川が見える。鴨川の琵琶湖側に人工の「水路」が走っている。これが「仕事」を終えた京都疏水の水である。「御苦労様」と声を掛ける。

疏水の水にはまだまだ仕事がある。大阪湾までの旅だ。伏見を経て宇治川、淀川経由で海に帰る。「本当に御苦労さまでした。ありがとう」。

――京都に帰った

京都タワーを見ながら、京都駅に到着。その瞬間に歴史を感じる。京都疏水の歴史だけではない。神代から近現代につながる京都の歴史だ。

知れば知るほど、京都を誇らしく思う。この地に御縁を得たこと、神様・仏様に感謝。二礼二拍ナムアミダブ。

第二節　京都疏水の狙い

明治維新戦争の結果、勝者「薩長」によって東京遷都が敢行された。遷都によって「京」は従来の「繁栄」から「奈落の底」への坂を転げ落ちつつあった。

京都が崩壊すれば薩長政府も崩壊する。こんな危機意識を持った薩長政府、なかでも（事情があって）長州派が推進した京都復興計画であった。

復興のために産業振興が必要であった。具体的には、①西陣織、友禅染、漆器、清水焼、七宝等の地場産業振興、②京漬物のための京野菜を生産する農業振興、そして③それらを全国に運ぶ運送システムの整備だった。

この基盤に立って祇園や先斗町などの花街は繁栄を取り戻す。神社仏閣も生き延びる。こんな狙いだった。

これらの目標を京都市長（当時、京都市はまだ無く、京都府知事）北垣国道が設定した。念のために再度羅列する。

①地場産業振興のための工場動力
②地場農業振興のための灌漑
③地場特産品輸送のためのシステム

三目的の内、「動力」と「灌漑」は、琵琶湖京都間の「高低差」を利用すれば実現可能だった。ところが、「輸送システム」には困った。

第三節　京都／琵琶湖の高低差

話を第一節にもどす。トンネル内で感じるブレーキの事を書いた。実は、これが京都と琵琶湖の高低差を感じる瞬間である。「新幹線でこれほどブレーキを感ずる区間が他にあるだろうか？」と考えて見た。すると「あるある」。

新潟で上越新幹線に乗り、大清水トンネルを出て次の短いトンネルを通過する際に感ずる。高崎に到着する直前である。巨大な三国山脈谷川連峰の下を潜って降りきたのだ。

話もどって、「琵琶湖と京都の高低差はどの位か？」。下車した新幹線京都駅ホームから、進行方向に向かって左を見よう。

ビルの合間から五重塔が見える。東寺の塔だ。高さ五十五メートルといわれる。この塔の先端が、京都疏水の水が到着する洛北地域と同じ高さだと言われる。だから京都市中心部と琵琶湖は、ほぼ五十メートルであろう。

京都市と大津市の、それぞれの中心部間の距離は約十キロメートル。だから新幹線は、この「十キロ高低差五十メートル」の「坂」をわずか二、三分で降りてくる。「急ブレーキが必要な訳だ」と、一人で納得した。

この高低差が、前述した三つの目的の前に立ちはだかった。何としても三目的を「同時」に満たしたい。複雑なパズルだ。しかしこれを京都疏水工事部長田邉朔郎が解いた。以下の通りである。

①工場動力…高低差を利用して水車で電気を起こし、その電気を近隣工場に配る。
②農地灌漑…高低差を利用するので問題なし。洛北まで通水できる。
③輸送システム…高低差を「舟のケーブルカー」で克服した。動力は自前の電気。

難解な幾何学の出題に比喩すると、「発電・配電」という「補助線」一本引いて正解を得たようなものだった。知事北垣国道は狂喜し、すぐに実行に移して成功した。京都市の宝物となった。

――テルフォード賞とIEEEマイルストーン

京都疏水の完成は明治中期である。発電事業（発電・配電）の成功によって当時、シビルエンジニアリング（社会基盤工学）のノーベル賞といわれるテルフォード賞が授けられた。トンネル掘りではなく、運河開削でもなく、水力発電「事業」が評価されたのだ。

最近、再評価されてＩＥＥＥ（国際電気電子学会）マイルストーンに認定された。なお第一号はフランクリンの発見「雷は電気」である。それに匹敵すると認定されたのだ。すごい。

――残念な「宝物」の分離

京都市の宝物となった。このこと既に書いた。ところがこの宝物が、強制的に分離された。そのことを筆者は残念に思う。その分離の経緯は以下の通りである。

さる対米（大東亜）戦争中に戦時体制確立のため、全ての発電所は国策会社日本発送電（株）に統合された。京都疏水の水力発電所も例外ではなかった。

戦後、ＧＨＱ指導の下に民営の九電力会社が設立された。その際に京都疏水の水力発電所は、関西地域を所管する関西電力（株）に移管された。

因みに紹介しよう。筆者の父親田邉多聞は、昭和二十一（一九四六）年時点で京都市電気局長を拝命していたが、電気局に発電事業はすでに無く、市電運行事業だけの電気局だった。

第四節　観光「京都疏水」

疏水は人工の水路であり、公式名称は、「琵琶湖疏水」である。第一期工事の「第一疏水」と第二期工事の「第二疏水」からなる。ともに滋賀県庁所在地大津市中央部において琵琶湖から取水する。

――第一疏水

この水路は、県府境の「逢坂山」トンネルを通って京都市山科区に出る。前述のとおり高台を開削運河で通ってから「京都東山」の下をトンネルで「くぐって」京都市三条蹴上にでる。

ここは京都の市街地を見下ろす高台だ。ウエスティン「都ホテル」京都が三条通りを挟んで見下ろせる。

―― 第二疏水

この水路は、琵琶湖から三条蹴上まで一本のトンネルで来る。そしてここで「第一」と合流する。だから観光客には見えない。

―― 蹴上発電所

合流した「第一」「第二」の水は、三条蹴上の高台から二本の太い鉄管で蹴上水力発電所に落とされ、約五千キロワットの発電が行われる。現に。

―― 平安神宮前の慶流

発電を終えた「第一」「第二」の水は、放水路に流れでる。この水路を地元の人は「慶流」と呼ぶ。「慶流、いこかーー?」と言えば、「疏水に泳ぎに行こう」と同意義だった。

平安神宮大鳥居の前に架かった橋が「慶流橋」であるので、これが流れの名称だと誤認している。筆者も小学生時代はそのように誤認していた。

―― 鴨川沿いの暗渠

流れは右折し、左折して鴨川の畔に至る。第一疏水「単独」時代は、ここで鴨川に流下していた。現在は、ここで暗渠となり、鴨川の東岸沿いに七条に至る。

七条で顔を出し、前述した京都駅手前の新幹線から見える「放水」となって伏見に至り、宇治川に合流する。余談だが、京都人を自負している筆者は「しっちょう」と発音する。

――俳優船越英一郎さん

第一疏水の一部は「分水」されて南禅寺の「水路閣」の上に導かれる。愛称「ローマ橋」だ。ここは、サスペンスの帝王「船越英一郎」さんの御演技背景として名をなす。

二〇一六年三月、筆者はあるテレビ局の「京都の極み」という番組に協力した。前述した発電所の「二本の太い鉄管」を御覧になった船越さんが、「迫力ありますね」とおっしゃって、それが放映されたことが記憶に新しい。京都市上下水道局からの御紹介だった。

――新島襄

第一疏水の分水は、ローマ橋からトンネルに入る。トンネルは、紅葉の「永観堂」の下をくぐる。そして京の「三熊野」の一つ、熊野若王子神社の下、そして新島襄も眠る同志社墓地の下で顔をだす。

――「京」の「上ル」「下ル」

ここから、夏の「送り火」で有名な大文字山の麓の高台を北に向かって流れる。京都では北行のことを「上ル」、そして南行のことを「下ル」という。鴨川や堀川の流れに沿った言い方だ。

ところが、ここでは「川」が北行する。筆者が通った小学校は、この川沿いだった。だから北行が「上ル」の感覚は身につかなかった。

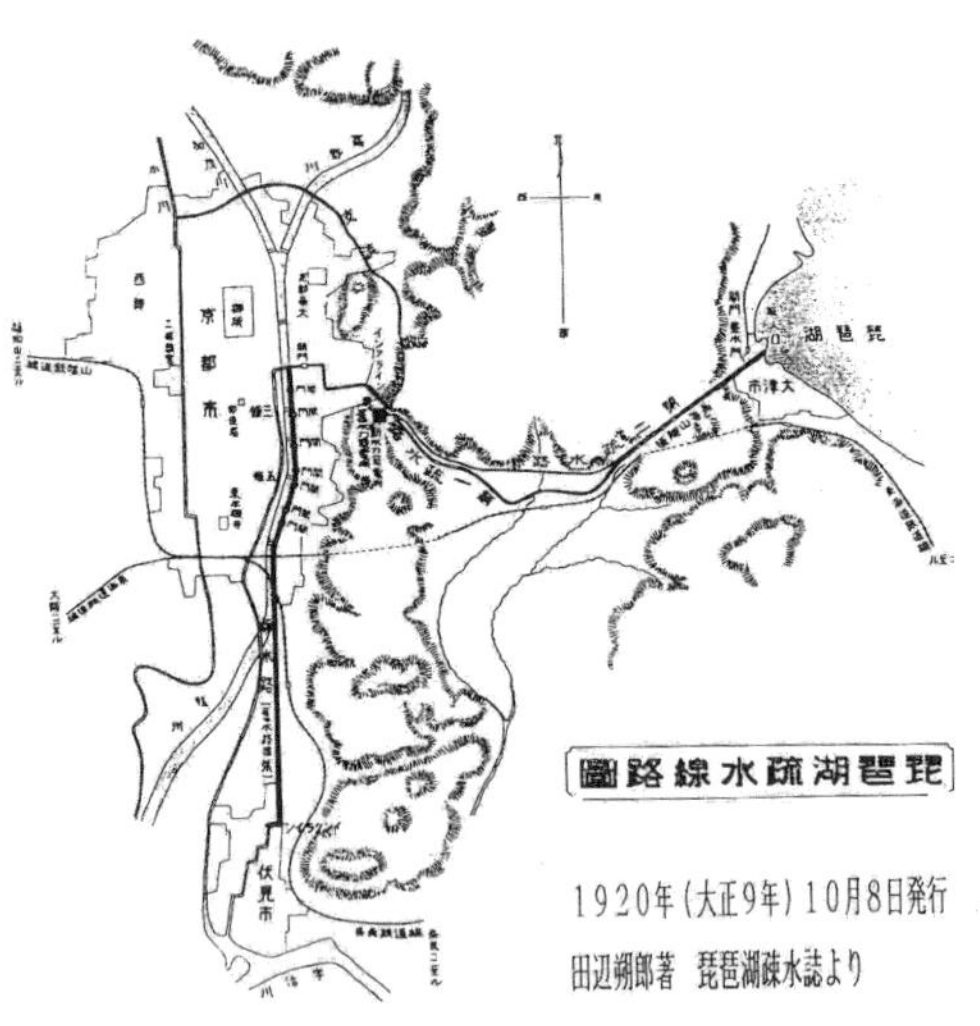

琵琶湖疏水線路圖

1920年(大正9年)10月8日発行

田辺朔郎著　琵琶湖疏水誌より

――京の地盤は「砂」

およそ百万年前から始まる洪積世の中で、およそ三万年前に最終氷期が終わり、およそ一万年前にさらに温暖化した沖積世が始まって大量の雨が降り、盆地周辺の「火山性」、かつ「結晶性」地質の山々が降水によって削れ、砂となって京の盆地を埋めた。だから京の地盤は砂礫であり、地下水が豊富だった。現在でも、市中で二メートルも掘れば清浄な水が湧く。

――白川

沖積世の現在、京都の河川の浚渫は大切な仕事だ。東山裾を流れる「白川」は、文字通り川が白色なのだ。東山の風化した（小粒の水晶を含む）花崗岩が砂となって流出す。神戸市の裏山「六甲山」が京都の「東山」と思えばよい。

困ったことには、この白川が疏水「慶流」に流れこむ。第一疏水で「白川」河川敷の一部を利用したのだ。だから管理される京都市水道局さまも、お骨が折れることでしょう。

第六節　現在京都市の命の水

京都は地下水が豊富。このこと、すでに述べた。歴史的には、井戸に飲み水を頼ってきた。因みに、筆者の実家にも井戸が三本あった。廃井戸にした。話もどして現在、「飲料水」のほゞ百%は、京都疏水を原水とする上水である。

――蹴上浄水場

第二疏水が完成した明治末期、蹴上発電所のすぐ近くの丘の上に浄水場が完成した。丘の上だから、利用できる土地の面積が少ない。

ここでも田邉朔郎が知恵を出した。従来の方形「プール」静置方式ではなく、円形「水槽」撹拌方式。日本初だった。「急速濾過」という。

土地利用の面で大成功しただけでなく、余得があった。丘の上に立地するのでポンプなしで給水できる。省エネルギー浄水場だった。琵琶湖「高低差」の賜物。

――洛北の浄水場

後年、洛北松ヶ崎に浄水場ができた。「疏水支線は洛北に至る」。このこと既に述べた。この水を利用したものだった。

現在、支線を通らずに地下埋設鉄管で送られている。筆者は（支線沿いの）京都市立第三錦林小学校へ、白川通りの「錦林車庫」横を通って通っていた。その際、工事を見た。六年生だった。

小学生なら、中を立って歩けるような大口径の鉄管の埋設工事だった。この工事が完了した後、疏水支線は小川なってしまった。前述した哲学の道「脇」の小川だ。以前は、「とうとう」と流れていたのに。

第七節　文化庁認定「日本遺産」

――日本遺産

令和二（二〇二〇）年六月、京都市と大津市の御努力により、「京都と大津をつなぐ希望の水路『京都疏水』。舟に乗り、歩いて触れる明治のひととき」が文化庁により日本遺産に認定された。

――構成ストーリー（原文のまま）

琵琶湖疏水で遊覧船に乗り、疏水沿いを歩いて触れられるのは、明治の偉業から生まれた、京都と大津の知られざる魅力である。

明治の時代に、京都の人々は、多くの困難を乗り越え、琵琶湖疏水の建設を成し遂げ、豊富な水が経済、産業、文化などを発展させた。

琵琶湖疏水は、今も京都と大津を繋ぎ、まちと暮らしを潤しながら、明治の壮大な事業が、時を超えて今に息づいていることを感じさせてくれる。

第八節　トンネル扁額をみる遊覧船

京都疏水で遊覧船に乗り、明治の偉業から生まれた、京都と大津の「知られざる魅力」に触れてみよう。魅力の第一は、各トンネルの出入口に掲げられている「揮毫・扁額」だ。

明治維新の元勲が書いた。伊藤博文、山縣有朋、井上馨、西郷従道、松方正義、そして極めつけは三条実美だ。

これに加えて、建設プロジェクトリーダー北垣国道と建設チーフエンジニア田邉朔郎の揮毫・扁額もみよう。この扁額が京都疏水の魅力をさらに高める。

以下、扁額を羅列する。

―明治元勲の扁額

①伊藤博文（元長州藩士）第一期工事第一トンネル入口
②山縣有朋（元長州藩士）第一期工事第一トンネル出口
③井上馨（元長州藩士）第一期工事第二トンネル入口
④西郷従道（元薩摩藩士）第一期工事第二トンネル出口
⑤松方正義（元薩摩藩士）第一期工事第三トンネル入口
⑥三条実美（元親長州藩の公家）第一期工事第三トンネル出口

以上、船から見える。

―皇族の扁額

①久邇宮邦彦王（親薩摩藩の皇族）第二期工事トンネル入口
②久邇宮邦彦王（親薩摩藩の皇族）第二期工事発電所建物入口上

これらは、船から見えない。ガイドの案内で見よう。

―北垣国道（元長州藩縁者）の扁額

①第一期工事第一トンネル内

②第一期工事インクライン軌道下トンネル東口
③第一期工事インクライン軌道下トンネル西口
第一トンネル内は、船から見える。他は、ガイドの案内で見よう。

―田邉朔郎の扁額

①第一期工事、第一トンネル入口
②第一期工事、第三トンネル出口
③第二期工事、第一と第二疏水の合流点（発電所用水トンネル出口）
ガイドの案内で見える。

第一部　京都疏水「建設」物語

第一章　京都の「歴史的」水事情

第一節　桓武天皇のインフラ政策

――京都市は、山に囲まれている。東山三十六峰の「東山」、西山ドライブウェイの「西山」、そして北山杉の「北山」。南方だけが、宇治川で開けている。

市内に小山がある。兼好法師の吉田山である。筆者は、この吉田山の中で育った。周辺には、近くにも、遠くにも山の緑が見えた。現在、東京品川区に居住。山が見えなくて寂しい。

――桓武天皇は、諸事情あって奈良盆地（平城京）から京都盆地の南端に都を遷された（長岡京）。しかし水害に驚いて北東に移転された（平安京）。

ところが今度は水に不自由する。鴨川はあるが、暴れ川だ。流れを十分にはコントロールできず、生活に困る。だから生活用水は井戸に頼った。

幸い市内の地下水位は高い。二メートルも掘れば清水が湧く。筆者の自宅にも井戸があった。そして地下水を利用した京豆腐は美味しい。

――ところがところが、今度は下水の始末にこまる。一説には、奈良盆地の平城京から逃げ出した理由は、汚物で「平城京」全体が臭くなってきたからだという。

因みに別説は、周辺の山々の樹木を（燃料のために）伐採し尽くしたからと言う。これらは、都市の「インフラ政策」と「エネルギー政策」の問題だった。

第二節　それでも残る、後白河法皇のお悩み

すぐ近くに大きな湖がある。ここから水を引けないか（疏水）。平清盛も豊臣秀吉も考えた。しかし断念した。

後白河法皇は仰せになった。「自分の思いのままにならないのは比叡山延暦寺の僧兵と鴨川の洪水である」と。以後、京都市民は水に苦しめられながら、そして琵琶湖の水を渇望しながら明治を迎えた。

第三節　明治になって文明開化の成果？　そんなに簡単？　独力で？

平清盛も豊臣秀吉もできなかった琵琶湖からの疏水。明治の文明開化によって急に「日本人の手」で出来た？　嘘でしょう。

なぜ、平和な徳川時代にできなかったの？　不毛の湿地帯の江戸を（江戸川を銚子へ流れを変えるなど）大改修した徳川家だよ。トンネル技術も、江戸時代にすでにあったよ。各地の金山・銀山だ。トンネル中間の竪坑もあったよ。斜坑だが。

一方、幕府の京都所司代は、幕府官僚ピラミッドの最上階に位置付けられいた。徳川家は、御所や寺社等に多大な金を使った。だから、財政の問題でもなかったでしょう？

第二章　京都のピンチと薩長の危機感

第一節　街々の荒廃

第一項　長州藩による大火

明治維新戦争の序曲。長州テロリストが、天皇の玉座（御所）に向かって大砲をぶっぱなした。「蛤御門の変」のはじまりだった。この変により、折からの風によって京都の大半が灰燼に帰した。

第二項　天皇の拉致：「東」の「京」へ

薩長明治政府は、畏れ多くも「千年の玉座」を江戸に移し奉った。平たくいうと「拉致」だった。こんな暴挙は、権力を欲しいままにした徳川政権でさえ差し控えていた。徳川は、天皇の玉座京都をお守りした。

第三項　薩長の危機感

京都のピンチによって京都が崩壊すれば、薩長の明治「維新」政府の「威信」が問われかねない。危機感をもった薩長は、政権の「威信」をかけて「京都復興」を推進した。

第二節　薩長政権内で責任を問われる長州

第一項　長州奇兵隊「槇村正直」の起用と失敗

薩長政権内で長州は薩摩から（蛤御門の変の）責任を問われた。そこで長州は人選した。行動力のある人物を。最初は、槇村正直だった。槇村は、奇兵隊出身だった。奇兵隊の行動力が期待された。

槇村は、（幕末から京都にきていた）会津藩出身の山本覚馬を（そのまま）起用して殖産興業を試みた。博覧会などを開催して販路を開拓しようと。

しかし成功しなかった。覚馬は当該分野におけるブレーンとしては経験不足だった。学問不足だった。覚馬は軍事技術に優れていたのだ。それ以上は、「力不足」「役者不足」だった。

京都は「蛤御門の戦い」による大火の結果もあるが、もともとインフラが貧弱だった。だから大火により、地場産業の「生産」そのものが停滞していたのだ。「販路」開拓以前の問題だった。単なる「元奇兵隊員」だけでは、行動力に欠けた。猪突猛進はあろうが、頭脳が十分ではなかった。

第二項　代わって長州テロリスト「北垣国道」の起用

ここで頭脳と行動力のある人物が起用された。いわば元日本国首相田中角栄にも比肩できる「コンピュータ付きブルトーザー」である。ある側面では角栄以上。

北垣晋太郎として倒幕「生野の変」を首謀し、失敗して八木良蔵、柴捨蔵と変名して幕末の「倒幕の志士」を演じた北垣国道だった。柴捨蔵として長州奇兵隊の一員でもあった。

国道は、「志士」というと聞こえが良いが、今日の言葉でいうと、「テロリスト」である。死線を何度も潜った。その行動力において国道に勝る者は多くはいない。

第三章　北垣国道のインフラ政策

第一節　琵琶湖から水を引こう

高知県知事、そして徳島県知事だった国道は、京都府知事着任早々、槇村政策の欠点を見抜いた。その上で「インフラ政策」をやろう。と、心に誓った。

そこで早速、前任地から優秀な測量技師島田道生を招聘し、琵琶湖から京都にいたる地形の「等高線図」を描かせた。そして自分自身は、猪苗代湖通水（「安積(あさか)疏水」という）を見学しに出かけた。

第二節　「安積疏水」を参考にしよう

長州テロリストは、幕末の京都において会津藩による取り締まりを受け、大きな「讐念」を抱いていた。

その讐念を晴らすべく、会津戦争においては、すでに戦争の勝負がついているにも拘わらず、一方的な殺りくの限りを尽くした。これに対して会津藩から逆に大きな「讐念」を買った。

安積疏水は、この「讐念」を和らげんものと、新政府が計画した（会津藩士救済のための）農地拡大事業だった。ただし長州ではなく、薩摩の大久保利通が主導していた。長州は会津に入れなかったのだ。

第三節　大久保利通の暗殺

ところが大久保利通は、紀尾井坂で殺された。武士の誇りである佩刀が禁止され（明治九年）、武士は「讐念」を抱いた。それ受けたものだった。そこで、大久保の事業を「同じく」薩摩の「松方正義」が引き継いだ。この松方が国道の見学を案内した。

第四節　松方正義「緊縮財政」

この時国道は松方に聞いた。「安積疏水は、国の資金で遂行した。だから京都疏水にも国の資金を期待する」と。これに対して松方は、「国から一銭もでない」と。

西南戦争（明治十一年）で紙幣を乱発した。現在の言葉でいうと、ハイパーインフレが怖いので、金融引締を行った。いわゆる「松方緊縮財政」の最中だった（明治十四年）。

第四章　プロデューサー「北垣国道」の決意

しかし、これに挫けるような我が「テロリスト」国道ではない。「京都だけでもやるぞ！」と、闘志を燃やした。そして「インフラ政策」を着々と進めた。

予算の腹案は、明治天皇東京「遷都」の際に頂いた「下賜金」、いわば「手切れ金」。この残高約六十万円（現在価値六百億円（注一））。これを主軸に据えた。

第一節　建設省「南一郎平」の「技術的」お墨付き

島田が描いた等高線図を内務省土木局（国土交通省前身のひとつ）南一郎平に見せた。そして問うた、「京都北面（洛北）の農業地帯にまで琵琶湖から通水できるか」と。「できる」と、一郎平。

第二節　南一郎平「招聘」難航

国道は喜んだ。そして一郎平に工事を依頼する積りだった。ところが、一郎平招聘は難航した。引く手数多だったのだ。

注一：換算係数「十万倍」。

第三節　動く「榎本武揚」

一郎平招聘「難航」の報に接して旧徳川幕臣の榎本武揚、大鳥圭介、荒井郁之助、田邉太一の「四人組」が動いた。「我らが天才大学生田邉朔郎を京都疏水工事に押し込もう」、と。

第一項　大鳥圭介と荒井郁之助

朔郎の「卒業実習」のテーマ選定に当たっては、工部大学校（東大工学部前身）の校長大鳥圭介が荒井郁之助に相談し（注二）、京都疏水に決定した。なお荒井郁之助は、田邉朔郎の育ての親（叔父）田邉太一の義兄だった。

第二項「徳川四人組」の結束

大鳥圭介、荒井郁之助、田邉太一、そして榎本武揚は「仲良し」だった。仲良しの筆頭は、田邉太一。徳川幕府の最終閣議に当たって「幕閣目付」として出席した。

閣議では江戸城無血「開城」の是非が問われた。席上、「腰の引けた」征夷大将軍徳川慶喜の前で、「裏切者」勝海舟と「忠臣」勘定奉行小栗上野介が対峙した。

田邉太一は急遽、幕閣目付に昇進して小栗を補佐した。しかし閣議は慶喜の（彼の御先祖徳川家康公に対する）裏切りに会い、四人は下城した。

四人は、独断で対薩長「徹底抗戦」の挙にでた。榎本、大鳥、荒井は、北海道函館五稜郭「戦争」へ、そして田邉太一は横浜に潜んで欧米列強との隠れた「外交（内戦だ。手を出すな）」を行った。

四人は、三河以来の旗本ではなく、（いわば中途採用の）将軍には直接拝謁のできない「御家人」

という身分だった。しかし、武士道を心得ていた。

また、身分が低い故に、血縁、地縁、学縁で結束が固かった。この四人は「徳川四人組」と呼ばれる。残念ながら五稜郭戦争で四人は力尽きた（明治二年五月）。

第五章　北垣国道は、田邉朔郎を舞台に上らせた

南一郎平「招聘」が難航していたころ、京都疏水実習を終えた田邉朔郎が「榎本武揚」の紹介によって北垣国道を訪問した。

第一節　仲良し、榎本武揚と北垣国道

国道と武揚の二人は、もともと「仲良し」だった。明治初期に北海道で一緒に仕事をした仲だった。現在、小樽市の中心に「静屋」通りと「梁川」通りが併行して走る。二人の「号」である。

第一項　田邉朔郎と北垣国道との出会い

北垣国道は東京出張の際、榎本武揚を訪問した、その直後、大鳥圭介の紹介で朔郎が国道を訪問

注一：相談した手紙が琵琶湖疏水記念館「田邉朔郎特別室」に展示されている。

した。国道が信頼する榎本武揚の紹介だった（明治十五年五月）。

第二項　京都市（京都府）に就職した田邉朔郎

国道は、朔郎を京都府職員として採用した（明治十六年五月）。朔郎の工部大学校卒業と同時であった。最初は、測量士島田道生が上位にランクされた。当然だ。

第三項　プロデューサー北垣国道は、着工に当たり田邉朔郎を「主役」に起用した

朔郎が就職して二年後、明治十八年八月に着工された。その時、工事部長朔郎、そして測量部長島田とし、工事部長を上位にランクした。その間の朔郎の働きに国道は満足した故。

第四項　金は出さずに、口を出す国

着工を国に伺いでたところ、「安全対策が不十分。しっかりやれ」と。国が一銭も出さないにも拘わらず口をだした。

これにより、必要予算は約百二十万円（現在価値百二十百億円）に倍増した。こんどは市民の税金（増税）を当てにした。市民から大きなブーイングを受けた。「今度きた（北）餓鬼（垣）極道（国道）」と。

第五項　北垣国道の田邉朔郎への信頼

第一トンネルから着手した。工事の途中で大「湧水」事故に遭遇した。市会議長の高木文平が声を上げた。「南一郎平を呼べ」と。これに対して「誰がやっても日本初。朔郎でよい」。これが国道の回答だった。朔郎は、感涙にむせんだ。

第六項　杜撰な工事計画

第一トンネルを貫いた後の計画は、まだ固まっていなかった。南禅寺の裏山をトンネルで貫いて直接鹿ケ谷（大文字山裾）にでよう。（現在の）「哲学の道」の斜面下方に地場産業の水車小屋を誘致しよう。こんな風に、漠然と考えられていた。

舟はパナマ運河式（階段式）運河によって白川面に落とし、西に向かって鴨川を超え、高瀬川（高瀬舟で有名）に導びこう。残りの水は、北上して洛北の農業地帯に導びこう。こんなイメージだった。

第七項　国道のサイコロ「丁半」ばくち

当時の金額で約百二十万円。現在値を少なめの一万倍とすれば百二十億円だが、おおきめの十万倍とすれば千二百億円。これを、まだ全ルートの計画が定まっていなかった状態で着工した。フィージビリティスタディー（採算性調査）もせずに、京都市民の税金を当てにして見切り発車した。命を賭けた大博打だった。

さすがは、自らの命を「運命の女神」の前に担保として差し出し、幕末の動乱期を刀剣「保昌貞宗（注一）」を佩き、変名を使って駆け抜けた長州テロリスト北垣晋太郎、八木良三、柴捨蔵の北垣国道。面目躍如たるものがある。

注一：この刀剣は現在、琵琶湖疏水記念館「田邉朔郎特別室」に展示中。

第八項　手品師、田邉朔郎

エネルギー効率が悪い。工部大学校で「熱力学」を学んだ朔郎は、原案イメージに疑問を感じた。そこで、難関工事が一段落したとき、朔郎は国道に願い出た。「米国に視察旅行したい」と。国道は、直ちにOKを出した。トンネル事故の際、「朔郎更迭。南一郎平を呼べ」と主張した市会議長の高木文平が「お供」をした。

高木は、若年の朔郎に「付いて行く」しかできなかった。六年間工部大学校で鍛えた完璧な「専門分野」の英語を話す朔郎が先導した故。

第九項　主役、田邉朔郎の画期的な提案

朔郎の出張報告。「せっかく苦心して琵琶湖から京都まで導いてきた大量の水。これをパナマ運河方式で下流に落とすのは止めよう。水の位置エネルギーの利用効率が悪い故」。「水車で動かす工場を鹿ケ谷の斜面に誘致することも止めよう。広大な土地を要する故」。「代わりに大きな水車を使って電気を起こそう」。「この電気で舟のケーブルカーを動かそう」。「同時に、起こした電気を近隣の既存工場へ出前（デリバリー）しよう」。「幸い、電気の届く範囲に大きな需要がある」。「これによって、電気の莫大な販売収入が上がる」。「疏水は京都市の営利事業として成り立つ」と。

第十項　北垣国道のばくち賭金「上乗せ」

「それはよい。そのまま採用しよう。必要資金は、公債を発行して賄おう」と国道。その公債を市

民が買わされた。「今度きた（北）餓鬼（垣）極道（国道）」のブーイングはいや増した。

第六章　ピンチをチャンスへ

第一節　琵琶湖／京都「高低差」の克服

ここからが、朔郎の「本領発揮」の場だった。一見「不利」（ピンチ）と見えた立地条件を「有利」（チャンス）に変えたのだ。

ケーブルカー「線路」の設計、ケーブルカー「車両」の設計、発電機駆動用水車の回転速度「調節器」の設計、送電線の設計、モーターの発注。八面六臂（はちめんろっぴ）の活躍を獅子奮迅（ししふんじん）に遂行した。

第一項　世界初の「事業用」水力発電所

現在三条蹴上に存在する発電所は三代目である。初代は売電事業用として世界初の水力発電所である。一般には、これが日本初といわれているが、世界初である。

故に英国シビルエンジニアリング（社会基盤工学）協会からテルフォード賞が、第一疏水完成（明治二十三年）直後に授与された。現在に至るまで「国内二番手」の受賞者は存在しない。

第二項　京都の恩人「プロデューサー」北垣国道

元テロリスト北垣国道の大博打がなかったら、今の京都はなかった。また、その大博打をフォローアップする田邉朔郎がいなかったら、今の京都はなかった。また、朔郎を親代わりとなって育てた叔父の田邉太一がいなかったら、今の京都はなかった。

結局、朔郎を「半信半疑」ながらも採用した北垣国道がいなかったら、今の京都はなかった。北垣国道こそが京都の「大恩人」である。

顧みるに、トンネルを貫き、運河を開削するだけならば、確かにトンネルは難工事だったが、現場の監督者は、朔郎でなくてもよかった。

しかし朔郎がいなければ基本設計の「大変更」は無く、世界初の売電事業用水力発電所はなく、京都疏水は、収益事業としては失敗し、京都市民への「負」の遺産となり、それが京都市民の肩に重くのしかかって今の京都は無かった。つまるところ、朔郎を採用した北垣国道の「大功績」だった。さらには、朔郎を国道に紹介した榎本武揚の大成功だった。

第二節　北垣国道から田邉朔郎へ「大きな」ご褒美

コンピューターのような頭脳を持っていた国道は、この設計変更が大成功になることを直感的に気が付いた。

第一項　北垣国道長女静子を田邉朔郎へ「降嫁?」

そこで完成を待たず朔郎に大きな「御褒美」を与えた。自分の長女静子を朔郎の嫁に出すことを決めたのだ。ただし、朔郎には黙っていた。そして、完工した後で静子を嫁に出した。朔郎には嫌も応もなかった。

傍から見ると、身分の高い「王様」が臣下に「下げ渡す」というような感じだったので、畏れ多い言葉であるが「降嫁」に「？」を添えて使わせて頂いた。

披露宴に当たって（朔郎を国道に紹介した）榎本武揚は、祝電と手紙（祝辞）を朔郎に送った（注一）。

第二項　長州テロリストが曾祖父に！

前項の結婚について後年、朔郎はいう。「たまたまうまくいったからよいようなものだが、人には勧められない」と。

徳川幕臣の子孫である筆者は長州テロリストに（会津藩士子孫と共に）「讐念」を抱く。その上で北垣国道が曾祖父になってしまったことに、複雑な思いをいだく。「長州テロリストが曾祖父になってしまった！」。

注一：この祝電と手紙は現在、琵琶湖疏水記念館「田邉朔郎特別室」に展示されている。

第七章　水力発電「大成功」の技術的な背景

第一節　世界の産業革命

第一項　第一次産業革命（動力の発明）

一八〇〇年代の「前半」、石炭が豊富な英国スコットランドで「ワット」が実用的蒸気エンジンを発明した。これによりまず、綿織物などの軽工業が振興した。つづいてその地で豊富な鉄鉱石を利用して重工業も起こった。

第二項　第二次産業革命（動力の配給）

一八〇〇年代の「後半」、実用発電機と実用電動機が発明された。これにより、動力を、電気を介して工場に配ることが可能となった。すなわち、動力供給業者と動力消費業者の距離的「分業」が可能になったのだ。これにより、欧米の第二次産業革命が振興した。

結論を先に言うと、動力に関する分業方式をいち早く京都に導入したのだ。しかも水力で。当時は、電気を配る（送電）技術が未熟であり、これが「隘路（弱点）」だった時代である。

第三項　京都蹴上の「有利な」特殊事情（供給と需要の近接）

ところが、京都にはこの隘路が存在しなかった。朔郎は、いち早くそのことに気が付いた。そして「世界初」の一般売電事業用水力発電所を実現した。

一般売電用の米国ナイアガラ水力発電所が稼働開始したのは、実にこの五年後だった。交流送電が実現した後だった。京都三条蹴上水力発電所は、タッチの差で「世界初」だった。売電事業用として。

―水力発電の始まり

一方、水車による発電はすでに存在していた。しかし立地は山奥に限られていた。水車用の急流があり、近くに鉱山に湧水汲み上げ需要があったのだ。日本にも在った。

―電気の発見

十九世紀の初頭、電池が発見された。電圧単位「ボルト」に名を遺すボルタによる。いうまでもなく直流だった。

―電気と動力（ちから）

この後、機械的動力を直流電気に変換する方法が発見された。発電機（ダイナモ）である。同時に直流電気を機械的動力に戻す方法も発見された。電動機（モーター）である。

筆者は子供時代、永久磁石、整流子、並びにブラシ付きキットを買ってきてモーターを組み立てて電池で回して楽しんだ。

―フレミングの法則

フレミングの左手・右手の法則は習っていなかったが、手動でモーターを回すとテスターで電圧が観測されることを知った。

回転子・ブラシ付き直流モーターは、そのまま直流発電機（ダイナモ）になるのだ。すなわち、機械的動力を電気に変え、その電気を再び機械的動力に戻すことができる。これを子供の時に知った。

第四項　エジソンが障害

――電気を遠くへ運べないか？

第一疏水が完成に近づく明治二十年代（一八八七〜）は、電気技術が目まぐるしく変化・進歩した時代だった。

その時代、発明王エジソンが健在だった。エジソンは、直流電気をそのまま遠くへ運ぶことを主張していた。

交流電気であれば、変圧器（コンバーター）を利用して「電圧」を上げて「電流」を下げ、送電線の電気抵抗による発熱（損失）が低減されるのに、エジソンは何を考えていたのか。発明した（整流子による）直流発電機を売って儲けるためか？　理解に苦しむ。

――白熱電灯が優先

エジソンは、白熱電灯の発明者として歴史に名を残す。この電灯の発光体（フィラメント）に京都産の竹の炭化物が利用されたことは、よく知られている。

エジソンの頭の中では、動力伝達の媒体としての電気は無かったのだろう。すでに電磁誘導や静電誘導の原理は解明されていた。発明王は何をしていたのか？　動力の普及は考えなかったのか。

高齢のため、知恵はでなかったのか。と、エジソンを叱責したい。発明王の名が廃ると。

――長距離はできない

前述のとおり、発電はできても、電気を遠くまで配れなかったのだ。（しつこく繰り返すが）エジソンが直流送電に拘っていた。だから、交流送電は、未だ開発されていなかった。その故に、送電可能距離は、二乃至三キロメートルに過ぎなかった。

朔郎が米国ロッキー山脈中で見た水力発電所は、二乃至三キロメートル以内に銅鉱山の湧水汲み出しポンプ駆動用の需要があった。くりかえすが、同様の鉱山用発電所は、すでに日本にも存在していた。

――石炭火力の時代

話を整理する。都市には、すでに潜在的な電力需要は存在した。この需要を満たすには、（送電技術が未発達の故に）都市に発電所を設置しなければならない。そしてエネルギー源は、「石炭」しか無かった。

第二節　日本の産業革命

第一項　京都三条蹴上発電所の大成功

これを契機に、交流送電技術の向上と相まって水力発電の機運が一気に高まった。我が国における「水主火従」の幕開けだった。京都に近い宇治川や、北陸地方の河川から始まった。まだダムの時代ではなく、流れ込み方式の水力発電所だった。

朔郎は京都帝国大学で教鞭をとる傍ら、技術指導で忙しかった。この時の経験をベースとして『水力』『とんねる』という二大著書を書いた。この二著書は、長く後進教育の教科書として利用された。

第二項　地方行政によるエネルギー政策

人間、食料無しには生きられない。同時に、エネルギー無しには生きられない。桓武天皇が奈良から京都へ遷都を決断された理由。それは、奈良周辺の山々の木が伐採し尽くされて燃料が無くなったから。

桓武天皇は、新たな燃料源を求めて京都への遷都を決断された。桓武天皇、すなわち行政によるエネルギー政策だったのだ。

遷都の理由については諸説あるが、燃料（石炭・石油）化学工学を専攻した筆者は、「エネルギー政策」説に強く賛同する。

第三項　インフラ政策を実施した天才大学生、田邉朔郎

最近、京都大学藤井諭先生が御執筆された名著『土木計画学』を紐解いた。またウエブセミナー「インフラ政策学」も拝聴した。

その結果、田邉朔郎が約百三十年前にやったことは、正に「インフラ政策学」だったことを知った。先生は朔郎のことを「天才大学生」と持ち上げてくださる。

第八章　都市基盤整備工学

第一節　不幸な訳語「土木工学」

田邉朔郎は、土木工学者ということになっている。では土木工学とは何か。筆者の理解では、水路、港湾、堤防、道路など、人々の生活基盤を構築する工学だ。これらは古来、「土石」と「木材」を用いて構築してきた。だから「築土構木」。略して「土木」だ。

明治になって欧米からシビルエンジンジニアリングが導入された。直訳すれば、「市民工学」であろうか。筆者は、「都市基盤整備工学」と訳す。

欧米ではそれ以前に、ミリタリーエンジジニアリングがあった。敵軍を攻撃するための大砲工学、敵軍の大砲から都市を防御する堀や城郭などを構築する工学。直訳すれば「軍事工学」だ。

では、京都疏水を考えてみよう。これが京都の「都市基盤」であることは間違いない。しかし「築土構木」だけの成果か？

第一項　田邉朔郎、晩年の回顧

後年朔郎は言った。「あの（京都疏水を建設した）時代、（自分の専門分野）土木だけに拘わっていたら何もできなかったのだ」、と。「工学者たるもの、化学、電気、機械、土木、建築などすべての工学に亘って広い知識を持つべきである。これは今の時代（昭和十五年）にも言えることだ」、と。

第二項　田邉朔郎の守備範囲

朔郎は、京都市に「電気エネルギー供給システム」、「生活用浄水供給システム」、「道路システム」、「電気鉄道システム」の構築など、京都市の「社会基盤システム」構築に力を尽くした。

第三項　「土木」系大学学科における「最近の」名称変更の動き

近年になって土木工学を社会基盤工学などに改称する動きがでてきた。朔郎が教鞭をとった京都帝国大学も。朔郎は、社会基盤工学者の第一号だったのだ。

藤井聡先生が、「天才大学生」と持ち上げてくださる所以だ。繰り返すが、筆者には朔郎が、「京都大学土木工学教室の社会基盤工学教室への名称変更は、百年遅い」と言っている声が聞こえる。

第二節　天才大学生、田邉朔郎の技術力

原案に対する修正案。エネルギー政策案。これを、建設現場の（今日の言葉でいうと）「現場代理人」が提案した。信じられるか？　疑問への回答。前述の通り、朔郎は「社会基盤工学者」だったのだ。

第一項　技術「導入・改良」エンジニア

朔郎は、社会基盤整備に必要な学問はすべて習得していた。これも繰り返しをお許し頂きたい。全て英語で習った。だから、欧米の技術を評価し、導入する学問的基盤ができていたのだ。

現在の言葉で羅列すると、土木工学、建築工学、機械工学、電気工学、化学工学。しかもその全てを英語で学んだ。世界最高の技術を探し出して自由に導入できた。しかも、独創性を合わせ持っていた。正に天才だった。

第二項　ワットの蒸気エンジン

朔郎が学んだ工部大学校の全教授は、スコットランドのグラスゴー大学から来た。スコットランドは、ワットの蒸気エンジンを生んだ地だった。

だから、グラスゴー大学はエネルギー効率研究（熱力学）の中心地だった。朔郎は、その大学から来日した教授達に習ったから、熱力学を含む全ての工学を習得していた。

第三項　化学も手掛けた田邉朔郎

後年、第二疏水関連で浄水場を建設する際、水の浄化実験室を自宅に設置し、薬剤による浄化実験を実施していた。これは、化学工学分野である。

第四項　孫の筆者は、田邉朔郎に啓蒙されて化学工学へ

筆者は、この実験室で化学薬品に興味を持ち、化学工学を職業に選んだ。そして総合化学会社に就職した。入社した昭和三十年代は、我が国における石油化学工業の黎明期だった。

その時代我が国は、主として米国の「最新鋭」石油精製工業・石油化学工業を導入した。筆者は、その流れの中に身を投じ、導入技術の改良からエンジニア（工学者）キャリアをスタートした。

その際、学生時代から力を入れていた英語（読解力から会話まで）とドイツ語（読解力だけ）が

大いに役立った。そして後年悟った。朔郎も英語を武器にした技術導入・改良技術者だったのだ、と。

第九章　第二期工事

発電した電力は売れに売れた。国道の決断は大成功を見た。

第一節　第二疏水

第一疏水だけでは、電力需要に追い付かない。増設したい。と、東京帝国大学工学部土木工学科教授をしていた朔郎の下に京都市から協力依頼がきた。それを受けて朔郎は「第二疏水」の設計を開始した。

第一項　日露戦争

ロシアのアダバスチは、第一疏水を「舟下り」に乗って視察した。アダバスチは、その足で京都帝国大学土木工学科教授をしていた朔郎を訪ね、真偽を確認した。

朔郎は答えた。「自分が設計したことは間違いない」と。さらに朔郎は、第二疏水の設計図を見せた。アダバスチは驚いた。

第二項　アダバスチの報告

ロシアに帰任後、報告した。「日本は工学が優れている。侮るな」と。その通り、日本海海戦は、工学で勝った。ＧＳバッテリー、無線機、下瀬火薬、伊集院信管、ＢＳ式距離測定器などなどだった。

「Ｔ字戦法」によって勝利したといわれている（『坂の上の雲』）。しかし、それは真実ではない。真実は、横須賀港に永久保存されている戦艦「三笠」が語る。館内に、当時の艦隊運動が展示されている。Ｔ字戦法と言われる「定点回頭」をした後、両艦隊は、併行して砲撃戦をしているのだ。ここで脅威の命中率「十発に一発」に、ＢＳ式距離測定器が貢献し、爆発威力に下瀬火薬が貢献した。さらに至近弾（海中落下）も爆発して火炎が甲板の水兵を襲った。ここで感度の高い伊集院信管が貢献した。

そしてなによりも、回航途中被った水兵の疲労が大だった。水兵は半年もの間、上陸して休養することができなかったのだ。同盟国イギリスの「嫌がらせ」成果だった。

第二節　英文扁額

日本海海戦の話が長引いた。話をもどす。アダバスチの逸話を聞いた京都市会は決定した。そのことを英文で永久に記憶しようと。現在、第一疏水トンネルの琵琶湖側入口、伊藤博文の揮毫・扁額の上方と、京都側出口の三条実美の揮毫扁額の上方にその英文扁額が残されている。「チーフエンジニア田邉朔郎が設計した」と。

第十章　「第一疏水」竣工時の評価

第一節　国内

第一項　明治天皇

第一疏水の竣工式には明治天皇・皇后両陛下が御臨幸された。「車駕東行（事実上の遷都のこと）」以来初めてで、二十年振りの天皇陛下の御還幸に京都市民は歓喜した。

勅語を賜った。漢文であるが、現代口語では、次のような意味となる。「琵琶湖疏水工事が竣工した。「官民協力の成果が上り誠に喜ばしい。従来から美術・工芸が盛んな京都に相応しい事業である。今後この水を活用して工業を興し、将来の富の蓄積を期せ」と。

第二項　明治の元勲

明治維新を成し遂げた超有名な国の元勲六名がトンネル出入口の額部に石額を書いた。琵琶湖から京都に向かって、伊藤博文（長州）、山県有朋（長州）、井上馨（長州）。西郷従道（薩摩）、松方正義（薩摩）、三条実美（長州派公家）。これらは、京都市上下水道局が運営する「京都疏水復活通舟」に乗船して拝観することができる。

第二節　海外

第一項　テルフォードメダル

明治二十七（一八九四）年、第一期工事（第一疏水）が成功した時点で、英国シビルエンジニアリング協会（社会基盤工学協会）はそのチーフエンジニアを務めた田邉朔郎に対してテルフォード賞と同プレミアムを授けた。

この賞は、同分野のノーベル賞といわれるが、現在に至るまでこれを授賞した日本人は居ない。受賞理由は、売電事業用水力発電所（蹴上）である。なぜなら、京都疏水の開削運河やトンネル運河はすでに新規性は無かった。

ヨーロッパ大陸では、運河の歴史は長く、京都疏水の比ではなかった。トンネルにしてもアルプス山脈には、はるかに及ばなかった。だから京都疏水は、（後年日本の電中研が評価したように）蹴上水力発電所を含む「大規模多目的地域総合開発計画（後述）」が、百三十年も前にいち早く評価されたものだった。

第二項　セントルイス万博、銀賞

明治三十七（一九〇四）年、セントルイス万博において銀賞が授けられた。

第三項　ミュンヘン博物館

明治四十（一九〇七）年、ドイツのミュンヘンドイツ博物館（ミュンヘン）に紹介のための模型が陳列されるなど、欧米各国から高い評価を得た。

第十一章　現在における「全」京都疏水の評価

以下のような評価を受けている。

第一節　国内

第一項　電力中央研究所

昭和五十三（一九七八）年、電力中央研究所は「大規模多目的地域総合開発計画」であったと高く評価し、「永久保存」の必要性を説いた。

第二項　文化庁

令和二（二〇二〇）年、文化庁は、京都疏水の歴史的「ストーリー性」を高く評価し、日本遺産に認定した。

第三項　土木学会

令和二（二〇二〇）年、土木学会は、土木工学の視点から歴史的価値を高く評価し、土木遺産に登録した。従来、部分的に登録していたものを、改めて全京都疏水を登録したもの。

第二節　海外

第一項　IEEE

平成二十八（二〇一六）年、国際電気電子技術者協会（IEEE）は、ベンジャミン・フランクリンの「雷は電気である」との発見を第一号とし、電気に関する実用的業績を、「マイルストーン」として登録しているが、明治二十四（一八九一）年に操業開始した京都疏水第一期工事の水力発電所をこれに登録した。

第二部　「赤の洞門」物語

第一章　フェノロサのアドバイス

日本美術品「保存」の恩人。超有名な明治の外国人、フェノロサ。京都疏水にも貢献してくれた。明治十九年京都を訪問し六月六日、祇園中村楼において約二十人の美術専門家を前にして講演した。曰く、「美術品の保存が大切である」と。このことを伝え聞いた北垣国道曰く、「観光立脚が重要。疏水も風致・美観を考慮すべし」と。百三十年も前に「インバウンド」を主張したのだ。その先見性には脱帽する他はない。

――洞門デザイン

第一トンネルで苦戦中の工事部長田邉朔郎。北垣の言葉を受けて曰く、「トンネル入口だけは、美術的デザインをやったらどうか」と。

その時、京都疏水事務所に居た朔郎。「最新」参考書をひも解いた。ヘンリー・S・ドリンカーという人が、四年前の明治十五（一八八二）年に英語で書いた『トンネル掘り、爆発物と穿孔』。英語で工学教育を受けた朔郎にとって、この本を（工事の合間に）解読するに何の苦労も要らなかった。

本には御丁寧にも洞門図まで載っていた。現在も残る疏水洞門と「そっくり」図が多々記載されていた。あまりにも似ているので、「朔郎が意匠盗用？」と疑われるが、当時はまだ登録制度はなかったのだ。

朔郎にとって教科書通りに設計することは何の罪の意識もない。それが仕事なのだ。工学とはそんなものだった。

――コピペ京都疏水

朔郎在学当時、英国が世界最高の工学を惜しみなく教えてくれた。もちろん巨額の対価を支払った。この工学によって組み立てた京都疏水だった。

いわば対価を支払って入手した設計図描写方法。基礎研究の手間は要らなかった。この方法によって描いた設計図。これを筆者はコピー（複写）&ペースト（貼付け）による設計図という。コピペと略す。朔郎は、土木科の卒業だったが、機械、電気、化学も習った。だから、自由に組み合わせて「コピペ（継ぎ接ぎ）」設計図を作成した。

朔郎の出番は、「貼付け」部分だった。知恵をだした。独創的に「最適」な組み合わせを案出した。天才工学者と言われる所以である。テルフォードメダルを受賞した。

技術進歩とは、先人が発明した技術の上に、少しずつ積み重ねるものである。積み重ね部分が大きくて目立つと大発明となる。テルフォードが貰える。

――技術導入エンジニア

筆者は、石油化学工学の基礎を学んだ。その基礎の上に画期的技術開発を成し遂げ、大石油化学プラント「ブタジエン法14-ブタンジオール（14BG）製造プラント」の設計図を描いた。

設計図通りのプラントを建設して大河内記念生産賞【特賞】受賞の栄誉を受けた。設計図は、既存プラントの「継ぎ接ぎ」ではなかった。

描写手法は、確かにこれを大学・大学院で学んだが、プラント心臓部（化学反応）における「基礎研究」の部分が大きかったのだ。だから、受賞の対象になった。

この経験からして朔郎の仕事の意味を「コピペ」と断定する。その上で、大きな「コピペ」と呼ぼう。朔郎は、「コピペ」エンジニア（工学者）だったのだ。

朔郎は、「技術導入」エンジニアだったのだ。辛口ではあるが、そのように断定する。朔郎の「それで間違いない」と言っている声が聞こえる。

第二章　伊藤博文等の揮毫（直筆）・扁額（看板）

国道は考えた。「洞門の美術的意匠は整った」。「しかし、何か足りない」。「そうだ。世話になった政府の要人の名を刻もう」。「報恩に」、と。

――洞門六ケ所

東の水源琵琶湖と西の供給先「京」の間には、第一期工事（第一疏水）において滋賀県側の「逢坂山」と京都府側の「東山」がある。中間に丘がある。

これら三つの山をトンネルで貫く。琵琶湖側から第一、第二、そして第三トンネルだ。それぞれの出入口に前述の通り、意匠を凝らした洞門が六門ある。よって以下、洞門をトンネル番号と東入口・西出口を組み合わせて区別する。

——三条実美

国道は考える。最上席（東の横綱）、京都側出口（第三トンネル出口）に超大物をもって来よう。明治政府の初代首相ともいうべき太政大臣、三条実美だ。

「生野の変」決行のために、旗頭（カンバン）沢宣嘉公を迎えに長州まで走った。その時、快諾してもらった。「報恩」ができる。これで決まり、と。

——伊藤博文

国道の考えは続く。第二席（西の横綱）、琵湖側入口（第一トンネル入口）は伊藤博文だ。三条実美と並ぶに相応しい。初代首相である。長州奇兵隊時代の知己であり、京都復興を自分に託してくれた恩人でもある。「報恩」できる。

——山縣有朋

第三席（東の大関）、第一トンネル出口。伊藤博文に続くのは、山縣有朋しかいない。長州奇兵隊時代の知己。大日本帝国陸軍の大物である。奇兵隊時代の「報恩」になる。

——井上馨

第四席（西の大関）、第二トンネル入口。やはり、長州奇兵隊の知己をもって来よう。井上馨だ。

初代外務大臣であり、組閣の大命を賜ったこともある大物。奇兵隊時代の「報恩」である。

――西郷従道

第五席（東の関脇）、第二トンネル出口。長州が続き過ぎた。薩摩をもって来たい。居た居た。軍の大物。西郷隆盛と並んで兄弟大将第一号。山縣有朋と並べても見劣りしない。西郷従道だ。思い起こせば西南戦争下、熊本県大書記官（副知事相当）時代に陸軍大臣。反乱西郷隆盛軍の西郷菊次郎（隆盛の次男）が負傷して政府軍に投降した。

自分は、これを従道に報告した。すると従道は大いに喜んで国道に感謝した。菊次郎を許した自分に感謝したのだ。その縁を大切にしよう（注一）。

――松方正義

国道、最後の思案。第六席（西の関脇）。ここは六門中の末席。「第三トンネル入口。悪いが薩摩に末席を守ってもらおう」。「薩長で二：四」にしたい。

そんな適材は居ないか？　居た居た。松方だ。京都府知事を拝命した際、京都疏水を立案するために、安積疏水の見学を希望した。その際、世話になった。

しかし京都疏水着工に当たって、大蔵大臣であるにも拘わらず「国からは一銭もでない」と突き放された。その為、資金調達に苦労した。その「讐念」が残る。

注一：後に菊次郎は、国道の差配によって京都市長に就任した。薩長のバランスをとったものだった。

だから、末席に据えて「うまく行ったぞ。ザマー見ろ」と見返してやろう。よし決めた。松方だ。優越感を楽しもう。

――ザマー見ろ

これは筆者、サラリーマン時代。上司の常套句だった。反対勢力を押して難問に取り組み、良い結果を出した際に「しばしば」漏らした言葉だった。腹心の部下、筆者だけに漏らした。

あまり上品な言葉ではなく、国道の心としてここに書くのは躊躇したが、今は亡き上司の供養と思って使った。

――三役「そろい踏み」

話を戻す。三条実美、伊藤博文、山縣有朋、井上馨、西郷従道、松方正義。これで明治政府の、いわば（大相撲）三役「揃い踏み」である。

国内、どこを探してもこんな「豪華な」揃い踏みはない。横綱力士の揮毫・扁額が一堂に会している。しかも、十両力士北垣国道が、リストを作成して横綱に声を掛けた。これを含めて豪華物語。他に例を見ない。

――日記「塵海」

国道日記である。この巻末「人名索引」によって「洞門六名」の登場回数を丹念に数えた。すると、これら六名の登場回数が他の人の登場回数よりも、圧倒的に多い事が確認された。

一位伊藤博文（八十三回）、二位井上馨（七十八回）、三位松方正義（七十回）、四位山縣有朋（五

十九回)、五位西郷従道(二十七回)、六位三条実美(二十一回)だった。

この順位は、六名中の順位であるが、日記全体を通じて略ベストシックスである。すなわち、洞門扁額の六人は、国道の知己朋友だったのだ。六名を選定した人は、北垣国道であったことが証明できた。

この事は、付録の図表-1「比較年表」(さあ乗ろう、京都びわ湖疏水船。じゃあ見よう、「扁額」@トンネル/蹴上水力発電所)によって確認できる。

第三章　北垣国道が遺したコード(暗号)

第一期工事(第一疏水)のトンネル洞門に、超有名人を人選した人は、北垣国道である。このことがはっきりした。

では、国道自身はどうしたか。まさか伊藤博文等と並べる訳には行かない。しかし掲げたい。自分が大博打を打って遂行したプロジェクトだ。なんとしても。

―― 国道の扁額

国道は見つけた。人目に付かない伊藤等を支える「ひっそり」とした場所を。

一．第一トンネルの内部の壁

二．インクライン下人道トンネル（通称ねじりまんぼ）

①東の入口

②西の出口

都合三ケ所。いずれも人目には付かない。

――田邉朔郎の揮毫・扁額

後の世で京都疏水の建設者として「田邉橋」と命名してもらい、「田邉朔郎紀功碑」、さらには「田邉朔郎銅像」を建ててもらった田邉朔郎ではあるが、第一期工事（第一疏水）完成の時点では出る幕がない。このことに関しては後述する。

――宝祚無窮（皇室は永遠）

これは第一トンネル内壁に掲げられている国道の揮毫・扁額である。この扁額に因んで国道の「尊王」活動を紹介しよう。

明治維新をやり遂げた薩長にとって幕末は薩長による「尊王攘夷」が旗印だった。織田信長の「天下布武」や、徳川家康の「厭離穢土欣求浄土」のようなものだった。

北垣国道は、徳川家康に対する「讐念」に燃えて倒幕の鏑矢（かぶらや）を放った。倒幕「生野の変」だった。第九代開化天皇の末裔を称する（誇り高い）但馬の「地侍」が家康によって「農民」に格下げされたのだ。

このことによって国道の北垣家は、家康に対する「讐念」の固まりだった。「徳川家は許さん」

と。だから、攘夷だったかどうかは知らないが、国道は「尊王」の固まりだった。

――サイコロ振り人生

尊王思想の固まり、国道は幕末時代、「一所懸命」に尊王活動に身を投じた。（文字通り）自らの命を失っても構わないという覚悟で全国を奔走した。

幕末時代、運命の女神の前で命を抵当に入れて「賽の目」を振った。少なくとも三回。そして三回共に良い方に出た。だから命長らえた。

明治になっても「命を担保」に、サイコロを振った。最後のサイコロ振りが、京都疏水建設であった。失敗したら自刃していた筈だ。豪傑北垣国道。

「義を見てせざるは、勇なきなり」。国道の義は「宝祚無窮（皇室の安泰）」、すなわち「日本国の安泰」であった。それが第一トンネル内部の壁に掛かっている。

――高笑い、「豪傑」国道

曾孫の筆者には曾祖父国道の高笑いの声が聞こえる。「振ったサイコロは、すべて良い目がでたぞ。かんらかんら」。

命を担保にして（恐ろしい）運命の女神の前でサイコロをふった豪傑国道の声だ。比較して筆者自身の「小心」を嘆く。国道の「肝っ玉ＤＮＡ」を継承できなかった、と。

――国道の影響力

第一疏水の謎解きは終わった――。が、つづく。「第一疏水では朔郎の出番はない」と既に書いた。ところが、朔郎のことを紹介した英文が洞門に掛かっている。「横綱」三条実美と「大関」伊藤博文。二ケ所も。以下の文である。これは何か。

Sakuro Tanabe, Dr. Eng., Engineer-in Chief. Works Commenced August 1885, Completed April 1890.

由来は分かっている。日露戦争の戦勝祝いだ。第三部（朔郎展）で説明する。問題は、だれがこれを押したか。それも分かっている。京都市会の決議だ。なぜ。

北垣国道だったのだ。国道は、京都に居を構え、かつ、中央政府内務省に隠然たる勢力を誇示していた。長州派の重鎮である。国道が推した。

――第二疏水への影響力

国道の謎解きはつづく。第二疏水が完成した時、第一疏水と第二疏水の合流点（トンネル）に朔郎の揮毫・扁額を掲げた。京都市会が推した。

当時京都帝国大学教授をしていたとしても、単なる一人のエンジニアに過ぎない朔郎。過分の「御褒美」ではないか。

国道の影響力だった。第二疏水も国道がプロポーザー（提案者）だった。娘婿朔郎に、コンサルティング・エンジニア（技術コンサルタント）を依頼した。

そして京都に定住させた。これにより、第一疏水も第二疏水も田邉朔郎が技術を担当したこと明確にした。これが国道の心だった。

――薩摩への配慮

第一疏水では、長州対薩摩は、四対二。薩摩が少ない。国道が下位とは言え、長州派であるから止むを得ない。

しかし苦労人国道は、バランスを考えた。第二は薩摩を立てよう、と。そこで国道は、薩摩派の超大物を担ぎだした。

皇族久邇宮邦彦王である。父親の朝彦親王に参内し、邦彦王の幼時時代から剣術指南をさせていただいた。そんな仲であった。この時に当たり、男爵貴族院議員であり、お願いするに相応しい地位に居た。

――薩摩に御縁の皇族

邦彦王の御尊父朝彦親王は文久三（一八六三）年八月十八日の政変で親長州公家三条実美等を追放した親薩摩の公家だった。また、御子息邦彦王の奥方様は、薩摩藩最後の藩主、島津忠義の御息女俔子様だった。

邦彦王の御息女、良子（ながこ）様は、昭和天皇の御妃、香淳皇后であらせられる。だから邦彦王は、（令和）上皇陛下の外祖父に当たり、「やんごとない」宮様であらせられた。お一人ではあるが、これで長州とバランスがとれる。

――第二疏水の揮毫・扁額

以下の二ケ所に邦彦王の揮毫・扁額を配置した。

一．琵琶湖側取り入れ口洞門
二．第二期発電所の表看板
これにより、薩長バランスがとれた。

第四章　京都嵐山「保津川下り」

――角倉了以

保津川下りは、超有名だ。その昔、京の豪商角倉了以が開いた「亀岡～京都」間の「保津川～桂川」の「舟便」運行ルートを「観光」に利用しているものだ。

筆者も乗った。JR京都駅「ゼロ番線」で山陰線に乗って亀岡駅下車。特急ならに二十分弱。目の前に船着き場がある。

――東山三十六峰

西の嵐山に対して、三十六峰で知られる東山も超有名である。比叡山延暦寺から伏見稲荷まで「布団きて寝てる姿や東山」。

中心に大文字焼きの大文字山がある。筆者の実家は、この大文字山の麓、吉田山の中であり、朝な夕なに「寝た姿」の東山を見て育った。

第五章　京都東山「疏水下り」

―水力院釈「了以」

これは角倉了以に因んだ田邉朔郎の法名である。京都疏水の「舟便」。これが疏水の大きな目的の一つであったことは既に第一部「建設」で述べた。

―復活通船

物資運輸という当初の目的を果たして長らく停止されていたが、新たに「観光」目的に利用されるようになった。

疏水下りの正式名称は、「琵琶湖疏水復活通船」。京都市上下水道局が開発した事業である。試験運行を慎重に行い、平成三十年春に本格的運航を開始した。保津川下りとは異なって下りだけでなく、上りも利用できる。筆者はすでに上下とも乗った。

予約が必要であり「ウエブ」によって「東山疏水下り」で検索できる。京都市御出身の方は、京都市への「ふるさと納税」をすれば、返礼品として乗船券がもらえる。筆者もそれを利用した。

―通船の見どころ

いわずもがな、「赤の洞門」である。御出発の前に、この「赤の洞門物語」をもう一度お読みになることをお勧めする。

第六章　京都疏水「洞門」デザインの研究

「東山疏水下り」に御乗船者のための情報を追加する。

――建築「意匠学」的な研究

京都疏水のトンネルデザインは、美しい。その由来と歴史は前述した。では現在の最新知識で整理するとどうなるか？

この問いに挑戦しておられるグループがある。早稲田大学創造理工学部建築学科渡邊大志研究室だ。このグループの加藤彩那さまが、タイトル「琵琶湖疏水のデザイン原理とその波及性の研究――洞門、インクライン、水路閣に着目して」の下でトンネル洞門の比較図を発表された。御許可を得て巻末に図を掲載する。

デザイン学に不案内な筆者には、御研究成果を評価申し上げることはできない。しかし完成百三十年後にこのような御研究をしてくださる方々がおられることを泉下の北垣国道と田邉朔郎が喜んでいることは間違いないので紹介させていただいた。

疏水下りに御乗船の際は、この図表を頭の隅にでもおいてくださいますか？

第三部　田邉朔郎の一生

序章　京都市上下水道局様による田邉朔郎特別展

第一節　特別展のお誘いと「頓挫」

平成三十一（二〇一九）年四月、畏れ多くも上皇陛下の御譲位に伴なう今上陛下の御即位に当たり、元号が平成から令和に代わる「めでたい」歴史的節目にあった。

この時に当たり、京都市上下水道局様から打診があった。田邉朔郎が持っていた「恩賜の盃」などの展示会を「琵琶湖疏水記念館」において開催したいと。

特別展とは、常設展示とは別にテーマを決めて関連品を展示する場である。それは良い考えだと協力に取り掛かった。

ところが、恩賜品は、展示会ができるほどには数が揃わなかった。このことは頷ける。朔郎の官位・叙勲は「従三位・勲一等」に過ぎなかった。だから恩賜品は限られていた。それで、この話は頓挫した。

第二節「頓挫」を打破した「朔郎の一生展」の申し出

せっかくの話なので筆者は、展示会「朔郎の一生」に関する特別展を提案した。確かに、常設展示場において朔郎の遺品の数々は展示されている。

なぜなら、記念館に収蔵する京都疏水関連資料（約二万点と聞く）その五十％強が朔郎遺品であるから常設展示において田邉朔郎関係が多くなるのは当然である。

しかし、如何に展示遺品の「数」は多くとも、田邉朔郎という人間「個人」を語る内容ではない。そこで筆者は、田邉朔郎「個人」を語る内容を案出し、これを水道局におそるおそる申し出た。

――「申し出」の背景

昭和十七（一九四二）年八月、筆者（当時六歳）は八十歳の祖父朔郎に、「いい子だ。よく来た」と頭を撫でてもらった。今でもその記憶が鮮明である。

父母と兄が既に鬼籍に入っている今、（朔郎子孫田邉姓の中で）生前の祖父朔郎を私（八十六歳）以上に知っている者はいない。

身内の材料で朔郎の一生は語れる。京都疏水を建設した動機等、歴史上の真の姿を紹介できる。個人が経験した歴史上の事実を紹介できる。これが「おそるおそる申し出た」動機の背景だった。

―― 全体を三部に分ける

これは水道局様が最初にもっておられた構想であった。これは筆者にとっても好都合だった。①生誕から大学卒業まで、②最初に就職した職場の仕事、③その職場を離れて独立した後の仕事である。これは書きやすい。で、採用した。仮に筆者が、現時点で自分の一生を後世の子孫に語ろうとするならば、この三分類で語りたい。

第三節　物語的な展示方法

一般的展示方法

筆者は、これまでに数多くの博物館主催展覧会を見てきた。テーマの下で複数の展示品を並べた展覧会で満足したことは少ない。

一品一品の由緒書きが細かい字で詳細に書かれているがそれを読むことが物理的に困難だ。読めない場合が多い。なんのことか分からない状態で押されて場を離れる。

運よく読めたとしても、内容が理解できない。専門家が知恵を絞って「一品一品」書いたものであろう。素人向きではない。そして何よりも、展示品の「相互関係」が分からない。おそらくそれぞれ「別人」「専門家」が書いたものであろう。

今回の展示方法

御来訪者に同じ御不満を持って頂かないように工夫した。幸い、出品物の殆どは、子供の頃から慣れ親しんだ品。由来はよく知っていた。筆者は、それら朔郎遺品に囲まれて育った。朔郎が残した邸宅を含めて。

だから遺品の相互関係をよく知っていた。実際、「朔郎の一生」に合わせて展示品の順序づけを行い、その順序に従って各品の「相互関係」が分かるように個々の由緒書きを作成した。すなわち「出品物」をよく知る「同一人」が書いた「由緒書き」である。

第四節　気になる御来館者の御感想

御来訪者の御感想が気になった。相互関係を御理解頂けるだろうか、と。

――新型コロナウイルスによる非常事態宣言

ところが折悪しく、全開催期間中が非常事態宣言の中にあった。だから、御来館者の数が通常では考えられないほど少なかった。よってアンケートの数も極端に少なかった。これを水道局様から聞いて落胆していた。

ところが、よい情報が入ってきた。非常事態宣言下にも拘わらず敢えて御来訪された方々は、御熱心な方々だった。京都疏水に関するプロ級の方々だった。

さらに、入館者が少ないだけ、じっくりと時間を掛けて由緒書を読んで頂けた。これこそ願っていたことであった。以下に評判を紹介しよう。

第五節　蓋を開けてみると、好評を博した「物語」展示

一．五十歳台女性：京都疏水以外の田邉朔郎の功績を初めて知ったがもっと認知されるべき。

二．七十歳台男性：・天才技術者としての側面しか知らなかった田邉先生の「生身の人間」の部分をよく知ることができ、田邉先生をますます好きになった。・田邉先生と北垣知事の娘との結婚の話や、北垣知事による引き廻しの話など、御親族でしか書けないであろう内容が多々あり、非常に面白かった。

三．二十歳台女性：・博物館的になりすぎておらず、ストーリーを感じられた。・今の時代への疑問の投げかけのように感じられて面白かった。

四．五十歳台男性：・パネルの文章から、親族としての思いが伝わってきて面白かった。・博物館的になりすぎておらず、ストーリーを感じられた。・今の時代への疑問の投げかけのように感じられて面白かった。

五．五十歳台男性：・一人の人物をここまで深堀りする博物館展示は見たことがない。・浅く広くでは物足りないので、展示のボリュームに満足した。・特に、偉い人々の個人的な人脈で大事業を進めるなど現代では不可能だが、そこに技術力をはじめ様々な面が発展途上だった「明治時代」を感じることができて面白かった。

六．三十歳台男性：・親族としての思いが伝わってきて面白かった。・博物館的になりすぎておらず、ストーリーを感じられた。

——博物館的でない

表現は多少異なるものの、博物館的にならず、ストーリーがあって面白い。こんな感想を頂戴した。意図したことを直球で褒めて頂く。こんな嬉しいことはない。

第六節　京都市上下水道局による「広報」

以下は令和二年十二月同局総務部総務課が発した広報をそのまま転記したものである。広報曰く

——、

琵琶湖疏水記念館特別展「旧幕臣『生身の人間』田邉朔郎の一生」

明治の「和魂洋才」プロジェクトエンジニア。孫から見た「生身の人間」として、生誕から終焉まで、年代順に三部構成で紹介、と。

その後に簡単な解説が記述されている。曰く、——。

令和二（二〇二〇）年、琵琶湖疏水は竣工百三十年を迎えるとともに、六月には日本遺産に認定され、琵琶湖疏水の歴史的・文化的価値が、改めて評価されています。このたび、琵琶湖疏水建設工事の技術的責任者であり、北海道官設鉄道の建設など、明治期の様々な土木事業で活躍した技師・田邉朔郎の生涯を紹介します、と。

さらに曰く、朔郎の生涯は、工学者としてはもちろん、一人の「人間」としても魅力的なものです。彼を生んだ田邉家にも光を当てることで、朔郎のルーツに迫ります。田邉朔郎の孫に当たる田邉康雄氏の企画・監修・文責の下、朔郎の一生を紹介するストーリー及び田邉家秘蔵の品々を三部構成で展示します、と。

第七節　会場風景「写真」

以下は、会場風景の写真である。説明は付けないが、写真から「雰囲気」を味わってほしい。

琵琶湖疏水記念館正面入口の特別展案内板

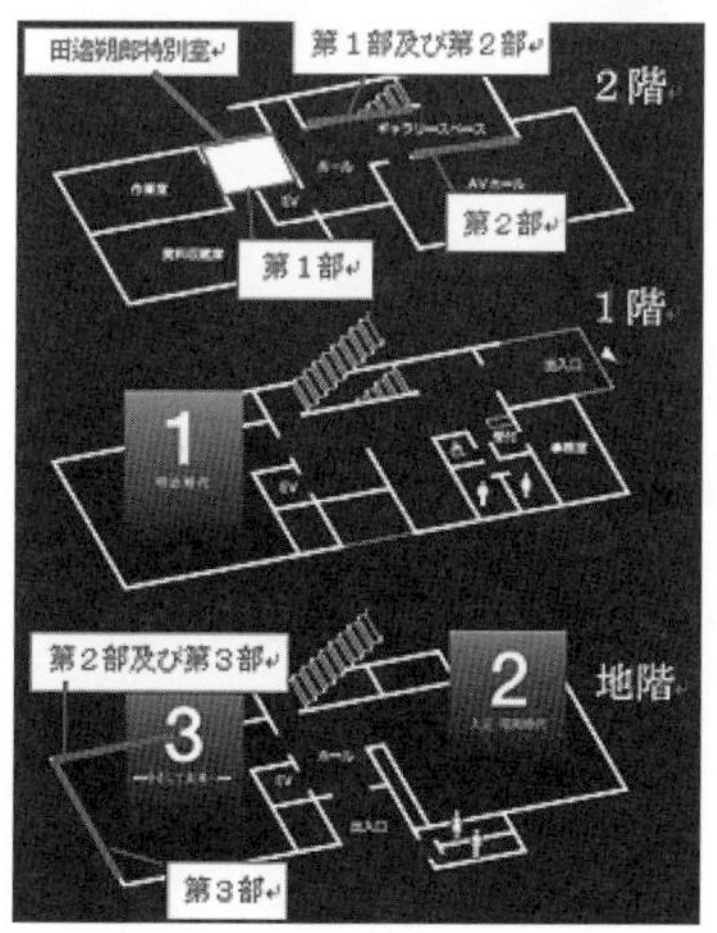

琵琶湖疏水記念館フロアマップ

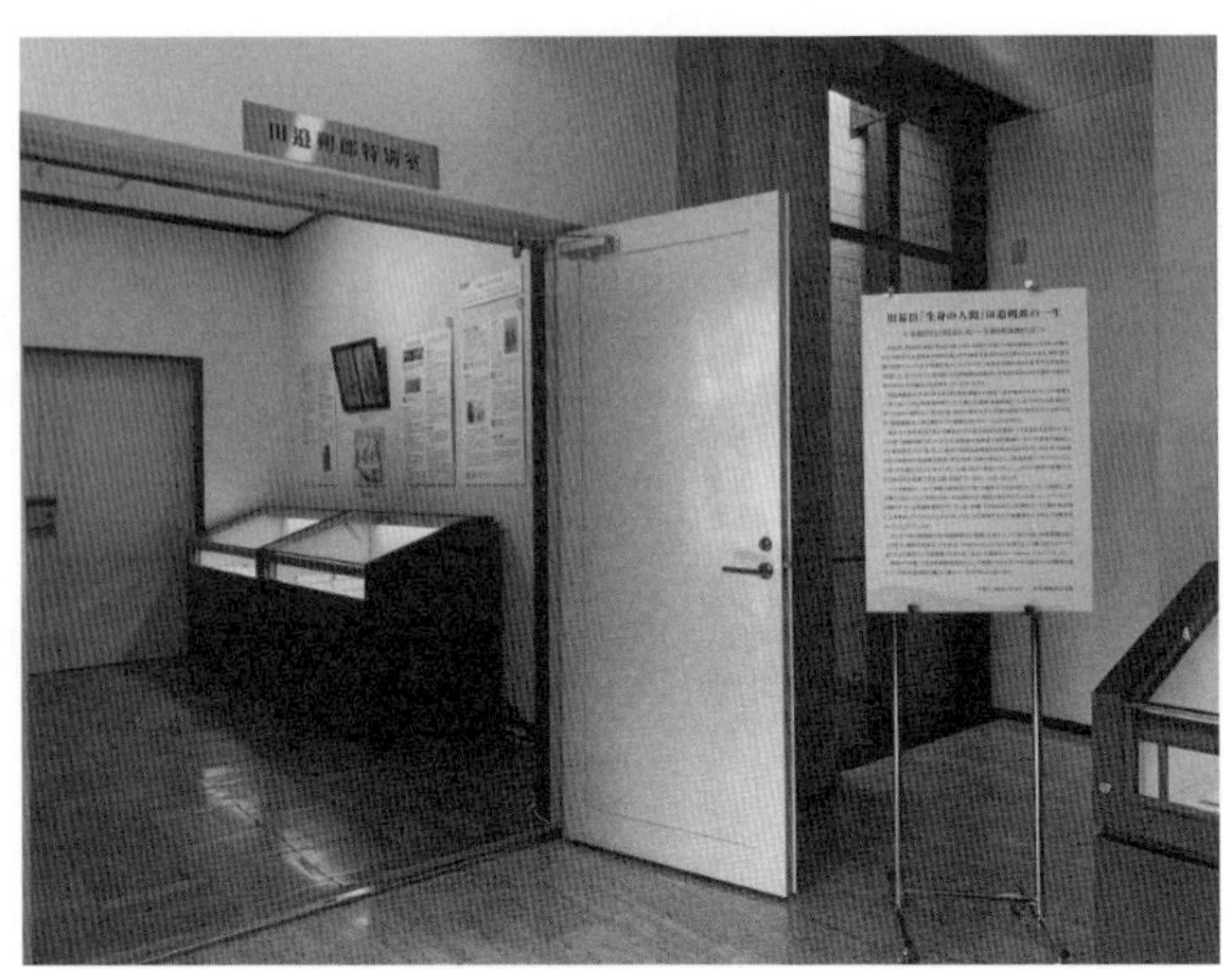

田邉朔郎特別室入口

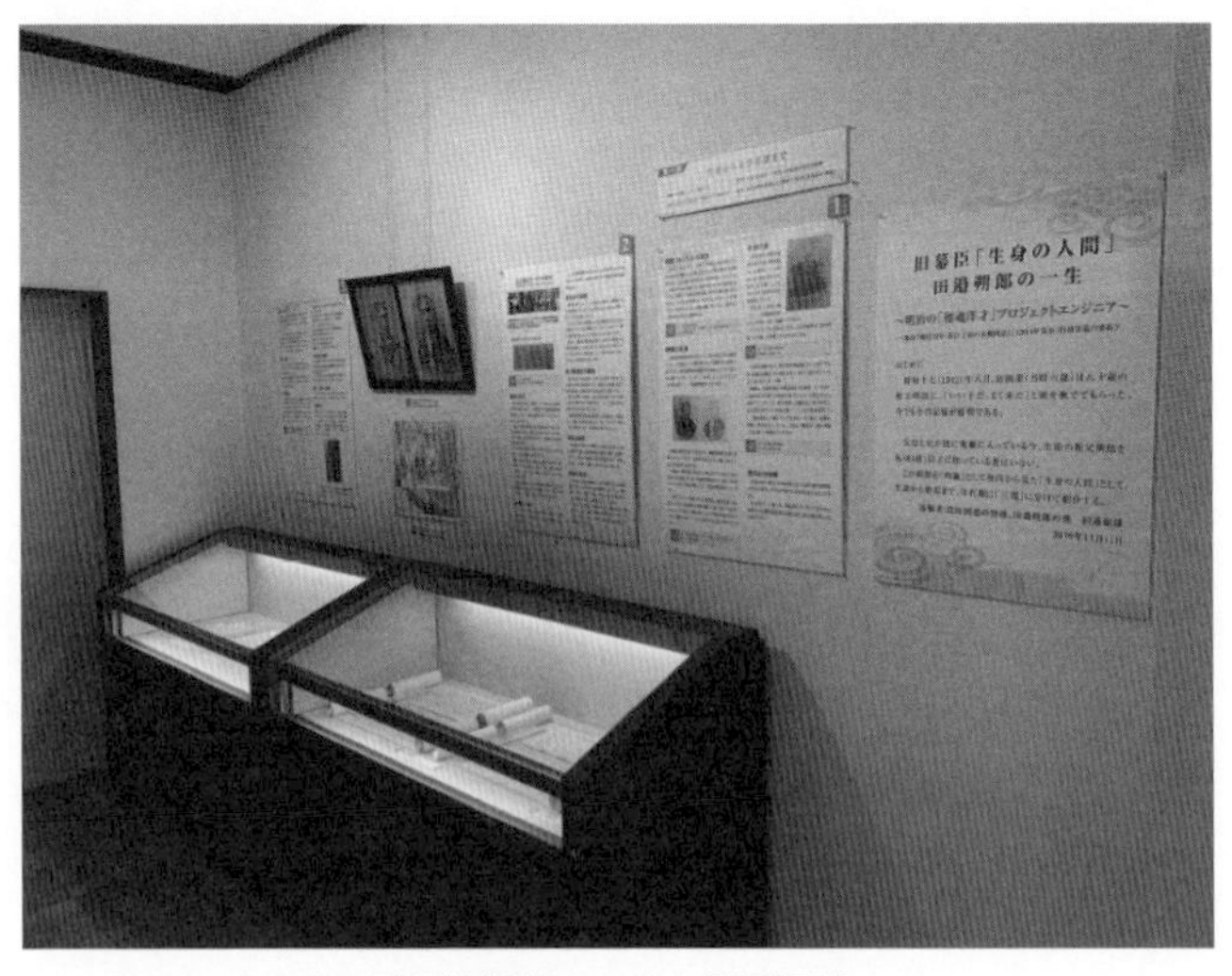

「田邉朔郎の一生」展示風景

第一章　生誕から大学卒業まで

年齢：ゼロ歳～二十一歳六か月
年代：文久元（一八六一）年～明治十六（一八八三）年
特徴：分家「田邉太一（叔父）」の庇護を受けた時期
命名：家名再興を目指して「懸命に」もがく没落幕臣（朔郎）

第一節　朔郎（さくろう）の誕生

文久元（一八六一）年十一月朔日、朔郎は武蔵の国、江戸府内神田向柳原八名川町（現在のＪＲ総武線浅草橋駅西口前）にある徳川将軍家の「拝領屋敷」で生まれた。

筆者が東京神田の古本屋で見つけた古地図を展示する。朔郎の父親田邉孫次郎、祖父田邉石庵、叔父田邉太一の住居が判明していたので、ポストイットを張り付けて位置を示した。田邉石庵については、地図上に「田辺新次郎（石庵は号）」と記載がある。

第二節　朔郎の生家

父親は田邉孫次郎勿堂と言い、身分はお目見え以下（注一）の富士見宝蔵番だった。宝蔵番から小普請組入りして講武所へ出役を命ぜられ、西洋砲術指南教授方を拝命していた。現在の言葉でいうと、ミリタリー（軍事）エンジニアだった（図3－1－1）。

原版は朔郎書斎「百石斎」内、朔郎執務机正面に恩師ヘンリー・ダイアー夫妻の写真に並んで掲示されていたものであり、現存する。

写真は、孫次郎（イラスト）と妻ふき子（実写）。巻末に上げた文献リストの『田邉朔郎博士六十年史』より転写したもの。

このオリジナルを展示する。朔郎は、彼の書斎「百石斎」において執務机を書斎の奥に入口に向けて設置していた。その入口の鴨居の上にこの写真が掲げられていた。朔郎がダイアー先生夫妻とともに朝夕拝んでいたもの。

――学者の家

孫次郎の父親田邉新次郎石庵（朔郎祖父、田邉家二十五代目）は、書院番与力であり、昌平黌教授方「出役」を拝命していた。

写真（図3－1－2）は、『田邉朔郎博士六十年史』第一篇編トップ頁より。

そのオリジナルを展示する。これは朔郎が、彼の書斎「百石斎」に収納していたものである。

石庵は尾張の人で、漢学者村瀬誨輔である。石庵と誨輔による著作は多く、別人と思われているようであるが、同一人物。

図3-1-1　田邉孫次郎、ふき子（朔郎の父母）の写真

図3-1-2　田邉石庵の絵

注一：お目見え以下とは、徳川将軍に直接会うことは叶わない、下級武士のこと。原則として徳川家康の天下取りに参加したいわゆる「三河武士」以外の新参者武士のことを言う。田邉家は、武田家遺臣であった。一方お目見えとは、将軍に直接面談できる身分をいう。具体的には、扶持米五千石以上の旗本をいう。旗本以外は、御家人という。

誨輔は、田邉次郎大夫経忠貞斎（田邉家二十三代目）に請われて貞斎の子克忠の養子となり、石庵となった。貞斎（ていさい）は、荻生徂徠、山鹿素行、山口素堂と並ぶ国学者だった。

頼山陽は、石庵にとって交友の一人であり、山陽の書簡二巻が伝わっている。これは、朔郎が、彼の書斎「百石斎」に収納していたもの。

第三節　徳川将軍家との御縁

田邉貞斎の養父、田邉次郎大夫丘忠が徳川将軍家に仕えた初代。吉宗公の時代に幕府大番与力として仕えた。

丘忠以来、大番与力、書院番与力、そして富士見宝蔵番など将軍家の直参ではあるが「お目見え以下」の身分だった。因みに家康公は、戦いで戦死した武士は、末代までも丁重に扱うと言って戦意を鼓舞していた。

田邉家累代の墓に伝わる過去帳（図3－1－4）。

第四節　家を優秀な養子で繋いだ

幕臣初代田邉丘忠（田邉家二十二代目）は、直参旗本生野宗耶（むねさと）の次男佐平太（寛政重修諸家譜巻第千三百六）。宗耶は家綱公の時、「医」をもって「寄合」二百俵で仕えた。

図3-1-3　田邉家墓所（初代～六代）

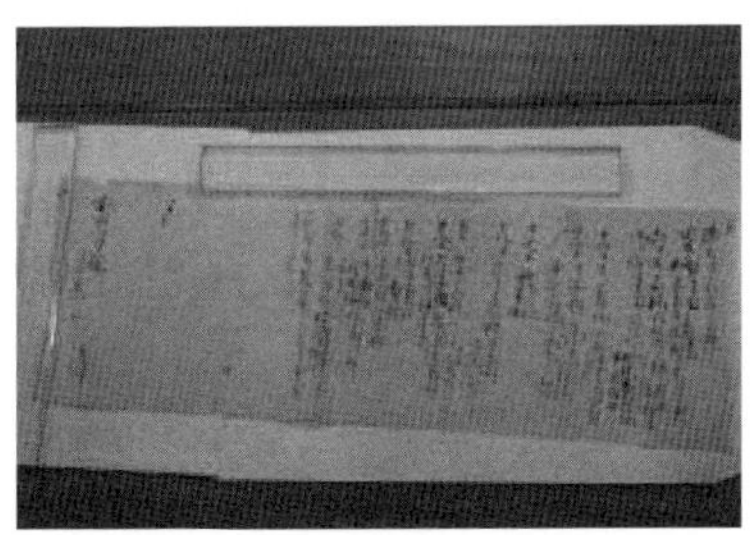

図3-1-4　田邉家過去帳

幕臣二代目田邉経忠貞斎は武蔵国西大久保に住む原氏源満晴の次男。初代丘忠の養子となり、中川庚に住む「医師」吉田玄澤三女を娶る（貞斎墓碑裏面の記載）。

そして幕臣四代目石庵はすでに名をなした「漢学者」。それを田邉家は養子にもらった。

整理すると、朔郎から七代を遡る先祖の内、養子・養女が多く、一人は医師の子（丘忠）。嫁一人は医師の娘（貞斎妻）、そして一人は（養子にくる前に）すでに著名だった漢学者。

養子養女縁組によって優秀頭脳の遺伝子（ＤＮＡ）が朔郎に伝承した。と、筆者は考える。実際、朔郎の父兄弟（孫次郎と太一）は、二人揃って昌平黌学問吟味合格した。

――幕臣になる前

幕臣初代丘忠の先代田邉次郎大夫菊忠は、徳川将軍家親藩一万二千石徳美藩伊丹家に仕えていた徳川陪臣だった。

ところが徳川綱吉公に仕えていた伊丹勝守が江戸城内において自殺し、領地が没収されて菊忠は浪々の身となった。

第五節　武田信玄公の御恩

越前朝倉家に仕えていた菊忠の曽祖父、田邉家十五代田邉直基は、武田信玄公の時代に甲斐へ来て「黒川金山衆」となった。

信玄公亡き後、田邉家十七代田邉忠村は勝頼公に仕えた。勝頼公は、天正十（一五八二）年、織

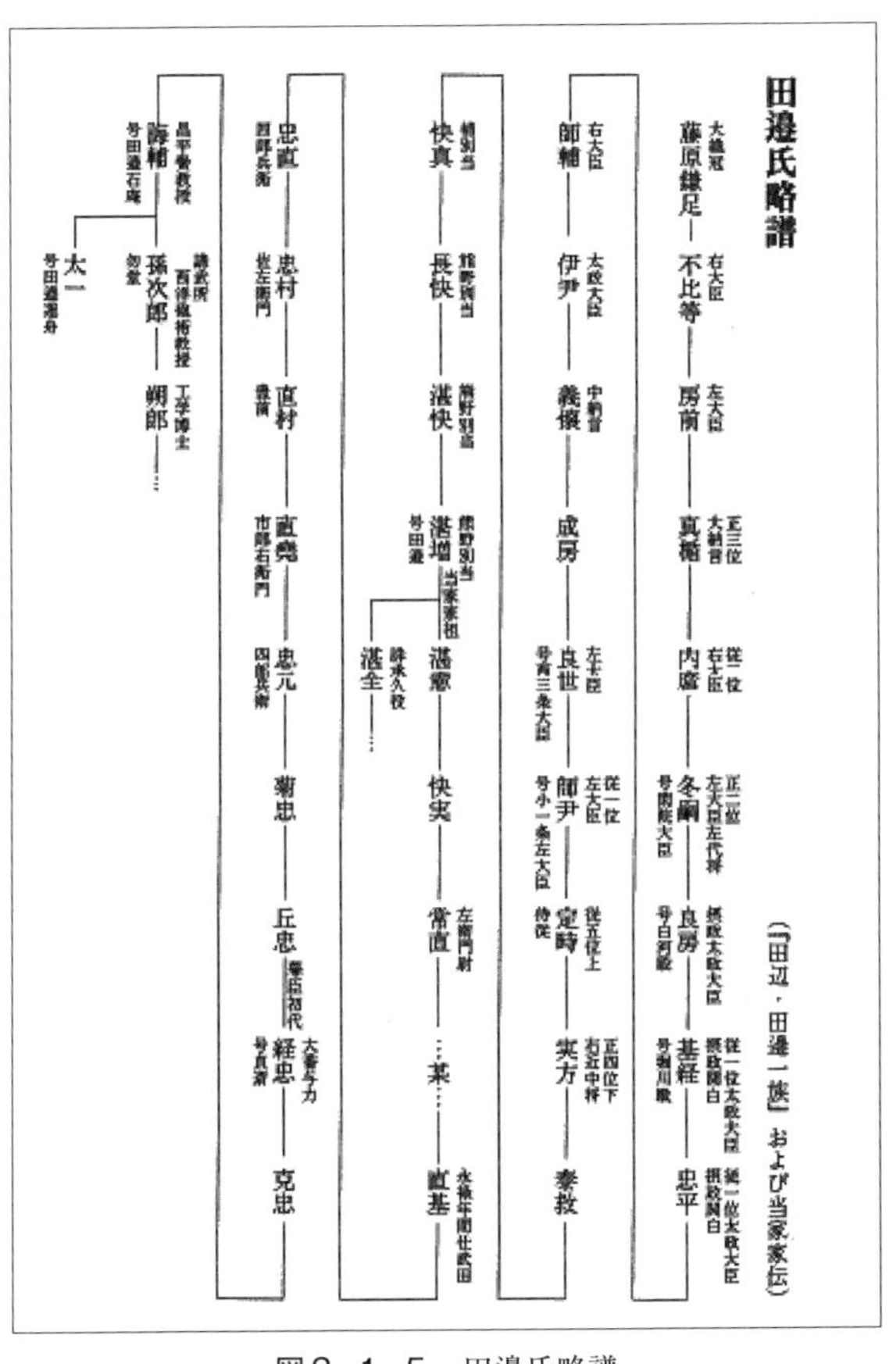
田邉氏略譜
（『田辺・田邉一族』および当家家伝）
藤原鎌足
不比等
房前
真楯
内麿
冬嗣
良房
基経
忠平
師輔
伊尹
義懐
成房
良世
師尹
定時
実方
泰救
快真
長快
湛快
湛増
当家家祖
湛慶
湛全
快実
常直
某
直基
忠直
忠村
直村
直堯
忠元
菊忠
丘忠
経忠
克忠
晦輔
孫次郎
朔郎
太一

図3-1-5　田邉氏略譜

田・徳川連合軍によって「天目山」に追い詰められた。

忠村は、最後まで勝頼公に従い、自刃する勝頼公から家宝を預かって土中に隠した。現在国宝、無楯（むたて）の鎧である。『徳川家臣団子孫たちの証言』田邉忠村の項、p.181に記載がある。

第六節　徳川家康公の御恩

家康公は、武田家滅亡の後に武田遺臣を募集した。応募者の中に田邉忠村も居た。家康公の面接を受けて出仕を許され、家康公家臣鳥居元忠公に預けられた。

関ケ原の戦いの直前、元忠公は伏見城において石田三成の攻撃を受けて戦死された。そこで田邉忠村は、前述の伊丹家に預け替えとなった。

家康公を敬う家風は田邉家代々引き継がれ、筆者は、「康雄」と名付けてもらい、幼いころから「家康の『康』と英雄の『雄』」と両親から教えてもらった。

―― 本国は越前

徳川幕府が発行した名簿『江戸幕臣人辞典』によると、朔郎の父親、田邉孫次郎の本国は「越前」と記載されている。家康公の面接を受けた田邉忠村が、「甲斐（武田家）」ではなく、その前の「越前（朝倉家）」を申請したものである。

第七節　遠祖、紀州田辺に住む熊野神社の別当湛増

田邉家の初代田邉湛増は、紀州熊野神社三山を統括する第二十一代別当「藤原湛増」。藤原湛増だったが、紀州「田辺」に住むが故に地名に因んで「田邉湛増」と称した。朔郎はその二十七代目。

藤原家には数多くの分家があるが、熊野神社別当職も分家の一つであり、藤原家初代「鎌足」から二十二代目に当たる。だから、朔郎は藤原鎌足から数えると四十八代目に当たる。

――承久の変

後鳥羽上皇が、鎌倉幕府に対して「旗揚げ」された。その際、田邉湛増の子湛全（兄）・湛憲（弟）と、湛憲の子快実は上皇を支えた。

しかし上皇は敗れ、田邉湛全、田邉湛憲、そして田邉家三代目田邉快実は捕獲され、鎌倉に送られて殺害された。

快実の妻は幼い子を抱えて丹後「田邉」へ逃げた。子は長じて田邉家四代目田邉常直となった。

――鎌倉・室町

丹後田邉の地侍となった田邉家は、丹後守護大江氏、永井氏、一色氏の下にあり、応仁の乱以降の戦国期には、戦国大名若狭武田家の支配下に入った。

後、戦国大名越前朝倉家が若狭武田家を滅ぼしたので、朝倉家の下に移った。朝倉家が滅んだ後、前述の通り甲斐武田家を頼った。

――徳川四百年

徳川家康公歿四百年を記念して静岡新聞社は、書籍『徳川家臣団子孫たちの証言』を発行した。その中で第二章「家康の下で活躍した家臣たち」のタイトルの下、旧武田家臣国宝を守った忠臣田邉忠村の子孫、田邉康雄と紹介された。さらに藤原家の祖、藤原鎌足から朔郎に至るまでの略譜を紹介してくれた。

これは、出品した『徳川家臣団』のp.191である。

徳川将軍家に仕えて以後朔郎までを取り出して書くと以下の通りである。

――幕臣【初代】（養子「生野左平太」改め）本姓藤原氏田邉次郎大夫丘忠――幕臣【二代】田邉次郎大夫経忠「貞斎」――幕臣【三代】田邉次郎大夫克忠――（養子「村瀬誨輔」改め）幕臣【四代】田邉新次郎季徳「石庵」――幕臣【五代】田邉孫次郎忠篤「勿堂」――幕臣【六代】田邉朔郎忠興「石斎」（『柳営会会員系譜』p.57）

第八節　「負け戦」がつづく田邉家

平安時代末期以来の武家であるが、鎌倉時代初期「承久の変」から江戸時代末期～明治初期の戊辰戦争まで八百年間「敗戦」がつづいた。

その後も「敗戦」が続き、朔郎の嗣子、田邉多聞は、大東亜戦争の勝者米国によって公職から追放された。

図3-1-6　慶應二年に撮影した徳川将軍家小普請組田邉朔郎

――負けても続く田邉家

たてつづく敗戦の中で毎回、幸運にも活路が開けた。神様に「二礼二拍一礼」、そして仏様に「ナムアミダブツ」。

――父親の死

朔郎が生まれてから一年も経ない内に、父親孫次郎は、当時流行した「麻疹」に罹病して死んだ。朔郎田邉家は、一家の柱を失った。しかし幕府は一歳の朔郎を小普請組に入れ、糊口を凌ぐだけの扶持を支給した。

第九節　明治維新「戦争」（戊辰戦争）の負け

慶応四（一八六八）年、七歳の朔郎一家（母親と祖母）は上野「彰義隊(しょうぎたい)の戦い」を避けて幸手（埼玉県）に疎開した。

戻ってきたら拝領屋敷は戦火で焼失していた。一家は路頭に迷った。この段階で八百年の田邉家は、「終焉（臨終）」の筈だった。

この窮地を、朔郎の父親孫次郎の弟が救った。幕臣田邉家は「富士見宝蔵番」で御家人身分。太一は、その御家人の、しかも次男で、「部屋住み／厄介の身」。立身のチャンスは大きくはない。

しかし太一は「学問」によって立身し、幕閣の一角、「目付」にまで昇進した。太一のお陰で田邉家二十七代朔郎一家は幸運にも生き延びた。

第十節　叔父、田邉太一の活躍

写真（図3－1－7）は、元治元（一八六四）年パリで撮影した田邉太一。池田長発横浜鎖港談判使節組頭。原版は流通経済大学三宅雪嶺記念資料館所蔵。

写真（図3－1－8）は、太一がパリ出張時の佩刀。現在、京都市上下水道局琵琶湖疏水記念館「田邉朔郎特別室」に展示されている。

銘は、鎌倉時代初期の高名な刀工「平安城信国」であるが、鑑定してもらったところ、「偽名」であることが判明した。

一方「拵」は、良い物で日本美術刀剣保存協会による「保存刀剣」に指定された。太一は外交官であるから、刀を抜くことはない。しかし見栄えを良くしたと考えられる。

――無血開城

江戸城無血開城に関する将軍徳川慶喜御前会議において、目付に昇進した田邉太一は、勘定奉行小栗上野介を援け、勝海舟と対峙した。しかし恭順策をとる慶喜を論破できず、江戸城を後にして姿をくらました。

第十一節　「徳川四人組」（榎本武揚、大鳥圭介、荒井郁之助、田邉太一）

太一の地縁、血縁、学縁の同志「榎本武揚」、「大鳥圭介」、「荒井郁之助」は、無血開城に際して江戸を脱出し、函館五稜郭に籠って対薩長軍徹底抗戦した。

図3-1-7　パリで撮影した田邉太一の写真

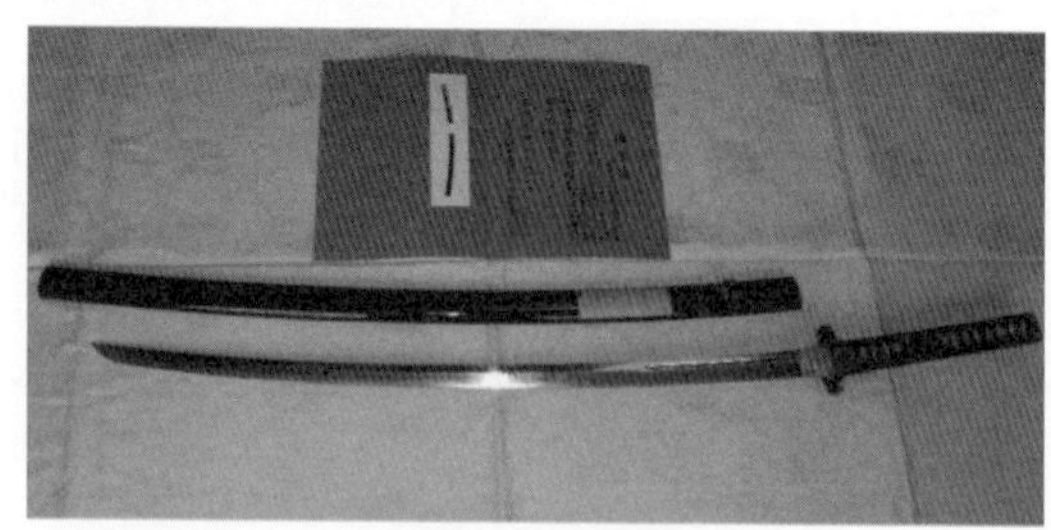

図3-1-8　田邉太一の佩刀、平安城信国

太一は横浜に潜んで、榎本等を外交面・資金面で支援した。しかし、榎本武揚等は台風（低気圧）による艦隊全滅の不運に見舞われ、明治二（一八六九）年五月、兵士の助命を条件に薩長軍に降伏した。

薩長新政府は、新時代に役立つ学問を身に付けていた「田邉」「榎本」「大鳥」「荒井」の対薩長軍徹底抗戦「四人組」を新政府で活用した。

―― 徳川兵学校

明治二（一八六九）年五月に榎本等が降伏した後、田安家の家達（いえさと）公をもって静岡藩七十万石に封ぜられていた徳川宗家は、横浜に潜んでいた太一を、「徳川家兵学校（沼津）」に一等教授として迎えた。

太一は朔郎（七歳）を沼津へ伴った。朔郎は、同兵学校付属小学校に進学させてもらった。ここで欧米式「数学」の基礎を学んだ。

第十二節　岩倉使節団の書記官長、田邉太一

外交経験の無い明治の薩長政府は、この田邉太一を必要とした。そして新政府出仕を固辞する太一を説得した。

明治四年、不承々々薩長政府に呼び出された太一は、直ちに岩倉使節団の随行書記官長となって米欧訪問の途についた。

太一が岩倉使節団に随行している間、朔郎（十一～十二歳）は東京へ戻り、南部藩の藩校、英学塾「共慣義塾（きょうかんぎじゅく）」へ入れてもらった。

ここで、「英語」力を確かなものとした。この力は後に、「工部大学校」において役立つ。

第十三節　東京帝国大学工学部の設立

岩倉使節団副団長の一人、伊藤博文はグラスゴー大学を訪問した。この時、田邉太一が随行した。伊藤は、「長州ファイブ」時代に世話になったジャーディン・マセソン（ＪＭ）商会のマセソンを頼ったもの（『石斎随筆』p.33）。

伊藤は、「工学を教えてくれ」と頼んだ。この会談の結果、新進気鋭の教授、約二十名を日本に招聘することに成功した。

伊藤は、「インペリアル（帝国）・カレッジ（大学）・オブ・エンジニアリング（工学）、東京」を設立した。工部省管轄であるが故に「工部」の名が冠せられた。

また文部省管轄ではないが故に「大学」の名称が使えなかった。これが「工部大学校」であり、後文部省に移管されて、現東大工学部だ。

伊藤博文は、まず工部省工学寮を設立した。現在の基準で言えば高校だ。太一はここに入学することを朔郎に勧めた。朔郎は、明治八年に入学して約二年間（十四～十五歳）在籍し、工部大学校

「進学」への基礎を固めた。

―――加藤詔士先生

以下、工部大学校を語るが、名古屋大学名誉教授加藤詔士先生から教えて頂いた内容を紹介しているに過ぎないことをお断りする。

すなわち筆者は、先生の御研究成果の理解に努めてきた。引用する先生の御研究成果は、巻末の引用文献リストに挙げた。

先生は、工部大学校の研究に関する第一人者であると筆者は理解して尊敬申し上げ、かつ、お教えを感謝している。

―――廃藩と廃刀

明治四（一八七一）年と明治九（一八七六）年に発令されたこれら「二つ」によって、武士は「職」と「名誉」の両方を失った。武士では食えない。

その武士の子等が「工部大学校」へと全国から殺到した。合格者のほぼ百%が元武士か、その子等だったと言われる。

武士の子は、幼い頃から漢文の「素読」を学ぶ。これにより、多くの子等の基礎学力は極めて高い。そんな子等が殺到する「工部大学校」の難易度が偲ばれる。現在の東大工学部の比ではない。

第十四節　朔郎の東大合格

朔郎は、「工部大学校」を受験して合格した。三年生の初期、「進学振り分け」の結果、当時最難関だったシビル（社会基盤）・エンジニアリング（工学）科に合格した。

余談だが、当時「シビル」は、「土木」と訳されたが、近年「社会基盤工学」等に改称する大学が増えた。土木は、「築土構木（ちくどこうぼく）」の略語だと後日聞いた。今でいう「インフラ整備」だそうだ。であれば「インフラ政策工学」という訳語を当ててもらった方がよかったと思う。

――用済み太一

話をもどす。明治薩長政府の外務省において田邉太一は、榎本武揚と協力して対ロシア「樺太～千島交換条約」の締結（明治八（一八七五）年）に尽くした。

また、清国臨時代理公使をするなど、外交官として大活躍した。しかし用済みとなった太一を薩長政府は閑職の元老院議官に「お払い箱」とした。しかし身分だけは、金鶏間伺候という宮中における「かなり」の上席を賜った。

太一は不満だった。太一は、抗議の意思を体で示した。当時花柳界で「御前様」と言えば、田邉太一、「先生」と言えば、福沢諭吉だったと伝わっている。

――ここで閑話

太一の娘、田邉花圃（かほ）は明治初の女流小説家。花圃の処女作は『藪の鶯』。筆者も読んだが、没落した幕臣姉弟と中年の放蕩児が登場する。

『藪の鶯』以後幾つかの作品が発表されたが、いずれにおいても中年放蕩児と求智的青年が登場するそうだ。

そこで筆者は考える。「求智的青年が田邉朔郎。そして中年の放蕩児が田邉太一である」と。

―― 閑話休題

話もどって朔郎は、工部大学校受験に際して優秀な成績を上げた。だから、「官費給付生」に選ばれた。しかし、その時点では後見人太一が（閑職とはいえ）元老院議官として高収入を得ていた。だから朔郎は「自費進学生」に振り分けられた。

この「振り分け」について、朔郎作『書稿』の「邦文」の二ページ目の一～四行目に以下の記載がある。「大鳥公ヨリ叔父ノ私費生ト為サバ後ニ至リテ事便ナラント告グ…」と。

この部分を開いて展示する。筆者の藤原忠興とは、田邉朔郎のことである。田邉家の本姓は「藤原」であり、旧幕時代に幕府に登録してある。そして「忠」の字は、甲斐武田家に仕えていた時代から、朔郎まで代々の諱（いみな）二文字内、一文字に使用して来た。

―― 自費進学生の結幕

朔郎の後見人田邉太一は（前述した）放蕩による破産の憂き目に遭う。だから朔郎は学問をつづけるために、借金を二百円（現在価値二百万円以上）した。

幸い、後に京都府に就職した際の初任給が月四十円（現在価値四十万円以上）だったので一年で返済できた。

第十五節　直接「英語」で工学を学んだ朔郎

工部大学校においては、全専門科目が英語で講義された。なんと、国内に居ながら「産業革命発祥地」グラスゴー大学の高等「工学」教育が「英語」で受けられたのだ。当時の、世界最高の工学教育だ。日本で！英語で！

後の話に飛ぶが、朔郎が琵琶湖疏水工事を主任技師（工事部長）として担当させてもらっている際（明治十九年十月）、工事の概要を北垣知事に報告した書類がある。おどろくことには、英文だ。英語で世界最高の工学（エンジニアリング）を学んでいたので、英語で書く方が楽だったのであろう。これを受領した北垣国道の当惑した顔が目に浮かぶ。この英語力がこの二年後に米国出張した際の成果に結び付く。

――カリキュラムと朔郎

（一）一年生～二年生（朔郎は、十六歳～十七歳）

基礎教育（英語、地理、数学、幾何学、機械、物理、化学、図学）

（二）三年生～四年生（朔郎は、十八歳～十九歳）

現在の「東大理一」における「進学振り分け」と同じ。土木、機械、電信、建築、化学、冶金、鉱山の中から一科目を選択する。

朔郎は土木を選んだ。四年生終了までに数々の賞を受賞し、超優秀の誉れ高かった。

（三）五年生～六年生（朔郎は、二十歳～二十一歳）

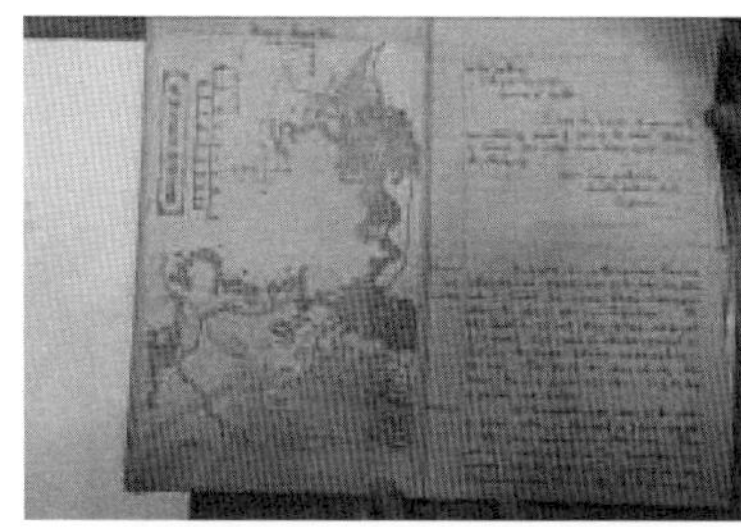

図3-1-9　田邉朔郎による北垣知事宛報告書「My Results」

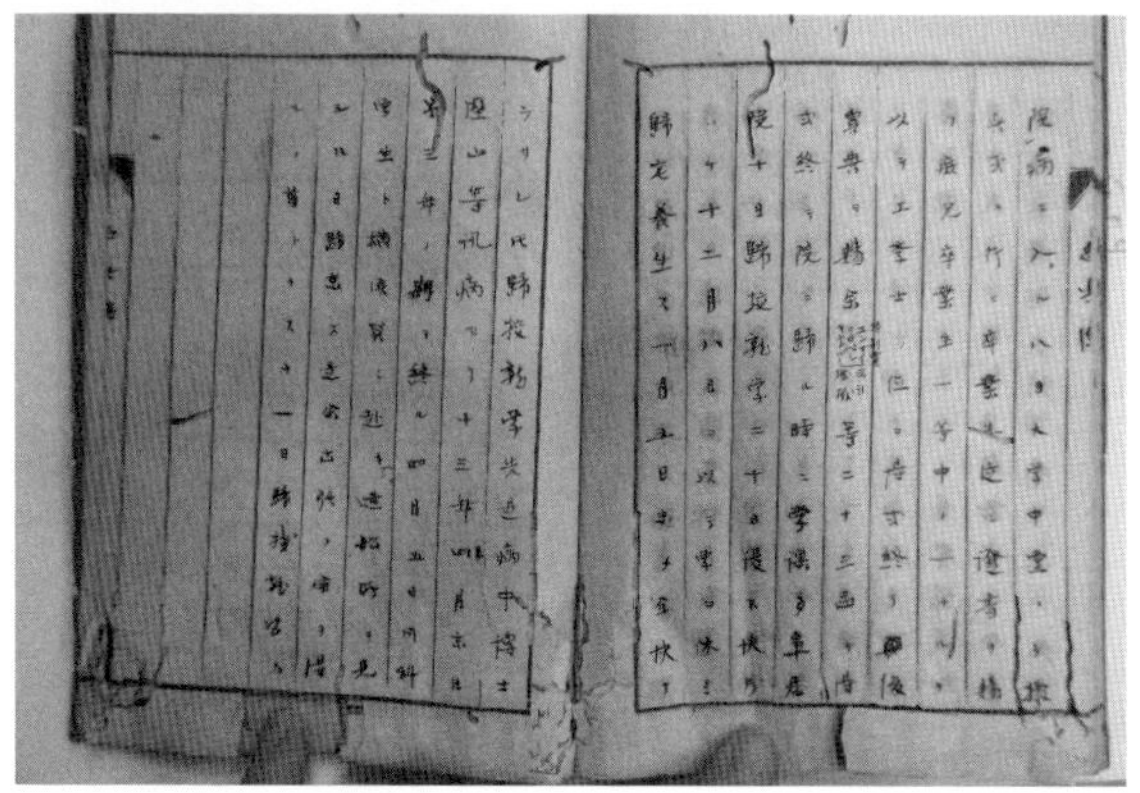

図3-1-10　朔郎「書稿」

専門分野の実習、試験、特別講義を受ける。実習があるので、卒業すると直ちに現場で「独り立ち」して仕事ができる。それだけの教育を授けていた。世界最高の工学教育を。

前述した朔郎「書稿」（出品：№1－9）には、工部大学校における学生生活の「あらまし」が記述されている。其の部分を記載する。

―― 教育とIQ

前述した通り学生の「ほゞ百%」が、元武士または武士の子であったことから推測すると、学生の平均IQは現在、東大、京大の「工学部」に集まる学生のIQとは比較にならない程高かったであろう。

―― 徒弟制度

工部大学校では、校長ヘンリー・ダイアーの方針により、手を動かして行う「実習」を重んじ、教授が自ら手を動かして学生に教えた。即ち、欧米型「徒弟制度」。

この伝統が、東京↓京都↓東北↓九州↓北海道↓大阪↓名古屋と、この順番で各帝国大学「工学部」に引き継がれた。この流れの「徒弟制度」の中で学んだ筆者も手が動く。

第十六節　一番で卒業した天才大学生、田邉朔郎

朔郎は工部大学校において、一等賞、二等賞、三等賞を何度も受賞した。中でも一等賞が多い。

その賞状（単行本）が現在、京都市上下水道局琵琶湖疏水記念館に保管されている。

受賞状況は添付する受賞リストによって確認できるが、以下の通りである。

（一）明治十（一八七七）年、一年生（十六歳）
　自然哲学一等賞、自然哲学一等賞（再度）、自然哲学一等賞（再々度）、数学一等賞、数学一等賞（再度）、数学一等賞（三度目）、数学一等賞（四度目）

（二）明治十一（一八七八）年、二年生（十七歳）
　自然哲学二等賞、自然哲学二等賞（再度）、自然哲学二等賞（再々度）、数学一等賞、数学一等賞（再度）、数学一等賞（三度目）、数学一等賞（四度目）、化学二等賞、化学二等賞（再度）

（三）明治十二（一八七九）年、三年生（十八歳）
　特別賞、自然哲学三等賞、応用工学三等賞、自然哲学三等賞、Field Work 三等賞、数学一等賞、数学一等賞（再度）

（四）明治十三（一八八〇）年、四年生（十九歳）
　基礎工学一等賞　土木工学一等賞

（五）明治十四（一八八一）年、五年生（二十歳）

（六）明治十五（一八八二）年、六年生（二十一歳）

（七）明治十六（一八八三）年、卒業（二十二歳）

加藤詔士『日英教育文化交流史研究』p.183（図3－1－11）

前述のとおり筆者は、加藤先生の御研究（文部省科研費助成日英教育文化交流史）に工学教育の面で情報提供や資料提供など約三十年間協力してきた。これに対して先生から都度、御研究成果の冊子を頂戴してきた。これは、その一部である。

また、「朔郎の成績」の項で挙げた「受賞」に対応する副賞だと伝わる書籍類を展示する。

第十七節　京都市（当時は府）に就職する朔郎

明治十六（一八八三）年五月十五日、二十二歳六か月の朔郎は工部大学校を卒業して「工学士」の学位を授けられ、同二十二日に京都府御用掛を仰せつかった。

準判任官、月給四十円（現在価値月四十万円以上）。卒業時の写真を、引用文献十－（三）：『田邉朔郎博士六十年史』第一編より転載する（図3－1－12）。

以下の写真の原版は、流通経済大学三宅雪嶺記念資料室に保管されている。その原版から作成された「田邉朔郎講演会のパンフ」を展示する（図3－1－13）。

雪嶺は、朔郎の従妹田邉花圃の夫君であり、花圃は明治の女流小説家とし三宅雪嶺と結婚して三宅花圃となった。

表1．田辺家資料における田辺朔郎の受賞図書一覧

年度	受賞クラス	授与者	受賞図書
1876	幾何学優等賞	E.O.R.P.	A. Smith, A Boy's Ascent of Mont Blanc (Ward, Lock and Tyler, London, [?])
1877	自然哲学一等賞	H.Dyer	A. F. Weinhold, Introduction to Experimental Physics, Theoretical and Practical, including Directions for Constructing Physical Apparatus and for Making Experiments, trans. & ed. by B. Loewy (Longmans, London, 1875)
	自然哲学一等賞	H.Dyer	J. N. Lockyer, Elementary Lessons in Astronomy (Macmillan, London, 1877 new ed.)
	自然哲学一等賞	H.Dyer	W. Thomson & P. G. Tait, Elements of Natural Philosophy, Part I (Cambridge U. P., Cambridge, 1872)
	数学一等賞	D.H.Marshall	B. Stewart, The Conservation of Energy being an Elementary Treatise on Energy and its Laws (Henry S. King & Co., London, 1877 4th ed.)
	数学一等賞	D.H.Marshall	D. Brewster, The Life of Sir Isaac Newton (William Tegg, London, 1875, revised & edt.)
	数学一等賞	D.H.Marshall	B. Stewart, An Elementary Treatise on Heat (Clarendon Press, Oxford, 1876 3rd ed.)
	数学一等賞	D.H.Marshall	I. Todhunter, A Treatise on Plane Co-ordinate Geometry as Applied to the Straight Line and the Conic Sections, with New Examples (Macmillan, London, 1874 5th ed.)
1878	自然哲学二等賞	D.H.Marshall	[賞状のみ、受賞図書は不明]
	自然哲学二等賞	D.H.Marshall	J. F. W. Herschel, Outlines of Astronomy (Longmans, London, 1878)
	自然哲学二等賞	D.H.Marshall	P. G. Tait, Sketch of Thermodynamics (David Douglas, Edinburgh, 1877 2nd ed.)
	数学一等賞	F.Brinkley	R. A. Proctor, The Sun: Ruler, Fire, Light, and Life of the Planetary System (Longmans, London, 1878 3rd ed.)
	数学一等賞	F.Brinkley	I. Todhunter, A History of the Mathematical Theories of Attraction and the Figure of the Earth, from the Time of Newton to
			Philadelphia, 1870)
	自然哲学三等賞	E.Divers	J. Wolfe, Railway Appliances, a Description of Details of Railway Construction Subsequent to the Completion of the Earthworks and Structures Including a Short Notice of Railway Rolling Stock, with illustrations (Longmans, London, 1878 2nd ed.)
	応用工学三等賞	T.Alexander	W. J. M. Rankine, A Manual of Applied Mechanics, revised by E. F. Bamber (Charles Griffin and Company, London, 1877 9th ed.)
	自然哲学三等賞	D.H.Marshall	A. Guillemin, The Heavens, An Illustrated Handbook of Popular Astronomy, ed. by J. N. Lockyer (Richard Bentley & Son, London, 1878)
	field work三等賞	A.W.Thomson	W. J. M. Rankine, Useful Rules and Tables Relating to Mensuration, Engineering, Structures, and Machines, revised by E. F. Bamber (Charles Griffin & Company, London, 1878 5th ed.)
	数学一等賞	F.Brinkley	O. C. D. Ross, Air as Fuel: or, Petroleum and Other Mineral Oils Utilized by Carburetting Air and Rendering It Inflammable (E. & F. N. Spon, London, 1875 2nd ed.)
	数学一等賞	F.Brinkley	W. B. Scott, Gems of Modern German Art, A Series of Carbon-Photographs from the Pictures of Eminent Modern Artists, with Remarks on the Works Selected, and an Essay on the Schools of Germany (George Routledge and Sons, London & N. Y., 1873)
1880	基礎工学一等賞	H.Dyer	A. P. Deschanel, Elementary Treatise on Natural Philosophy, tran. & ed. by J. D. Everett (Blackie & Son, London, 1880 5th ed.)
	土木工学一等賞	A.W.Thomson	S. Smiles, Lives of the Engineers, the Locomotives, George and Robert Stephenson (John Murray, London, 1879, new & revised ed.)

図3-1-11　加藤詔士『日英教育文化交流史研究』p.183

図3-1-12　朔郎卒業時

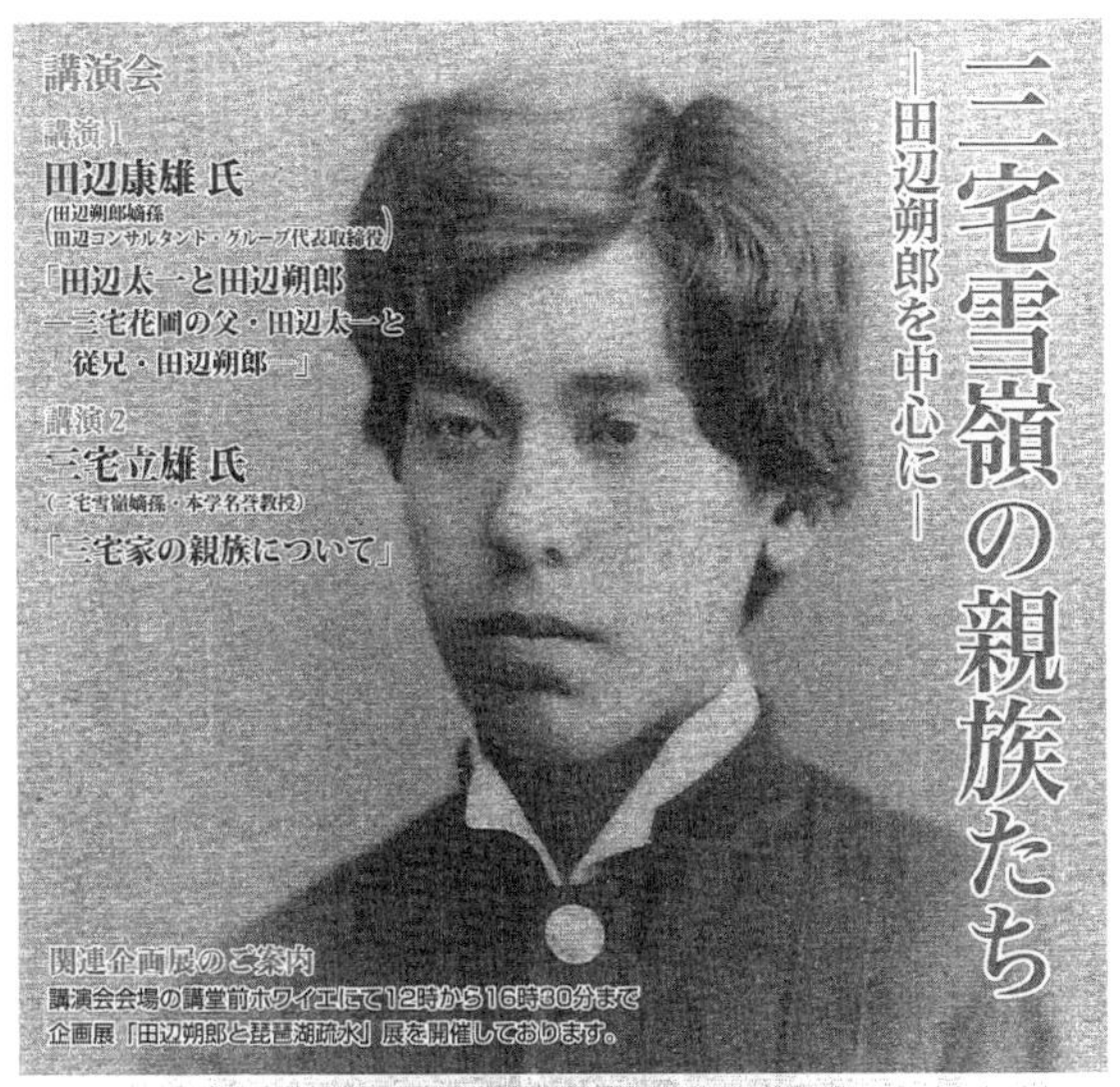

開催日時
平成26年11月15日㊏ 13:00 ▶ 15:30

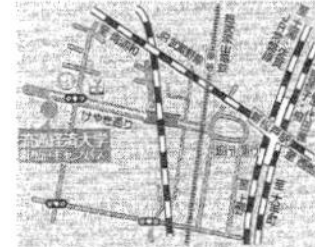

＊入場無料
開催場所：
流通経済大学 新松戸キャンパス 講堂
〒270-8555　千葉県松戸市新松戸 3-2-1
交通：JR 常磐線・武蔵野線新松戸駅より徒歩４分
（※駐車場はありません。公共交通機関をご利用下さい。）
後援　松戸市教育委員会・公民館

RKU 流通経済大学
三宅雪嶺記念資料館
http://www.rku.ac.jp/seturei/index.html

【お問い合わせ先】
流通経済大学総務課
TEL：047-340-0001（新松戸キャンパス）
TEL：0297-60-1151（龍ケ崎キャンパス）

図3-1-13　流通経済大学パンフ。二十三歳の田邉朔郎（工部大学校卒業時）

第十八節　教頭、H・ダイアーの薫陶を受けた朔郎

薫陶を受けた朔郎は卒業後二度、英国グラスゴーのダイアーを訪問した。書斎にダイアーの写真（図3－1－14）を飾り、朝に夕に拝謁していた。

百石斎（田邉朔郎書斎）執務机の正面に飾ってあったもの。御夫妻別々ではあるが、一対揃った写真（その「朔郎オリジナル」）は、国内唯一の存在である。現在でも「百石斎」入口の鴨居上にそのまま掛かっている。

田邉朔郎は、ダイアーを大変慕っていた。後年京都帝国大学工学部学生（昭和十五年～十七年）の叔父有賀敏彦は、朔郎を頻繁に訪問して夕食を振舞われた。その際、ダイアーの話を何度となく聞いたそうだ。「ダイアーさんが、ダイアーさんが、…」という風に話していたそうだ。

ダイアーからもらった座右の銘も聞かせてもらった。原文は英語であるが、意訳すると、「数多くやったということは大切ではない。人の役に立つような成果を出す事が大切だ。それをやり遂げる意思と、困難に耐える気持ちを持つことが大切だ」と。

第十九節　覇権争いしている欧米の真似をするな。と、ダイアー

ダイアーは、日本を去るに当たってこう言った。「工学の全てを教えたけれども、これを利用して『列強』の真似、『覇権争い』をしてはいけない」。

「日本は日本としてよいところがあるのだから、独自の道を行きなさい」と。

ダイアーの教えは、彼の著書『大日本』に表れている。田邉朔郎は、この著書とこの考え方を大いに宣伝したという。

図3-1-14　ヘンリー・ダイアー夫妻の写真

第二章　京都府就職から京都帝国大学退官まで

年齢：二十一歳六か月〜五十七歳五か月
年代：明治十六（一八八三）年〜大正七（一九一八）年
特徴：北垣国道（岳父）の引き回わし
命名：蛇（国道）に睨まれた蛙（朔郎）時代

第一節　徳川四人組の画策：京都疏水への売り込み

対薩長徹底抗戦徳川「四人組」が動いた。田邉太一（四人組の首領格）が育てた甥の、超優秀な朔郎を売り込もうと。売り込み先は、京都府。

――京都の情勢

「蛤御門の変」で焼け野原となった「京の都」から天皇陛下が東京へ「お引越し」された。京都にとって「泣き面に蜂」だ。

これを看過すると、薩長政府の求心力低下が問われる。だから長州から知事が選任された。蛤御門の変による京都戦災の償いのためである。

二代目（施策面では実質初代）知事は、長州槇村正直。長州木戸孝允（たかよし）の推薦と言われる。定石通り、「産業興し」に務めた。しかし不発。そこで長州伊藤博文の推薦により、三代目知事（実質二代目）として長州北垣国道が就任した。

第二節　北垣国道のインフラ政策学による都市基盤整備

国道は古来の政治定石「治水」を忠実に実行した。「そうだ。琵琶湖から水を引こう」と。大蔵大臣薩摩松方正義（まつかたまさよし）に相談した。すると驚いたことに、「国からは、一銭もでない」と。

明治十一（一八七八）年の西南戦争の際に発行した紙幣により、インフレが進行した。これを抑えるために、紙幣を回収したのだ。これを「松方緊縮財政」という。

これを現在の言葉で表現すると、「政府の借金が多い」、「ハイパーインフレが怖い」、「通貨発行残高を抑えよう」、「公共投資はできない」ということである。

そこで国道は決心した。「そうだ。京都だけで」と、増税と「円建て公債」発行である。「今度きた餓鬼極道（キタガキコクドウ）」と罵られた。

ここで投稿者は、先の大戦中の標語を思い出す。「欲しがりません、勝つまでは。国債を買おう」と。政府が発行した大量の国債を国民が買った。

敗戦によって戦争に使った金（かね）は戻ってこなかった。政府の債務は残った。しかし、政府は財政破綻しなかった。戻ってこなくても財政破綻しなかったのだ。

戦後のインフレが政府の債務負担を大きく低減し、かつ、米軍指導の下で行われた「預金封鎖」と「新円切り替え」だ。

これにより、それまでの債務がゼロになった。代わりに（朔郎一家を含め）国民は、「踏んだり蹴ったり」の目にあった。

話もどって琵琶湖疏水は、（戦争ではなく）インフラ投資だ。「インフラ投資に使った金は戻ってくる」と。北垣国道は、百三十年も前にこのことを知っていた。

第三節　北垣国道による円建て公債の発行

国道は当初予算約百二十万円（当時の一円は現在では一万円〜十万円だと言われるから、現在価値約百二十億円〜千二百億円）のほとんどを寄付と増税と公債発行で賄った。

工事途中で水力発電を追加した。さらに約六十万円（現在価値約六十億円〜六百億円）の追加だった。これを公債の追加発行でまかなった。

合計、何と現在価値百八十億円〜千八百億円もの殆どを京都市民の増税と、京都市民に買ってもらった公債で賄ったのだ。

——切腹覚悟

どうやって、償還するか。薩摩大蔵大臣松方は言った。「政府は一銭も出せないから地方でやってくれ」。国道は、こんな「投げ遣り」的な回答を受けて奮起したとは言え、この腕力はすごい。

そして腹が据わっていた。さすがは、命を賭けて倒幕戦争に火をつけた国道だ。

第四節　朔郎による世界初の水力発電「事業」の提案

すでに疏水建設物語の章において詳述したが、電力技術が目まぐるしく変化向上する時代だった。朔郎は時代の変化をいち早く把握し、水車直接利用動力を「発電機／送電線／電動機」の組合せ利用に変えた。

このアイデアが功を奏し、追加した水力発電が早期償還の道を開いた。当時、水力発電はすでに米国やスイスに存在していた。しかし鉱山用だった。日本にも在った。

当時、世界的にも送電技術は未開発であり、長距離送電はできなかった。精々二～三キロメートルであった。

また、「直流送電」論と「交流送電」論が対立し、電気の大御所エジソンが直流送電論者だった。

第五節　水力発電事業の成功要因

琵琶湖面と京都市街面には、数十メートルの高低差がある。しかし舟を通すからほゞ水平に通水する。

すると京都市街にトンネルから顔を出した場所で、市街と数十メートルの「落差」ができる。

この「落差」は舟にとっては厄介だが売電事業用発電には好都合。なぜなら、電力需要は「目と鼻の先」、鴨川の東に京都市街の「東山区」と「左京区」にある。長距離送電の必要が無かった。これが「なぜ?」の回答。

第六節　大成功を見た水力発電「事業」

この発行済公債は、第一期工事（第一疏水）の発電が開始された明治二十四（一八九一）年から三、四年して早くも完済の目途がついた。売電事業により、現金収入が「どんどん」入ってきたからだ。売上高の推移は、グラフを用いて後述する。

朔郎が京都市電気局から贈呈を受けた書籍『部外秘琵琶湖疏水及水力使用平米』の八百六頁の表「水利事業所調査収入内訳」を、エクセルを用いてグラフ化した。以下の図である（図3−2−1）。この図は、極めて重要である。筆者が作成した新しい図ではあるが、使用したデータは、明治時代のオリジナルである。

水力によって得た電力の売上金額が、その他の項目の売上が低迷する中で明治三十（一八九七）年までに飛躍的な伸長を見せた。これにより明治三十二（一八九九）年に、発電を主たる目的とした第二疏水の話が朔郎の下にきた。

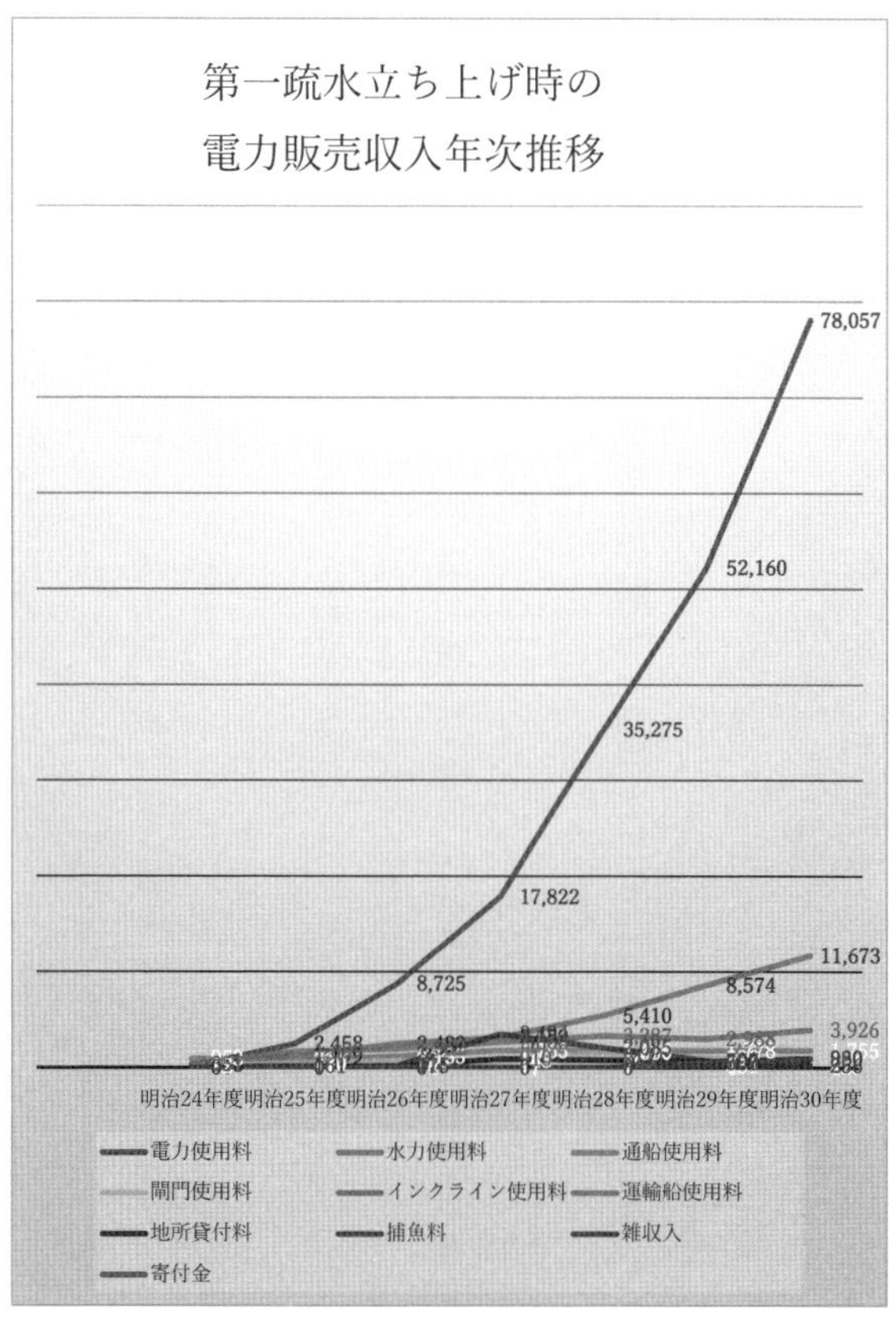

図3-2-1　「水利事業所調査収入内訳」書籍『部外秘琵琶湖疏水及水力使用事業』（昭和十四年）

第七節　早くも増設要請（→第二疏水）

繰り返すが、この明るい見通しの下に発電所「増設」の話が早くも明治三十二年に朔郎のもとに来た。この増設工事が第二期工事（第二疏水）である。琵琶湖から京都まで一直線に結ぶ。第一疏水が、「先導」抗、そして第二疏水が「本」トンネルと理解すれば分かりが早い。事実第二疏水の流水量は、第一疏水の三倍近くある。

――話を戻す

明治十四（一八八一）年北垣国道は、京都着任後ただちに測量を開始した。そのために同郷で気脈の通じ、かつ、腕のよい島田道生（しまだみちお）を前任地高知から呼び寄せた。島田道生は、精密な等高線図を作成した。現在記念館に展示中。百三十年以上も昔に描かれた図の精密さを御確認ありたい。

第八節　話もどって、南一郎平招聘の難航：結果として「僥倖」

北垣国道は内務省土木局（現在国土交通省）の技師南一郎平（みなみいちろべい）を呼んだ。一郎平は、琵琶湖から「洛北」の農業地帯までの水路を描いた。そして言った。「できる」と。

北垣国道は喜んだ。南一郎平は、薩摩大久保利通と後継者薩摩松方正義の下で会津「安積疏水」を成功させた実績をもっていたから。しかし残念なことに、一郎平は「引く手数多」で招聘の話は難航した。

――僥倖：南一郎平の招聘難航

もしも南一郎平が招聘されていたら、水力発電「事業」の発想は無かっただろう。いや、無かったと断言できる。朔郎と一郎平では学問のバックグランドが違いすぎる。

京都疏水を洛北まで通水し、東山大文字山の麓に階段式運河を造り、船を鴨川面まで下す。ここまでは一郎平でできる。

そして階段式運河の脇に水車小屋工場建てる用地を確保する。南一郎平はここまでできる。間違いない。

――京都市民に残る「負」の遺産

ところが投下資本利益率。これが極端に悪い。「箱もの」はできたが、京都市民には負担のみが残った。南一郎平は、負の遺産を建設したことによって歴史に悪名を遺しただろう。

「南一郎平、引く手あまた」で朔郎と一郎平、お互いのためによかった。いや、京都市のためによかった。いや、日本のためによかった。

――チャンス

話を戻す。この「一郎平招聘難航」の報に接し、すでに述べた「田邉太一」を首班格とする、対薩長徹底抗戦徳川「四人組」が動いた。

「我らの超優秀、田邉朔郎を長州北垣国道の京都府に売り込もう」と。北海道「函館五稜郭」で見せた徳川の対薩長戦争が十五年後に形を変えて再開したのだ。

五稜郭の榎本総裁、大鳥陸軍奉行、荒井海軍奉行である。その動きの裏には、首領格の田邉太一（朔郎の叔父で育ての親）がいたことは、言うまでもない。

―― 徳川四人組

薩長政府の海軍大臣「榎本武揚」は、工部大学校長「大鳥圭介」に相談した。「大鳥圭介」は、中央気象台長（現在なら気象庁長官）の「荒井郁之助」に相談した。

大鳥圭介と荒井郁之助は、旧幕時代に「開国攘夷」で意気投合して義兄弟の契りを交わしていた。江戸無血開城に際し、榎本武揚とともに脱走して対薩長徹底抗戦を企てた。最後は、北海道函館五稜郭戦争を榎本武揚総裁の下で陸軍司令官、海軍司令官として共に戦った。荒井は朔郎の叔父、田邉太一の義兄であり、田邉太一、榎本武揚、大鳥圭介、荒井郁之助の四人は極めて親しい「同志」であった。大鳥から荒井に宛てた手紙は記念館に展示されている。御確認ありたい（図3－2－2）。

因みに申し添える。世間では、「朔郎の卒業論文『琵琶湖疏水』が知事北垣国道の目にとまって工事を任された」という物語が流布している。しかしこの大鳥の手紙によっても、その物語は真実ではないことが証明できる。

―― 京都府就職

「四人組」による二度目の戦争は、徳川の勝利だった。長州北垣国道は半信半疑で田邉朔郎を採用した。最初はもちろん、朔郎の評価は島田道生よりも下位だった。しかし三年目に逆転した。「意外によくやる」と。

図3-2-2　大鳥圭介発荒井郁之助宛書簡（朔郎の京都巡回について）

図3-2-3　琵琶湖第一疏水建設時代の国道の写真

――朔郎更迭

第一工区の長等山トンネル竪坑で「大出水」事故があった。その際、市議会議長高木文平から「田邉朔郎更迭。南一郎平招聘」の声があがった。

しかし北垣国道はこれを一蹴した。「誰がやっても、日本初。朔郎でよい」と。この時、高木文平の意見が通ったら、水力発電事業による京都疏水の大成功はなかった。

――設計変更の提案

田邉朔郎は、第一トンネル工事の目途が立った時点で米国出張を願いでた。工部大学校のカリキュラムの中に「熱力学」も含まれていた。

これを学んだ朔郎は、計画されている水車直接利用では水の位置エネルギー利用効率が悪いことが気になっていた。

トンネル工事が一段落したので調査を願い出た。その際京都市参議会から高木文平氏が選ばれて同行した。

名目上の出張目的は、水車の配置方式工夫だった。トンネル事故に際して、「朔郎更迭」を主張した高木文平は、どんな心境で朔郎に従ったのだろうか。

現地で水車配置を見た朔郎は、その「投下資本利益率」が極めて低いことを見抜き、急遽ロッキー山脈内の鉱山で使用されていた水力発電を見学訪問した。そして直ちに設計変更を提案することにした。

迅速な決断をする背景には、朔郎が「英語」で「世界最高」の「エンジニアリング（工学）」をマスターしていたことがある。

朔郎は、水車動力直接利用を止めて、水力発電と、世界初の「水力電気売り」を北垣国道に提案した。国道は直ちにこれを採用した。

水車直接利用を止めた。代わりに、水の流れを電力に変えて、その電力でモーターを回した。モーターで機械を動かした。

当時、電気は「電灯」利用に留まり、機械は、石炭火力による蒸気エンジンで動かす時代だった。それにも拘わらず、「都市（人口約三十万人）」の中で、電動モーターで機械を動かすとは、世界的に見ても他に例は無かった。

この方式へ設計変更した事は大成功だった。これにより、京都の「中小地場産業」が生き残った。電力販売数量は飛躍的に増大し、発行した京都府公債は、二十年で完済した。琵琶湖疏水は、ビジネスとして大成功となった。販売電力が年々飛躍的に増加した様子を、すでに第六節における図で示した。

前述した書籍『部外秘琵琶湖疏水及水力使用事業』（出品No.2-1）の八百六頁の表「水利事業所調査収入内訳」を、表計算ソフトのエクセルを用いてグラフ化したものである。

英国シビルエンジニアリング協会（直訳すれば「市民工学者協会」だが日本語では「英国土木学会」と訳される）は、朔郎に対してその最高賞である「テルフォード賞」と次賞「テルフォード・

プレミアム」を同時に授けた。

――画家　河田小龍

以上が琵琶湖疏水第一期工事である。北垣国道は、難航したこの工事の記録を残そうと欲した。そのために前任地高知から画家河田小龍を呼び寄せ、スケッチさせた。近年、その復刻版が出版されたので筆者は購入した。それを出品する。

この工事記録は、いわば「アナログ」であるが、第一疏水の「デジタル」記録は、以下の書籍に勝るものはない。

――日本人による初の大土木工事？

琵琶湖疏水第一期工事は、このように称賛される。「土木技術における独立宣言」とも言われる。確かに表現は間違っていない。しかし誤解を生む恐れがある。

実情は以下の通りである。産業革命をいち早く成し遂げた英国は、その学問体系を「サイエンス」から独立した「エンジニアリング」として大成し、その中心をスコットランドのグラスゴー大学に置いた。

英国は、それを惜しげもなく日本に教えてくれた。その教育の場が東京に立地した「インペリアル・カレッジ（帝国単科大学）・オブ・エンジニアリング（工部）トウケイ（東京）」だった。

ここで当時世界最高の「エンジニアリング」が、教えられた。この教育機関は六年制であり、「工部大学校」という。文部省ではなく、工部省（現在の経産省）の管轄だった。

英語で直接教えられたので卒業生は、大英帝国華やかなりし時代の英国をバックにして世界最高のエンジニアリング成果を、英、仏、独、伊、米などから自由に導入できた。

在校生のほぼ百%は武士あるいは、武士の子であり、もともと基礎学力を身につけていた。だから、習った導入技術の上に独自の工夫を加えることもできた。

その典型が「天才大学生」とも呼ばれる田邉朔郎だった。これが明治維新「戦争」後に「著しい速度で成し遂げた」わが国「産業革命」の秘密であった。

――なぜ英国が親切？

ではなぜ英国が「虎の子」の世界最高エンジニアリングを惜しげもなく日本に教えてくれたのだろうか。それは、当時の世界情勢を見ればよく分かる。

帝政ロシアが南下政策をとっていた。これに対抗すべく英国は、日本を防波堤に考えた。これが「なぜ」の答え。

事実、日本はエンジニアリングの力で「日本海海戦」に勝利し、南下するロシアを押し戻した。別項で書くが、下瀬火薬、伊集院信管、ＧＳバッテリー、無線通信機、ＢＳ式距離測定器等であった。

そのことが、琵琶湖疏水第一期工事の大津側入口トンネルクラウンと京都側出口クラウンの英文によって窺い知れる。

第九節　英国の指導による日本の産業革命

明治の「文明開化」により、たったの二十年にして欧米に追い付いたと言われる。エンジニアリングレベルが追いついたのだ。しかし日本独力ではない。英国の支援の下に初めて可能だったのだ。琵琶湖疏水は、何度も言うが、日本において世界最高の「エンジニアリング」を教える高等教育機関があった。そのお陰だったのだ。

確かに日本人の「手」だけで完成したが、「知恵」は、（日本における）英国仕込みであった。工部大学校とスコットランドの関係に関しては、元名古屋大学教授の加藤詔士先生の御研究成果が存在する。

―― 明治の「エンジニアリング」教育

繰返すが、明治維新後の「富国強兵」策によって「たった」二十年にして欧米に追い付いた。この成果を日本人が独自に成し遂げた。このような話が信じられている。

田邉朔郎が、日本人「独自」の技術で琵琶湖疏水（第一期工事）を成し遂げた。このような話が信じられている。しかし、これは実態と異なる。

前項で説明したように田邉朔郎は、英国による「エンジニアリング」教育を受けて琵琶湖疏水の技術を担当させてもらった。第一疏水においては、いわば「技術導入エンジニア」だったのだ。

―― 真実の実態（まとめ）

明治の初期の日本に、英国が（産業革命発祥の地スコットランドで）確立した「エンジニアリング」を（英語で教える）高等教育機関があった。その機関で教育を受け、「英国のエンジニアリング」を英語で習得した日本人が十年間で約二百名ほど輩出した。

その中でも成績優秀で「学内賞」を何度も受賞した学生が、卒業後に琵琶湖疏水建設の「エンジニアリング」を担当させてもらい、「大成功」を見た。そして英国の賞を受賞した。

――現在の、エンジニアリング「継続」教育

昭和のプロジェクトエンジニア筆者は、この事実を「真摯」に受け止め、「技術導入」と「技術開発」の両者を並行して自ら体験してきた。

この体験を認めてくれた公益社団法人日本「工学」会は、経済産業省受託調査事業の一部を担当してほしいと依頼してきた。

「エンジニアリング」教育を受けて社会にでた「現在の」エンジニアが、田邉朔郎のように生涯現役でエンジニアの仕事に従事することのできるようになる。そのような「継続教育」の在り方の「具体策」を提案して欲しいとの趣旨だった。

これを受託した筆者は、加藤詔士先生の御研究成果を参考にしながら、具体策を策定して日本工学会経由で経済産業省に提出した。これを「田邉朔郎の一生」を知っていただく材料のひとつとして出品する。

第十節　南一郎平招聘に成功していたら?

このこと重要だから繰り返す。もしも一郎平だったら水力発電事業はなく、北垣国道のインフラ政策学による京都の「都市基盤整備計画」は不成功に終わった。

もしも南一郎平招聘難航の情報を得た徳川四人組が動かなかったら、天才大学生田邉朔郎が、北垣国道の下で働く機会は得られなかった。

第十一節　朔郎の栄転（→東京帝国大学教授）

話をもどす。琵琶湖疏水第一期工事（第一疏水）が完了し、発電所建設も軌道に乗った。

この時、姉鑑子の夫（義兄）、宮内省匠頭（建築局長）片山東熊（とうくま）から手紙がきた。「帝国大学工学部土木工学科の教授にならないか」と。「工学部長古市公威も大賛成している」と（図3－2－4、5）。

朔郎は、これを受けて帝国大学教授に大栄転した。京都府技師から、帝国（東京）大学教授への大栄転だった。この時以来、朔郎と東熊の公私に亘る緊密な協力が始まった。公では、宮内省と帝国大学（東京）、ならびに京都市との協力であった。

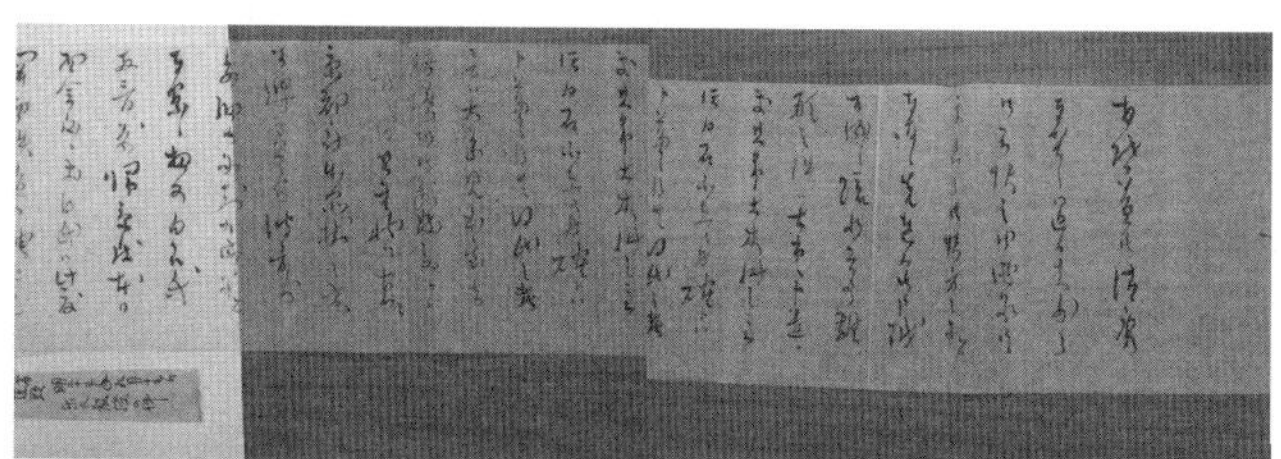

図3-2-4　書簡「東熊発朔郎様大学教官就任依頼」

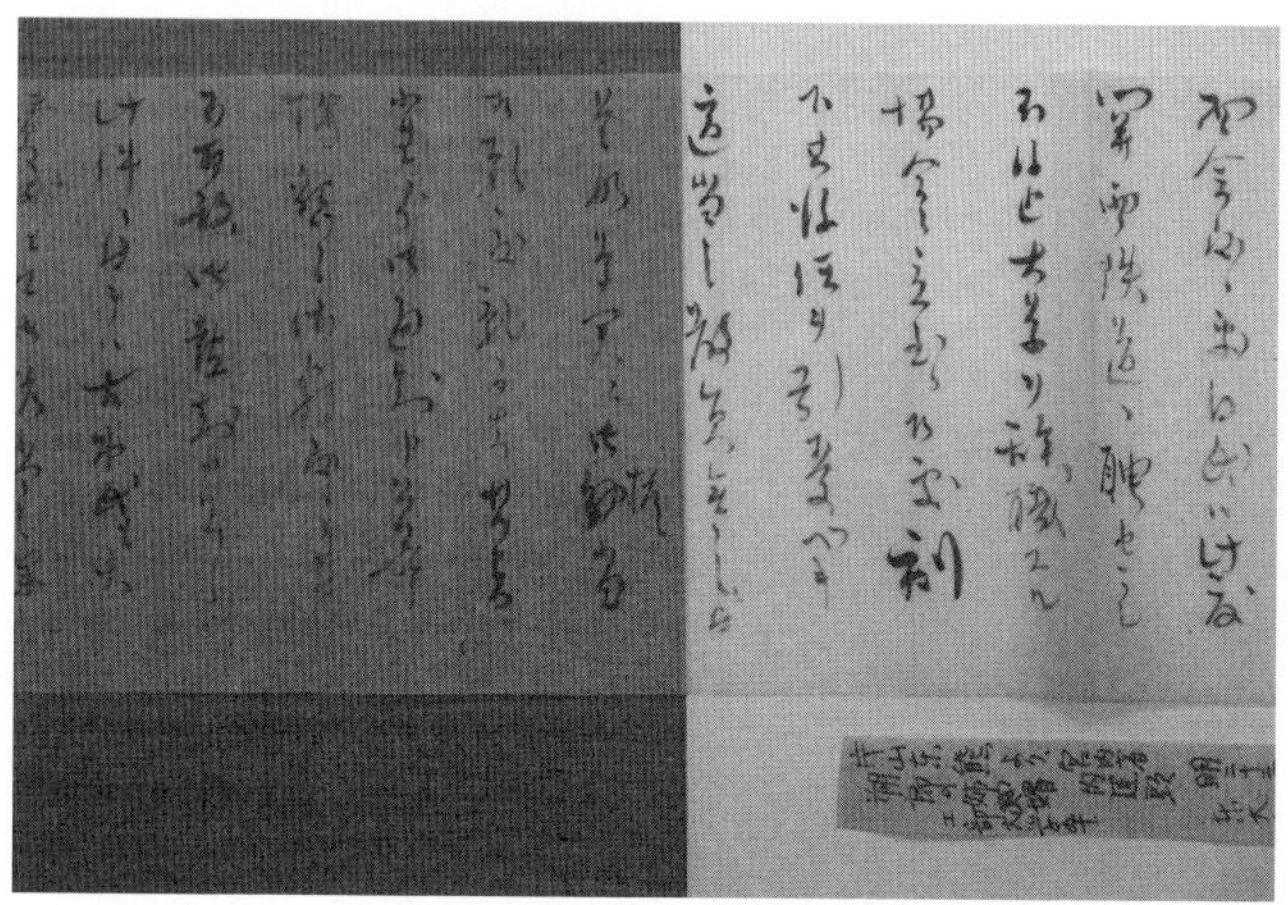

図3-2-5　書簡「東熊発朔郎様大学教官就任依頼」(拡大)

第十二節　北垣国道から朔郎へ私的御褒美（長女静子）

――朔郎の結婚

明治二十三（一八九〇）年十一月七日。朔郎三十歳。北垣国道の長女静子を嫁にもらった。いや、押しつけられた。

この時国道は、文部大臣榎本武揚に仲介を依頼した。田邉家と北垣家をよく知る武揚が、仲人の労を取って話は順調に進んだ。

同時に国道は、朔郎の姉、鑑子（てるこ）を片山東熊の嫁に出す労をとった。片山東熊は、国宝「迎賓館」の設計者として後世に名を遺した。この東熊と朔郎が義兄弟である。これを取り持ったのが北垣国道だった。

写真は、結婚式における朔郎と国道長女静子（『田邉朔郎博士六十年史』より、図3－2－6）。

結婚式は、京都で挙げられた。その翌日の十一月八日、東京の向島に居た武揚は京都に居た田邉朔郎に対して以下の祝電を打った。「メデタクゴケッコンノス〇シヲシュクス（着 京都郵便局）」と。

また榎本武揚は、結婚式後の明治二十三（一八九〇）年十二月五日、以下の「送り状」を添えて祝儀品を田邉朔郎に贈った（図3－2－7、8）。

第十三節　北垣が娘に託した「倒幕志士」の佩刀

その際、国道は静子に倒幕志士時代の佩刀を託した。このような結婚について後年朔郎は言う、

図3-2-6　結婚式における朔郎と国道長女静子（『田邉朔郎博士六十年史』より）

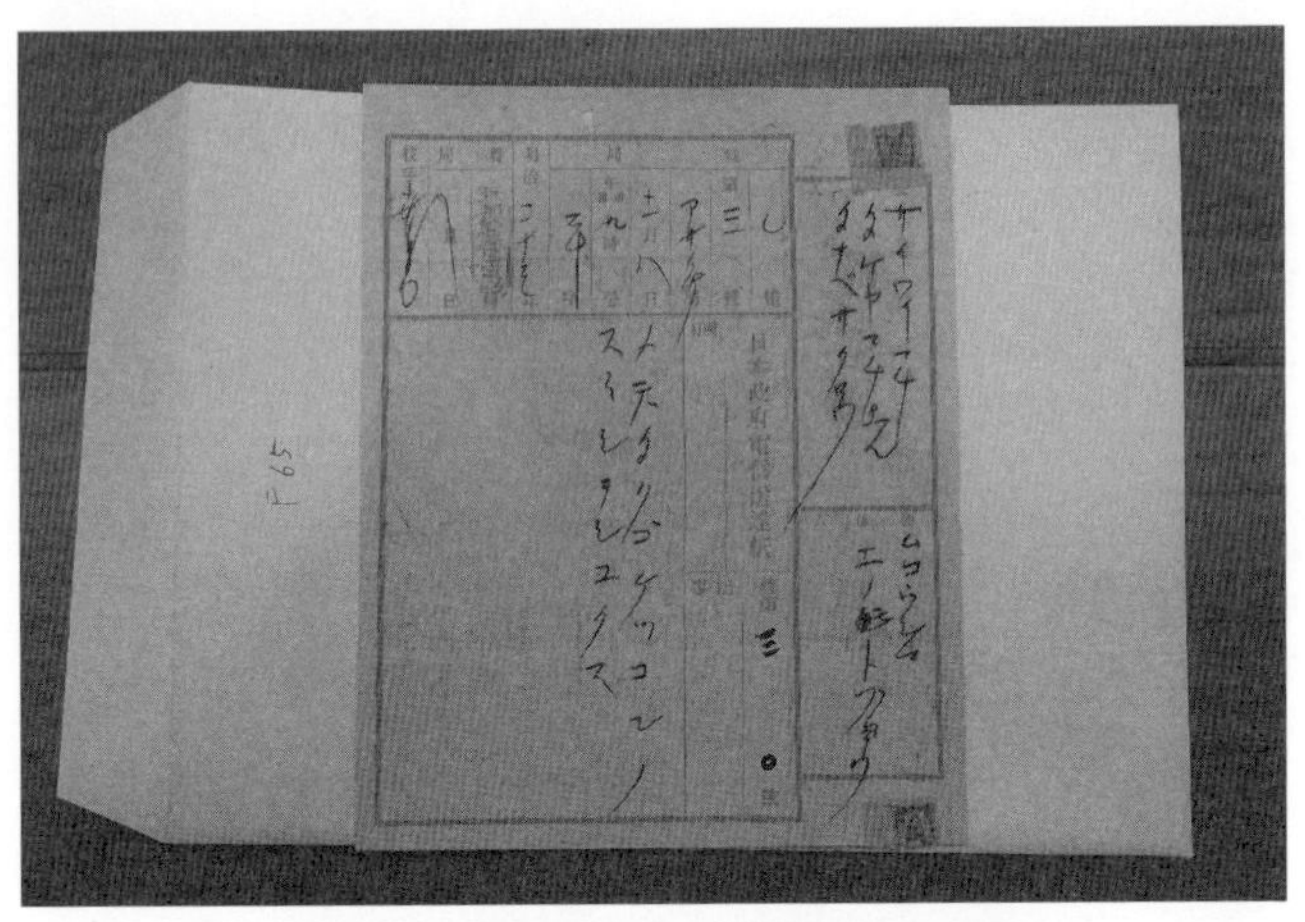

図3-2-7　榎本武揚発、田邉朔郎宛電報「祝電」

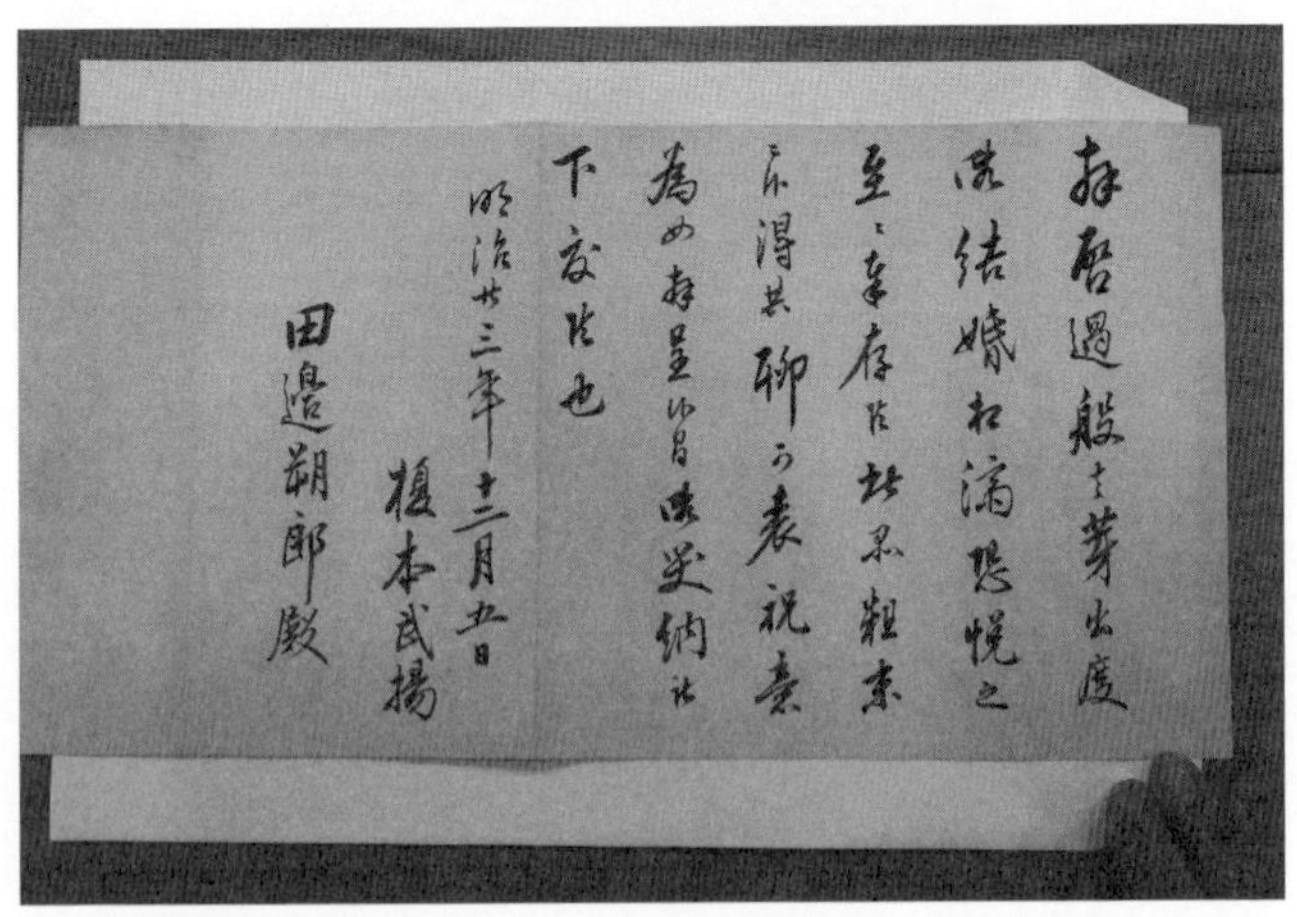

明治廿三年十二月五日

榎本武揚

田邉朔郎殿

図3-2-8　榎本武揚発、田邉朔郎宛電報「祝品送り状」

「たまたまうまく行ったからよいようなものの、人には勧められない」と。

写真は、国道が娘静子に託した倒幕志士時代の佩刀（図３－２－９）。現在、琵琶湖疏水記念館「田邉朔郎特別室」に展示されている。但馬国養父（兵庫県養父市）にある北垣国道の家に伝わる刀剣である。豊臣秀吉の「刀狩り令」による「大磨上（おおすりあげ）」物であり、故に元々無銘だった。後年、朔郎は鑑定に出した。

鑑定人は、本阿弥光孫だった。その結果、鎌倉時代後期の大和五派のひとつ、「保昌」派の始祖「貞宗」作とされて朱銘を頂戴した。

最近田邉康雄は、別の鑑定人にだした。その結果、祖「貞宗」とまでは断定できないが、「保昌」派の作であることは間違いないとされた。

いずれにして「保昌」派らしく、柾目肌ですっきりとした綺麗な波紋を有した、美しい刀である。因みに紹介しよう。国道が明治になって「男爵」を授けられ、末席ながら貴族に列せられた。ただしこれは、琵琶湖疏水建設が評価されたのではない。

幕末における「討幕（倒幕）の働き」が評価されたものであった。幕末の農民が、明治で貴族になったのだ。なんとダイナミックな時代ではないか。

第十四節　北垣による片山東熊との縁組み

この事、重要であるから繰り返す。国道が朔郎と静子の結婚を決めた直前、片山東熊がたまたま京都府庁を訪問した。国立博物館建設のことだった。その際、朔郎の姉鑑子と東熊の縁談を提案して片山が同意した。国道と東熊は、かつて長州奇兵隊において旧知の仲だった。

図3-2-9　国道が娘静子に託した倒幕志士時代の佩刀

――岳父（国道）による朔郎の引き回し

話もどって北垣国道の娘婿となった朔郎は、国道によって自在に引き回された。東京帝大在職中も京都疏水「第二期」工事の立案。この技術顧問を兼務させられた。この第二疏水の建設によって全京都疏水は「大成功」。これを確定した。

第十五節　北垣国道の栄転（→内務省次官）

北垣国道は琵琶湖疏水一期工事により、京都復興実績が評価されて内務省次官を拝命した。内務省は現在の国土交通省、国家公安委員会警察庁、総務省、そして厚生労働省を束ねたような大組織。それだけではない。都道府県知事の任命権を握っていた。

初期には、薩摩松方正義、長州山縣有朋、長州井上馨、薩摩西郷従道など、後に首相となる錚々たる人物が大臣だった。

国道は、京都疏水の成功が評価されて内務省次官の辞令をもらった。現在でいうと、京都府知事から国土交通省・警察庁総務省・厚生労働省の「合同省」の政務次官になったようなものであった。大出世だった。

――国道：内務省次官を返上

しかし国道は、三日後に返上した。そして「二段階」も格下の北海道長官を希望して着任した。国道の心中や如何？

第十六節　北垣国道は国防のために北海道庁長官を希望

国道の狙いは、風雲急を告げる日露関係を踏まえ、対露北海道防衛を目的とした国防鉄道網の建設だった。

もともと、王城の地、京都の北辺（若狭湾）をロシアから防衛するという名目で農兵を組織した国道だった。

幕府の山岡鉄舟に相談したところ、賛同を得た。この農兵を倒幕の先駆け「生野の変」に使用した。騙されたと知った農兵は寝返って、国道等を討った。当然だ。その前に国道が山岡鉄舟を騙したから。

「だましだまされ」はさて置き、国道にとって北海道には執着があった。だから明治初頭には、北海道執着の同志榎本武揚と協力して小樽の発展に尽くした。

小樽中心部に静屋／梁川の二つの通りが存在する。二人の号に因んだ通りである。

前述した通り、内務次官任命という大栄転を断って「二段階」も格下の北海道長官を志願した。北海道防衛である。その心意気やよし。

――国道：北海道の国防鉄道

国道は北海道鉄道敷設を計画した。北海道開拓のためと言われる。それもある。しかし北垣国道にとって第一目的は、国防だった。

国道は考えた。陸軍第七師団が駐屯する旭川市から、どの海岸線にも「速やかに」防衛軍が到達できるような鉄道網を建設しよう、と。

第十七節　朔郎。北海道に来い、と、国道

朔郎は京都疏水でインクライン（舟のケーブルカー）を設計施工した。鉄道もできる。国道は考えた。（東京）帝国大学教授をしていた朔郎を引き抜こう、と。

工学部長古市公威は大反対した。しかし国道は、（旧知の）文部大臣西園寺公望に直接かけ合った。そして強引に引き抜いた。

西園寺は、倒幕軍北陸道鎮撫隊の総大将であり、国道は長州藩指揮下鳥取藩農兵隊長として従った。その時以来の「旧知」だった。これには西園寺も負けた。

――朔郎の着任

朔郎は北海道庁の鉄道「臨時」部長として着任し、本格的な鉄道敷設工事の設計・施工を担当した。

「臨時」とは、とりあえずやってくれという北垣国道の意向だ。力のある人は、立派なポストが無くても仕事はできる。

そう言えば筆者も現役（三菱ケミカル）時代、既存の立派なポストに就いたことがない。力は無いが、常に臨時プロジェクトチームのリーダーだった。それでも幾つかのプロジェクトが成功した。

――北海道の四年間

明治二十九（一八九六）年から明治三十三（一九〇〇）年に掛けて四年間に、鉄道の路線計画と敷設工事を担当した。

大正五（一九一六）年朔郎は、一千マイル達成を記念して鉄道建設の記録を永遠に保存する記念塔を釧路に「自費」で建設した。

千年は保存できるようにと銅製の筒に資料を収め、塔の表はノールウェー産の花崗岩エメラルドパールを使用した。

昭和四十四（一九六九）年頃、近接小学校の敷地を拡張するとき、釧路駅前のＳＬ（蒸気機関車）公園に移転された。その時、田邉朔郎の名前を入れた石碑が建立された。その除幕式に父田邉多聞と母田邉美佐子が招待された。

筆者は、平成二十三（二〇一一）年、仕事で釧路を訪問した際にそのＳＬ公園を訪問して確認した。

――狩勝峠

朔郎は、この峠の命名者として名を残す。現在、現地に説明版がある。しかし十勝と石狩の文字から一字ずつ拝借しただけの名称だから何の工夫も要らない。北海道庁長官の娘婿だから、周囲の人が気を使ったのだろう。

――朔郎の失敗

朔郎は、旭川から帯広へ抜ける日高山脈の（狩勝峠）トンネル設計において大失敗を経験した。当時はまだＳＬによる牽引しかなかった。だから、機関士が煙によって意識を失う事故が続出したそうだ。

――朔郎の反省

これを反省材料としてその後にコンサルティングをしたトンネルはその区間だけ電気機関車（ＥＬ）による牽引を最初からセットにした。例を挙げよう。丹那トンネルや関門トンネルにおいては、それぞれ「国府津～沼津間」、「下関～門司間」を最初から電化した。

筆者は、昭和十七（一九四二）年八月（六歳）に丹那トンネルを通過する列車の展望車からＳＬとＥＬの付け替えを興味深く観察した。東京の山手線に電車が走っていたが、東海道線本線は、まだＳＬの時代だった。電気機関車を初めて見た。

また昭和二十（一九四五）年五月（小学校三年生）、関門トンネルを通過する列車に乗り、ＳＬとＥＬの付け替えを見た。

――失敗原因：狩勝トンネル

北海道防衛鉄道は、国の事業として推進された。日露戦争に間に合わすべく、工期が厳しかった。

その上、国の財政は豊かではない。この環境下での工事は厳しかった。

トンネル「断面」は必要最小限。だから、機関車と壁の間隔が狭く、煙が籠って機関士が意識を失う。

これは失敗ではないが、橋梁「長さ」も最小限。だから、川の流れに対して直角に架設する。筆者は仕事で出張の際、札幌/旭川間を列車で移動して知った。

平坦で広い石狩平野を走行するにも拘わらず、路線が右や左にうねっているのだ。橋梁を短かくするための朔郎の苦心を肌で感じた。

―― 朔郎の失敗と技術向上

朔郎は日本初の仕事が多い。当然失敗をする。失敗を重ねながら良いものにする。朔郎の特徴は「失敗を失敗」と認め、その経験を次に活かすことだった。

琵琶湖疏水第一トンネルにおける竪坑掘削はこれを失敗と認めてその経験を次に活かした。トンネル掘削に当たっては、地質調査を必須事項とした。

このこと、田邉太一の曾孫、三宅立雄（地質学者）が朔郎から直接聞いた。朔郎の感化をうけて地質学に進んだと証言した。

―― 失敗と工学者

技術とは、失敗を繰り返しながら「なんとか」成功させるものだ。設計時点で、考えられるだけのことは考えるが「やって見なければ分からない」。そんなことが多々ある。

「試行錯誤」しながら目的を達成する。これが技術者だ。このことは、技術者である筆者は何度も経験した。

失敗経験を数多く持ち、それ等を克服した技術者のことをエンジニア（工学者）という。外国の事情は知らないが、少なくとも日本ではそうだ。

―致命的失敗は避けたい

しかし取返しのきかない失敗は、これを経験したくない。筆者の石油化学プラント設計においては、「爆発火災」だ。これだけは、念には念を入れて設計した。その結果、設計したプラントにおいて爆発火災した例はない。すでに五十年以上の安全実績がある。

―美しい話

現在でも完成した技術に関しては、美しい話ばかりが残っている。技術開発段階における失敗例は残っていない。

なぜだろう。担当者が失敗例を恥じだと思っているのだろうか。そして記録に残さないのだろうか。後進技術者が必要とする情報は、「失敗例」なのに。

筆者は、著作『生涯現役エンジニア』において筆者の失敗例を数多く紹介した。著書の中で紹介したが、ある失敗に関して、反省文を書けと強要されたことがある。

さすがにこれは断った。反省文を書く代わりに、失敗を修復する手段を講じた。これが成功して失敗発生の二年後に、大河内記念生産賞の【特賞】を受賞した。

その失敗経験の上に現在（八十六歳）にもつづく「生涯現役エンジニア®」がある。

第十八節　朔郎のインフラ政策学（→収益性）

話を戻す。現在の施工業者は、施工後の収益性を考えるだろうか。朔郎は、京都疏水でもエネルギー利用の収益性を考えた。北海道鉄道でも考えた。投下資本利益率を算出していた。

――自動連結器の発明

朔郎は、運行経費節減を図ったのだろう。明治三十一（一八九八）年、朔郎はこれを発明し北海道の鉄道車両に取り付けた。

これ以前にも、米国である地域にわたってもっと初歩的（プリミティブ）な形の、自動とは名ばかりの連結器が使われたようだが、広い地域にわたって大々的に使用されたのは、朔郎の発明になる北海道が世界で最初だった。

発明した自動連結器とともに、朔郎と部下が撮影されている写真が米国コーネル大学に額となって掛かっていたそうだ。

同大学の教授達は、その写真の中心に立っている朔郎が日本人であるとは、想像もしなかった。明治三十一年と言えば、まだ日露戦争も始まっていない発展途上国の日本。まさかと思っていただろう。

ところが、発明者が日本人であることが偶然によって発見された。具体的には、北海道の鉄道部員だった林清憲という人が、大正時代にコーネル大学に留学してその写真を見付け、その発明者が朔郎であることを伝えた。

コーネル大学から朔郎のもとに照会がきた。想像するに「林清憲の言っていることは『おいそれとは』信じられないが、本当か」、と。

朔郎は、すでに紹介したペルトン水車の回転速度調節器といい、専門の土木に限らず、機械の分野でも世界初の実用的発明をしていた。

――朔郎の述懐

後年朔郎は言った。「あの時代、技術者が専門知識だけを持っていても何もできなかったのだ」と。

さらに言った。「今（昭和十五年～十七年）は技術が細分化されて、それぞれ深く研究されているが、技術者（工学者）たるものは自分の専門分野だけに拘わっていてはいけない」と。

そして、「常に視野を広く興味と関心を持つべきである。これは今も昔も変わらない技術者（工学者）の心得である」と。

――自動連結器にもどる

北海道の成功を見て二十年以上も後の大正十四（一九二五）年の七月、国有鉄道の全車両に一斉にこの自動連結器が取り付けられた。欧米ではいまだ二つ「目玉」のような緩衝器がついた旧式で危険な操作を伴う連結器だ。

筆者はドイツに出張した際、これを見た。目玉のような緩衝器が二つ。そして連結の際には、作業員が車両の下にもぐって手作業で連結する。

——江戸へ帰れる！

朔郎は四年間で一千六百キロメートルの鉄道敷設を終えた。明治三十三（一九〇〇）年。三十九歳。やっと故郷の江戸（東京）へ戻れる。東大教授に復帰できる。胸はときめいた。

第十九節　朔郎、京都に来い。と、北垣国道

ところが、設立されたばかりの第二の帝国大学、京都帝大へ赴任せよと。北垣国道に通告された。京都疏水第二期工事（第二疏水）計画・工事の指導だった。朔郎の大きな「落胆」が偲ばれる。京都帝大は、大阪に内定していた第二の帝国大学を、北垣国道がまたもや、剛腕を発揮して京都に誘致したものだった。国道に言われては「嫌」も「応」もない。

第二十節　朔郎、その前にシベリアへ行け。と、北垣国道

それに加えてシベリア鉄道調査に行け。と、北垣国道から言われた。調査とはシベリア鉄道建設状況の調査だ。高度のスパイ活動だ。

調査の目的が明るみにでると、朔郎の命の保証はない。危険なスパイ活動だ。日露戦争の開戦時期を決める重要な任務だ。

――日露戦争

日露の関係が風雲急を告げていた。日清戦争によって我が国は、遼東半島の支配権を得たものの、ロシアが横から口を出して奪った（三国干渉）。

――旅順

奪ったロシアは、シベリア鉄道を起点とした「東清鉄道」を建設した。遼東半島に進出して旅順を要塞化し、軍港とした。

これによりロシアは、渤海湾から東シナ海にかけて制海権を握った。

――ウラジオストク

この後、東清鉄道が日本海（ウラジオストク）に通じると、日本海の制海権も握られ、朝鮮半島はロシアの手に落ちる。

一方、東清鉄道につながるシベリア鉄道はまだ複線化されてなかった。バイカル湖では、船で列車を運んだ。

――シベリア鉄道

ロシアは、輸送力を強化すべくシベリア鉄道の複線化を進めていた。これが完成すると「大変」だ。だから完成の前に旅順を叩く。

これが我が国の存続にとって喫緊の課題だった。朔郎の任務は、シベリア鉄道の複線化完成時期を「特定」することだった。

―防人の地

放置すれば、我が国は朝鮮海峡を挟んでロシアと対峙する。対馬と北九州は、先人が懸命に守ってきた「防人」の地だ。

幕末には、対馬が「危ういところで」ロシア領となるところだった。英国の助力により、難を逃れたが。

―軍と協議

スパイに行くに当たって参謀本部次長大迫尚敏陸軍少将と会談を重ねた。尚敏は筆者の妻智子（旧姓大迫）の曾祖父。朔郎も尚敏も自分達の孫、曾孫が結婚して共通の子孫が生まれるなど、知る由もなかった。

―二百三高地

朔郎と会談を重ねたすぐ後で、大迫尚敏は陸軍中将に昇進し、北海道旭川の第七師団の師団長を拝命した。話は先走るが、この師団は旅順の二百三高地を攻め落とした。

―朔郎の復命

話は戻る。朔郎は帰国後、朔郎は参謀総長大山巌に復命した。曰く、「シベリア鉄道は、明治三十八（一九〇五）年十二月末までに、バイカル湖からウラジオストクまで、東清鉄道ルート（現中国東北部横断ルート）が完成する」と。

――日露戦争開戦タイミングの決定

この報告を受けた桂太郎首相は明治三十七（一九〇四）年二月を開戦の時期と決めた。そして勝った。朔郎は日露戦争「勝利」の一翼を担ったのだ。

第二十一節　朔郎、京都帝国大学土木工学科。鉄道工学着任

シベリア出張から帰国後、ただちに京都帝大工学部土木工学科に着任した。そして鉄道工学の教鞭を取った。その時点で鉄道工学に関して朔郎以上の実務経験者はいなかった。朔郎四十歳。

第二十二節　朔郎。京都疏水の第二期工事計画やれ、と北垣国道

京都帝大教授の傍ら、朔郎は内貴(ないき)甚三郎京都市長から京都市土木顧問を拝命（京都帝大と兼務）して第二疏水の設計・建設を指導した。

明治三十六（一九〇三）年十二月に京都市水利事務所が提案書を「英文」で書いた。朔郎が書いた（図３－２－10）。

水利事務所のトップは、内貴甚三郎京都市長だった。この提案書によると、北垣国道男爵が第二疏水計画（スキーム）の提案者（プロポーザー）であり、田邉朔郎博士が技術コンサルタント（コンサルティングエンジニア）である。そのことが明記されている。

繰返す。第二疏水工事は、北垣国道が提案者であり、田邉朔郎が設計者だったのだ。そのことが

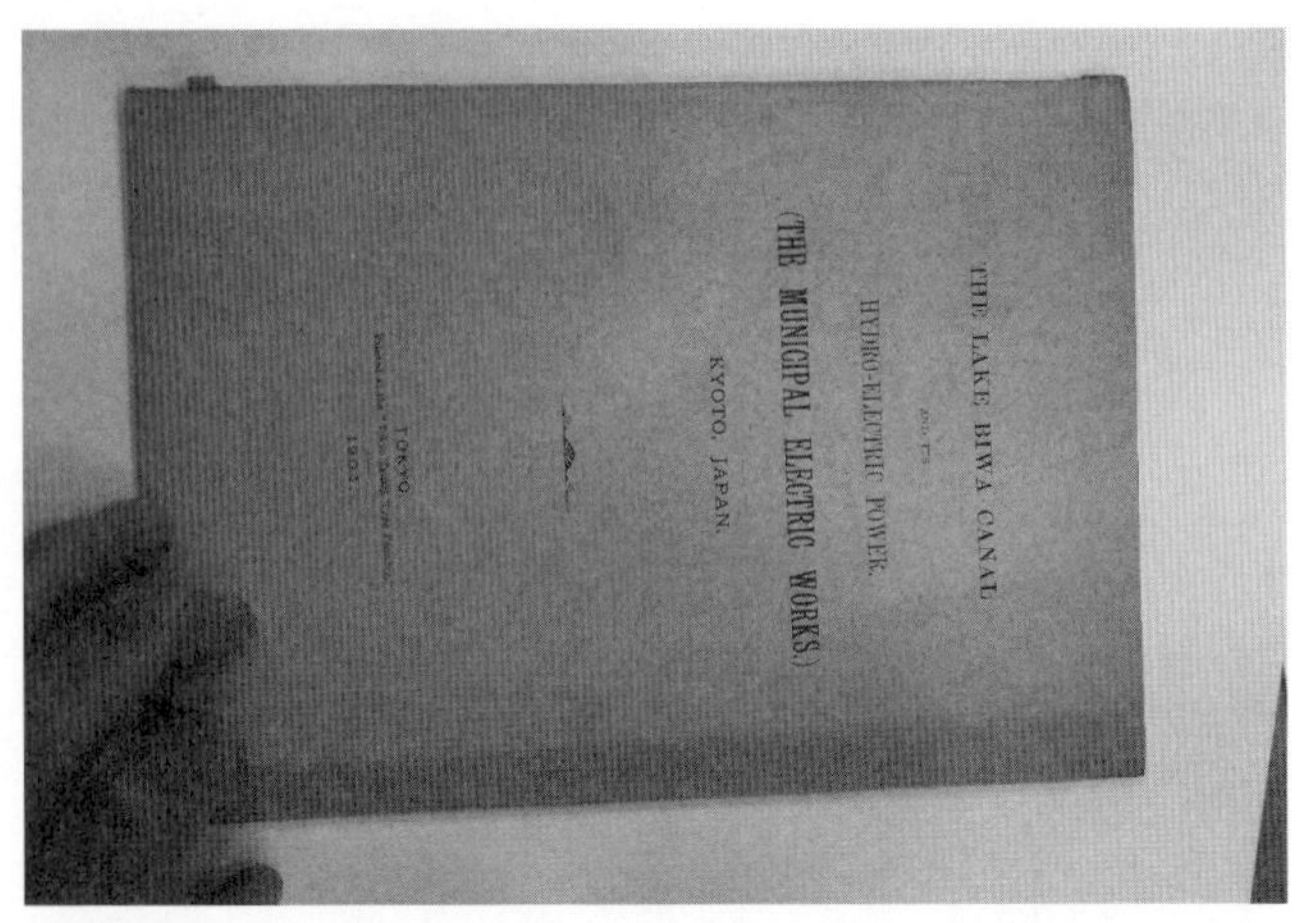

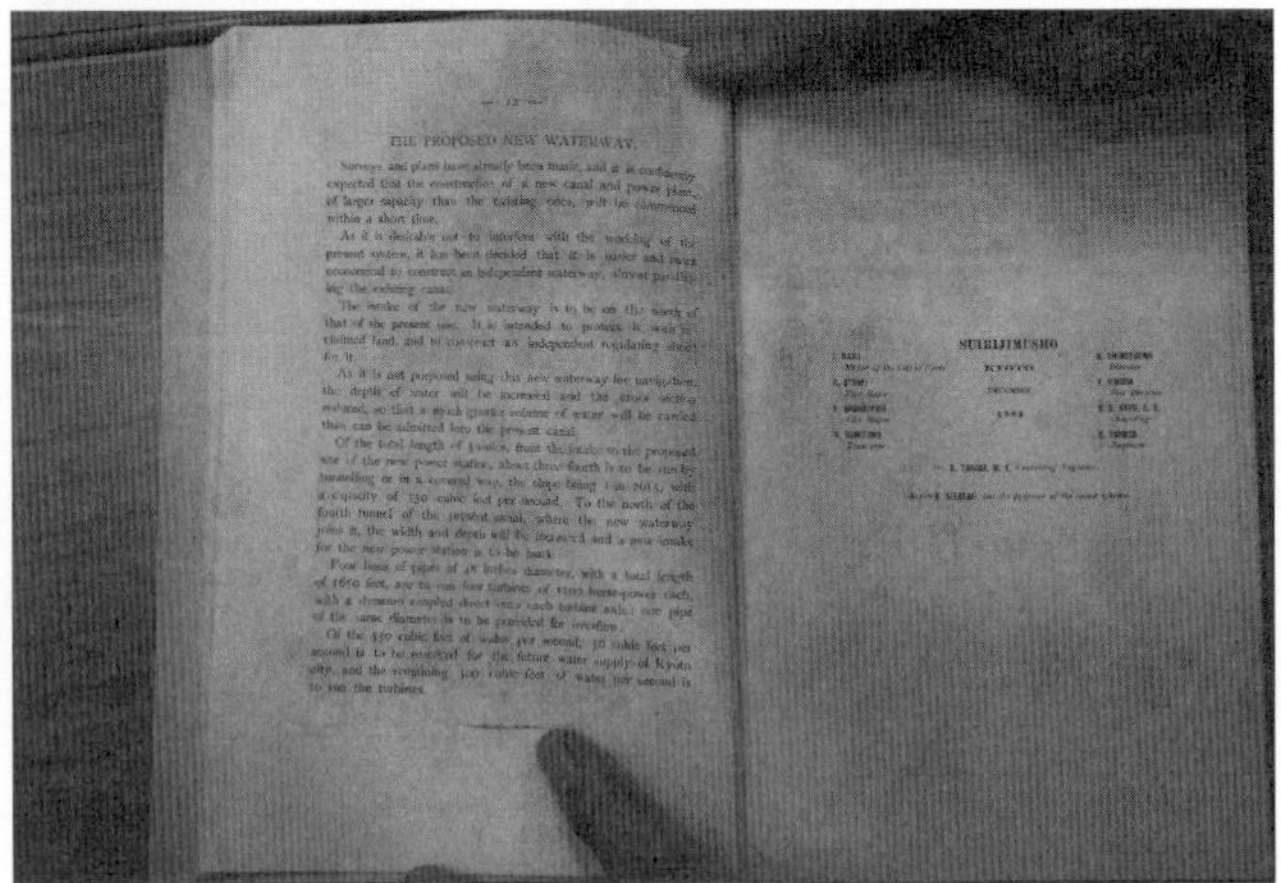

図3-2-10　京都市「水利事務所」の提案書
『The Lake Biwa Canal and its Hydro-electric Power』

「明文化」されている。

第二期発電所を含む第二疏水は完成した。コンサルティング・エンジニア（技術コンサルタント）田邉朔郎の「骨折り」に対してたまたま当時居合わせた西郷菊次郎市長と川上親晴市長から、それぞれ「設計完了」（明治四十一年）と「工事完成」（明治四十五年）の感謝状を受領した。

なお、「西郷菊次郎市長が、第二疏水を提案し、推進した」かのように受け取られる恐れのある展示が、ここ琵琶湖疏水記念館の恒設展示室において為されているが、第二疏水も第一疏水と同様、提案・推進した人は、前述の通り北垣国道である（前述した英文提案書）。

以下客観的「事実」を以下の通り、時系列的に整理する。

——明治二十三年十二月二日、田邉朔郎は、京都府（京都市はまだ設立されていなかった）土木事務監督（土木技術コンサルタント）の嘱託を受託す。

明治三十二年四月十四日、田邉朔郎は、京都帝国大学中沢学長から同大学へ転職してほしいと話があった。

明治三十二年十一月十一日、田邉朔郎は、京都市より第二疏水（二百個増水）の話を受ける（一個＝一立方尺／秒）。当時の市長は内貴甚三郎氏。

明治三十三年十月一日、田邉朔郎は、京都帝国大学工学部土木工学科教授に任ぜられた。

——明治三十四年八月一日、田邉朔郎は、京都市土木顧問（土木技術コンサルタント）嘱託を受託す。

——明治三十五年三月五日、田邉朔郎は、第二疏水工事計画完成す。

——明治三十五年三月十四日、田邉朔郎は、京都市参事会において第二疏水事業の説明を為す。

——明治三十五年三月二十六日、京都市長内貴甚三郎の下、京都市参事会は田邉朔郎が説明した第二疏水事業を満場一致で可決した。

——明治三十五年十一月九日、京都府は「琵琶湖疏水夷川船溜まり」において北垣国道銅像の除幕式を挙行した。

——明治三十五年十二月二日、ロシア参謀アダバスチ氏は、第一疏水を視察した後、田邉朔郎との面会を求めた。朔郎は、アダバスチ氏をホテル訪問し、アダバスチ氏に第二疏水の設計図を見せ、署名してその設計者であることを示した。帰国したアダバスチ氏は帰国後、「日本は『工学』が進んでいる。侮るな」と報告した。報告通り後日、日本は「工学」によって勝利した。

明治三十六年十二月：京都市疏水事務所は、第二疏水に関する英文説明書の発行した。その中に、プロポーザー（提案者）は北垣国道男爵であり、コンサルティングエンジニア（技術コンサルタント）は田邉朔郎であると記載した。

——明治三十七年十月十二日、西郷菊次郎が京都市長に着任した。着任は、京都市参議会が第二疏水計画を満場一致で可決したその二年以上後のことであった。

——明治三十八年七月四日、アダバスチの話に因んで京都市参事会は第一疏水の大津側入口と京都側出口のトンネルクラウンに以下の英文を刻むことを決議した。即ち、「Sakuro Tanabe, Dr.

Eng. Engineer-in Chief. Works Commenced August 1885, Completed April 1890.」と。第一トンネルの伊藤博文の扁額、そして第三トンネル三条実美の扁額のそれぞれ上方にこの英文が残っている。琵琶湖疏水船に乗ってお楽しみ頂きたい。

――明治三十八年四月四日、第二疏水工事許可命令書が下付された。

――明治三十九年十月十六日、京都市参事会は第二疏水および上水工事案を可決した。

――明治四十一年八月一日、京都市長西郷菊次郎は、田邉朔郎に対して「第二疏水設計完了」につき感謝状を授与した。

――明治四十二年四月一日、第二疏水が着工された（小関トンネル導坑）。

――明治四十三年三月三日、田邉朔郎は京都市へ顧問「辞退」を願い出た。

――明治四十三年六月三日、田邉朔郎は、京都市土木顧問を解かれ、名誉顧問に推挙された。

――明治四十五年四月一日、第二疏水が着工された。

――明治四十五年五月一日、第二疏水の通水が開始された。

――明治四十五年六月三日、第二疏水を含む京都市三大事業の竣工式が挙行された。

――明治四十五年六月十八日、京都市金大野助役が朔郎を来訪され、京都市三大事業竣功に付き、功労に酬いる感謝状と金盃一組および金二千五百円（現在価値二千五百万円以上）を授与された。

話戻って西郷菊次郎の件を糺す――。

以上のような客観的事実によって、西郷菊次郎が第二疏水を推進したという話はあり得ない。

前述の通り、「西郷菊次郎市長が、第二疏水を提案し、推進した」かのように受け取られる恐れのある展示がここ琵琶湖疏水記念館の恒設展示室において為されているが、これを今後も継続するならば、「菊次郎推進説」を裏付ける客観的証拠有無の調査が、今後の課題として残っている。

歴史は勝者が捏造する。では勝者薩長が西郷菊次郎「推進」説を捏造したのか？　いや、国道も薩長だ。では、薩摩（西郷）と長州（国道）の争いか？　あり得ない。課題は残る。

第二十三節　疏水第二期工事計画も北垣国道と朔郎

繰返すが、朔郎は京都帝大教授を務めながら琵琶湖疏水第二期工事（第二疏水）の指導を、京都市から拝命した。この裏に、北垣国道の存在があった。

——日本初の急速濾過式浄水場

因みに紹介しよう。筆者が育った朔郎の旧家屋の一隅に、化学実験室があった。ここに硫酸アルミニウム、過マンガン酸カリなどがあった。

これらは水の浄化技術に無くてはならない物質であることを後年知った。第二疏水の上水製造装置（日本初の急速濾過）の設計データを取るために朔郎が自ら自宅で実験したのだろう。

「電気も化学もやる」。これがエンジニアの心得だった。後日朔郎はそのように述べている。

後年朔郎は、第一疏水と第二疏水を総括して著書を書かせて頂いた。大切に所持していたその著書を出品する。

――娘婿朔郎を支える岳父国道

国道は、国政中央で活躍しながらも京都に居を構えていた。特に京都市長の人選（当時は内務省内官選）には、中央政府で活躍する国道の強い意向が働いた。

国道は、前述の通り内務省次官を拝命した官歴を持ち、後に男爵従二位勅撰貴族院議員～枢密院顧問官（議員）を拝命して中央政府における（都道府県知事や大都市市長の人事権を含む）絶大な権限を持っていた。

第二十四節　日本初の大規模多目的地域総合開発計画の完成

琵琶湖疏水第一期／第二期工事（全琵琶湖疏水）は、こう呼ばれる（電中研報告書）。この成功の柱は、世界初の「売電」事業用水力発電所であった。

当時の世界最先端技術であった水力発電を導入したエネルギー政策が琵琶湖疏水の肝要であった。事実、歴史とハイテクが共存する、（訪問したい都市のナンバーワンに挙げられる）世界的にも稀有な現在の京都は、「エネルギー政策」としての琵琶湖疏水の上に成り立っている。

この日本初の大規模多目的地域総合開発計画は、本年（令和二年）六月、文化庁から「日本遺産」に認定された。

収益事業としての琵琶湖疏水が大成功した「鍵」要素は、蹴上水力発電所だった。このこと既に述べた。

発電所を含めて一体化された日本遺産の「フィールドミュージアム」を「舟に乗って」、そして「歩いて」多くの人々が明治のひととき触れる。このこと期待される。

――明治の元勲の揮毫・扁額

京都を復活させた「日本初の大規模多目的地域総合開発計画」の第一期工事に関係した明治の元勲の「揮毫・扁額」が第一期工事のトンネルクラウンに残されている。

大津入口から「伊藤博文」「山縣有朋」「井上馨」「西郷従道」「松方正義」「三条実美」。この人選と配列を決めた人は北垣国道、その人だ。国道の意図が含まれている。

――久邇宮邦彦王の揮毫・扁額

水力発電所の増設を主目的とした第二期工事の琵琶湖側トンネル入口と京都側出口、そして発電所レンガ建築物の三ケ所に、京都に御縁の深い皇族（当時）久邇宮邦彦王の揮毫・扁額が掲げられている。

久邇宮邦彦王は、今上陛下の御曽祖父であらせられる。邦彦王の御妃様は島津家十五代島津忠義の御息女俔子（ちかこ）様であり、邦彦王の御息女良子（ながこ）様は、昭和天皇の御妃良子様（香淳皇后）であらせられる。

だから、邦彦王は上皇陛下の外祖父であらせられる。すなわち、――。

久邇宮邦彦王―香淳皇后―上皇陛下―今上陛下

このようなやんごとなき皇族（当時）に揮毫扁額をお願いできる人は（邦彦王が御幼少の頃から長期間の交流をもたせていただいた）末席ながら貴族、北垣国道男爵しかいない。

そのやんごとなき御方の揮毫扁額を掲げる建物の設計者は、皇太子時代の大正天皇の御為に、東宮御所（赤坂離宮＝現国宝迎賓館）を設計・施工した宮内省内匠頭片山東熊の他にはいない。

これが現時点における筆者の分析結果である（巻末図表－1と図表－2）。本分析の信憑性に関しては、（反証を含めて）さらなる検証を待つ。

――片山東熊と田邉朔郎

繰り返す。東熊と朔郎は、北垣国道の仲介によって義兄弟となった。すなわち朔郎の姉（鑑子）が、東熊の妻である。

この義兄弟は以来、密接な「私的交流」があり、業務遂行上も相互に協力し合ってきた。このことも既に述べた。

最近、重要文化財登録になった旧御所水道ポンプ室も、「二人の協力」の結晶であった。片山東熊設計と特定されている（図3－2－11）。

東熊は、宮廷建築家（宮内省内匠頭）として明治天皇から皇太子（後の大正天皇）の東宮御所「赤坂離宮（現国宝迎賓館）」を設計・建築した。

写真（図3－2－12）は、大正四（一九一五）年十一月十日、大正天皇即位式。左から、片山東

図3-2-11　旧御所水道ポンプ室
https://www.city.kyoto.lg.jp/suido/page/0000259953.html
2020年6月23日ダウンロード

図3-2-12　田邉朔郎、片山鑑子（旧姓田邉、朔郎姉）、片山東熊の三人写真

熊、片山鑑子（てるこ）（東熊「妻」で朔郎「姉」）、田邉朔郎。

――田邉朔郎の揮毫・扁額

京都側出口における第一期工事と第二期工事の「結合」トンネルには、田邉朔郎の揮毫・扁額がある。

揮毫ではないが更に、第一期工事トンネルの大津側入口と京都側出口に英文で名が刻まれている。これは日露戦争の勝利に関係している。この意味に関しても、『柳営』三十二号の特別寄稿を見て頂きたい。

――北垣国道の揮毫・扁額

北垣国道の扁額が、第一期トンネルの入口（伊藤博文）と出口（山縣有朋）に挟まれたトンネル内部に「ひっそり」と、また、インクライン下の小トンネル（ねじりまんぽ）の出入口に二か所「小さく」刻まれている（『柳営』三十一号特別寄稿）。

――京都府による田邉朔郎「紀功碑」と京都市による田邉橋命名

インクライン上に「工学博士田邉朔郎君紀功碑」が立っている（図3－2－13）。朔郎が五十七歳の時、京都帝大を依願停年退官した直後、京都府が建立したもの（大正十〔一九二一〕年に決定）。田邉橋命名も同時期。

出町にある賀茂川と高瀬川の合流点に立っていた。その後、台風による洪水で流されたので、インクライン上に移転された。

図3-2-13　工学博士田邉朔郎君紀功碑（『田邉朔郎博士六十年史』から転載）

――京都府と京都市の御厚意

前述の通り、京都府と京都市は田邉朔郎に対して以上のように、十分礼を尽くした。「府や市の一雇用者、一契約者」に過ぎない朔郎に対してどうしてこのように礼を尽くして頂いたのか。と、筆者は不思議に思う。

唯一の思い当たる筋。それは北垣国道の「思い」だ。娘婿に琵琶湖疏水の手柄を譲った、と。そうだとすると、真実が曲がって後世に伝承される。京都府、京都市のために良いことではない。いや、歴史の真実を知りたいと思う日本国民のためよいことではない。と、思う。

――蛇（北垣国道）に睨まれた蛙（田邉朔郎）

後述するが朔郎は嘆いた。「わしは京都の田邉になってしまった」と。しかし蛇（国道）は、「紀功碑」を立てて蛙（朔郎）に報いた。

この碑の中に北垣国道による田邉朔郎の引き回しの詳細が凝縮している。写真（図3－2－14）は、大正七（一九一八）年、朔郎五十七歳。京都帝国大学工科大学学長時代。得意絶頂の時期。

――復活通船とトンネル扁額

京都市と大津市が運営する「復活通船」を御利用になって、それぞれの揮毫・扁額を確認されることもお勧めする。

これらの揮毫・扁額と配列の「意味」に関しては、すでに調査済である。琵琶湖疏水記念館において係員に説明を求め、必要なら資料を請求されることをお勧めする。

図 3-2-14　大正七（一九一八）年、朔郎五十七歳。京都帝国大学工科大学学長時代

――徳川／長州、初の和解

京都は、徳川／長州、本邦初の和解の地である。和解の証が、「日本初の大規模多目的地域総合開発計画」だ。

個人的にも徳川田邉朔郎と長州北垣国道とは、「縁結び」によって和解した。さらに筆者の代になって薩摩とも和解した。妻の曽祖父大迫尚敏（薩摩）は、鳥羽街道の戦いにおいて幕府軍に向かって発砲した薩摩軍の一員。後、陸軍大将、学習院長、子爵。薩摩とバランスをとった長州北垣国道も泉下で喜んでいるだろう。

――殉職者への想い

朔郎は、第一／第二琵琶湖疏水が将来、京都市に恩恵を与えることを確信していた。その時、工事中に殉職死した工夫（こうふ）等のことを忘れては申し訳ないという思いを強くもっていた。

そこで、自費を投じて追悼碑を建立した。立てた時期は定かではないが、記載されている十七名は、竣功までの全殉職者数である。

このことによって帝国大学（東京）教授時代であると推定される。即ち、明治二十四（一八九一）年～明治三十（一八九七）年である。おそらく、懐が豊かになった明治二十七（一八九四）年～三十（一八九七）年であろう。

大正八（一九一九）年十二月六日、岡崎公園京都市公会堂において、京都市制施行三十年記念式典、ならびに第一疏水開通三十周年記念式典が同時に開催された。

式典に先立ち、この碑の前で殉職十七名に対する追悼式が執り行われた。その前日都ホテルで開催された前夜祭の帰路、朔郎はこの碑に立ちより、以下の七言絶句を読んだ。晴天の下、月は皎皎と光を碑に浴びせかけていた。

《漢詩》
一身殉事太可憐　萬戸潤恩功世伝
追憶当年豈無涙　今宵名月照碑前

《読み下し文》
一身事に殉じ、おおいに憐れむべし。
萬戸恩に潤い、功を世に伝う。
当年を追憶するに、豈涙無からん。
今宵の名月、碑前を照らす。

――なぜ土木技術者が発電所を設計できた?

第二章の終りに当たり、加藤詔士先生による「工部大学校」に関する御研究成果と、筆者が京大（工）燃料化学教室において受けた「熱力学」知識を頭の中で結合する。その上に立って田邉朔郎が受けた「エンジニア教育」を俯瞰してみよう。

――ワットの蒸気機関

英国の北部、スコットランドでは古来、鉄鉱石と石炭が産出した。しかし地下水湧水により採掘には限界があった。

ところがワットが蒸気エンジンを発明した。これによって、廃坑が蘇生した。その石炭で鉄鋼が増産された。

ワットは、エンジンが単位時間に発揮する「力」の単位にW（ワット）として後世に名を残した。これがよく知られる産業革命だ。

――ケルビンの熱力学

一方、蒸気エンジンの効率を向上するための学問が起こった。これにより、「熱」と「力」の関係が解明された。ケルビンは、「熱」の単位にK（ケルビン）として名を残した。

熱力学は、江戸時代のわが国には無かった学問体系だった。一方スコットランドのグラスゴウ大学は、熱力学の「中心地」だった。

明治になって、同大学の教授が大挙して日本に来てくれた。そして熱力学を中心とする学問体系を教えてくれた。

――朔郎が学んだ熱力学

工部大学校の1年生と2年生のカリキュラムに「化学」がある。この中には当然「熱力学」が含まれている。また、ランキンサイクルで著名なランキンが選んだ教授陣だ。すべての教授が熱力学を深く理解していた。だから、朔郎は（当時の最新学問）「熱力学」を深く理解する機会が与えられた。

――朔郎の苦心：水流エネルギー利用効率

水車動力「直接」利用にこだわっていては、水の位置エネルギーの利用効率が悪い。これをどのように解決するか。

朔郎はこのことを第一トンネル工事中に考えていた。そして外国の「技術情報」に接していた（田邉家の口伝）。

そして第一トンネルが解決した時点で米国出張を伺いでた。名目は、「水車配置」の方法調査であったが、密かに水力発電の調査を考えていた。

――社会基盤工学者の誕生：田邉朔郎

繰り返す。後年朔郎は言った。「自分は土木技術者ということになっているが、あの時代、技術者が専門知識だけ持っていても何もできなかったのだ。今技術が細分化されて、それぞれ深く研究されているが、技術者たる者は、自分の専門分野だけにかかわっていてはいけない。常に視野を広く興味と関心を持つべきである。これは今も昔も変わらない技術者の心得である」と。こう述べたのは昭和十五（一九四〇）年から十七（一九四二）年だった。

――百年おそい

近年、朔郎が教鞭をとった京都大学工学部土木工学科は、その呼称を社会基盤工学科と変更した。「百年遅い」と言っている朔郎の声が、筆者には聞こえる。

第三章　京都帝国大学停年から没まで

年齢：五十七歳五か月〜八十二歳十か月
年代：大正七（一九一八）年〜昭和十九（一九四四）年
特徴：家名再興が成り、後継者の子や孫に囲まれた幸福な時期
命名：蛇（国道）から独立した自由な鉄道建設コンサルタント

第一節　京都市長就任を断る

田邉朔郎は、京都帝国大学工科大学長（現工学部長）の時に停年を迎えた。いや、自ら辞任した。大正七（一九一八）年、五十七歳。

その時、京都市会から使者がきた。「京都市長になってほしい」と。しかし朔郎は直ちにお断りした。

第二節　相つづく身内の訃報

京都帝大辞任の直前、お世話になった身内が相次いで他界した。すなわち、叔父田邉太一（大正四〔一九一五〕年）、岳父北垣国道（大正五〔一九一六〕年）、義兄片山東熊（大正六〔一九一七〕

年）。

――なかでも、長男秀雄の死

親代わりだった田邉太一に先立つこと一年。最愛の長男秀雄が死んだ（大正三〔一九一四〕年）。秀雄は秀才の誉れ高く、朔郎が期待していた。

しかし東京帝国大学工学部建築学科在学中に病死した。朔郎の嘆きは大きかった。朔郎は、秀雄のために般若心経を写経した。

写真（図3－3－1）は、『田邉朔郎博士六十年史』から転載したもの。実物は現在、琵琶湖疏水記念館「田邉朔郎特別室」に展示してある。

図3-3-1　夭折した長男田邉秀雄、朔郎が写経した般若心経の掛軸（『田邉朔郎博士六十年史』から転載）

――朔郎の心の中に分け入る

本章第一節に、「京都市長の座を断った」と書いた。その朔郎の心の中に、孫の立場から分け入ってみよう。

――朔郎の国道に対する「讐念」

朔郎は、長年にわたり国道に引き回された。朔郎は思った。「疲れた」と。そして「自由になった」、「好きなことをして生きよう」と。

後述するが、叔父で育ての親の田邉太一には「報恩」を尽くした。しかし北垣国道に「報恩」の何かをしたという話は残っていない。

国道は自分の塋地（永眠の場所）を朔郎自宅の三百メートル近辺（京都、黒谷、金戒光明寺）に構えた。しかし朔郎がそこに礼をつくしたという話は残っていない。

国道が残した借財のため、子は夜逃げするように転宅したと聞く。しかし朔郎が国道の子孫に何か尽くしたという話は残っていない。

朔郎の妻静子（国道夫妻の長女）の異母弟（国道が北垣姓ではなく認知した男子）が姉の静子を裏口からしばしば訪ねてきた。そして静子は、朔郎に内緒で小遣い程度の金を与え続けた。その話だけが残っている。

筆者の母美佐子が、国道のことを「よく」言ったことはない。逆はあった。おそらく、朔郎の「思い」が美佐子にも伝わったものであろう。

国道の長女静子との結婚について、（すでに述べたが）朔郎は言った。「たまたまうまく行ったからよいようなものの、人には勧められない」と。

朔郎の「讐念」と「報恩」

繰り返す。朔郎は自由になった。「好きなことをやろう」と。好きなこと。その最高・最大のもの。それは、「技術コンサルティング」だった。「好きなこと」と「生活」が両立する。「独立鉄道技術コンサルタント」の誕生だった。我が国における、「鉄道コンサルタント」の「草分け」である。

コンサルタントは、年齢を重ねれば重ねる程、教える内容の深みが増す。「生涯現役エンジニア」ができる。

第三節　独立鉄道建設コンサルタントの誕生

楽しい工学コンサルティング

工学に関する課題を抱える人（組織）から請われて相応の「報酬」を頂き、策を教えて見事「解決」し、感謝される。これほど楽しいことはない。趣味と実益が両立する。

巻末に紹介するが、筆者は朔郎の真似をしてこのことをよく知るに至った。だから、京都市長の座を断った朔郎の気持ちがよく分かる。筆者も市長ポストほどではないが、サラリーマン時代に栄転を二回断った。そして工学に専念した。

朔郎の気持ちは、「自由に生きさせてほしい。自分は工学者（エンジニア）だ。今日のエンジニアにも知ってほしいエンジニア魂だ。ポストではない」。と、朔郎の声が聞こえる。

第四節　朔郎の基盤、豊富な現場経験

朔郎は、大工事の設計・監督を「直接」担当した経験を持つ。京都疏水と発電所の第一期工事と北海道（国営鉄道）敷設、シベリア鉄道実地調査で合計十年もある。

現在、旧帝国大学（七大学）工学部にこれだけ多くの現場経験をした教授がおられるだろうか。朔郎は、この現場経験の上に立って京都帝国大学「教授」を十七年もやった。その前は、東京帝国大学「教授」を六年、合計「二十三年」帝大教授を勤めた。

――マーケティング

東京／京都両帝国大学の職務と並行して、京都市の技術顧問（京都疏水第二期工事）を「十三年」もやっていた。だから、技術コンサルティング業には慣れている。

また、東京／京都両帝国大学時代のお弟子さんが全国に大勢おられた。多くの組織において指導的立場におられた。だから、コンサルティングのマーケティングには苦労しない。

「京都市長を引き受けてしまうと、京都の田邉に終わってしまう」。「自分は、世界最高レベルのエンジニアだ」。「政治には興味ない」。こんな思いだったただろう。

――国道への「讐念」

しかし後年、嗣子多聞（筆者の父親）の嫁美佐子（筆者の母親）にもらした。「わしは京都の田邉になってしまった」と。

朔郎の嗣子多聞の妻美佐子の父親有賀光豊（筆者の曾祖父）が勅撰貴族院議員に撰ばれたときのことである。有賀光豊の死後、関係者が光豊の事績を著した。その本を展示する。

さらに従妹三宅花圃（田邉太一の娘）の夫、三宅雪嶺が文化勲章を受けたときも重ねて「京都の田邉」をもらした。これは国道に対する「讐念」だろう。

第五節　朔郎の「讐念」、北垣国道

孫の筆者は以下のように考える――。朔郎は、北垣国道によって東京帝国大学教授の座から、北海道鉄道建設のために北海道庁へ、その後、第二京都疏水建設のために京都帝国大学に赴任させられた。

父祖の地、江戸（東京）を捨てさせられた。北垣国道によって「京都の田邉」にさせられた。朔郎の「讐念」はいや増す。

これは、哲学者ニーチェの言う「ルサンチマン」だ。「強者」国道に対する、仕返しを欲して欝結した「弱者」朔郎の心だ。と、筆者は朔郎に同情する。

第六節　安全の田邉朔郎

話変わるが、京都疏水第一期工事中、十名以上の死者がでた。朔郎の胸は痛んだ。後年（東京帝国大学教授時代）、殉職者碑を自費で建立した。

土木工事の安全祈願のために、積極的に「人柱」を立てる時代からさほど時間が流れていない時期だ。朔郎の「人間愛」が偲（しの）ばれる。

後年、北海道の鉄道敷設工事においても殉職者がでた。朔郎はここでも、殉職者碑を建てた。筆者は、旭川市の東本願寺に朔郎が建立した殉職者碑を確認した。

一方、明治二十四（一八九一）年（朔郎三十歳、工学博士【東京】帝国大学教授）、公務旅行中に濃尾大震災を現地で体験した。

これが契機となって、地震防災調査会の設立に尽力した。この動きが、現在の（我が国「防災研究」の中心地）「京都大学防災研究所」につながっている。

——トンネルの田辺？

すでに述べたが朔郎は、京都疏水第一期工事における第一トンネルにおいて大失敗した。工部大学校で習った通りの、竪坑工法を採用したのだ。

習ったのは、アルプス山脈を貫通するトンネルだった。アルプスは、山全体が「堅い」石灰岩でできている。

これに対して京都疏水が貫く長等山は、「脆い」変成岩でできている。しかも沢（谷）で掘った。

多量の水が湧き出るなど、習っていなかった。

朔郎の機転により、ポンプを増設して切り抜けたが、朔郎は反省した。後年、トンネルを掘る前に「地質調査」実施を必須手順と定めた。

こんな朔郎ではあるが、「トンネルの田辺」として名を残す。それは、著書『とんねる』の故であろう。長年、大学の教科書に使われていた。

第七節　水力発電の田邉朔郎

これは疑うべくもない。第二部において詳述した。朔郎の著書『水力』も、長年教科書に使用されていたと聞く。

——京都疏水の田辺

これは第二部で詳述した通りであり、言うまでもない。朔郎は後年大正九年に、第二疏水を含めて以下の本を出版させていただいた。このことは既に、第三部第二章において述べた。

朔郎の一生の中でも最重要実績のひとつであるから、ここに再録する。どうか、現物を眺めていただきたい。

第八節　新幹線の田邉朔郎

――鉄道の田辺

「トンネル」と「水力」に比べると、あまり知られていないが、「鉄道」の田辺だ。琵琶湖疏水インクラインで「日本初」の電車を走らせ、さらに北海道国鉄千マイルを建設した。

この実績の上に立って、京都帝国大学では「鉄道工学」講座を長年担当した。以降、この分野におけるコンサルティング実績は「半端」ではない。以下の通りである。

（一）日本初の大河川下トンネル電気鉄道（現、大阪メトロ御堂筋線）
（二）日本初の長大複線山岳トンネル電気鉄道（現、在来線東海道丹那トンネル）
（三）世界初の海底トンネル電気鉄道（現、在来線関門鉄道トンネル）
（四）世界初の高速電気鉄道（弾丸列車）計画（現、東海道新幹線）

――新幹線の田邉朔郎

ここで、前節（四）の弾丸列車を特筆する。後述するが朔郎は、東京から東海道、山陽道、対馬、釜山、京城、奉天を経て北京まで弾丸列車を通す計画をもっていた。

以下の参考図（図３－３－２）にある広軌幹線路線の三候補の内、第一候補に上がっている「名古屋～牧田～草津～京阪」路線は、現在の東海道新幹線の「名古屋～京都～大阪」路線に同一である。

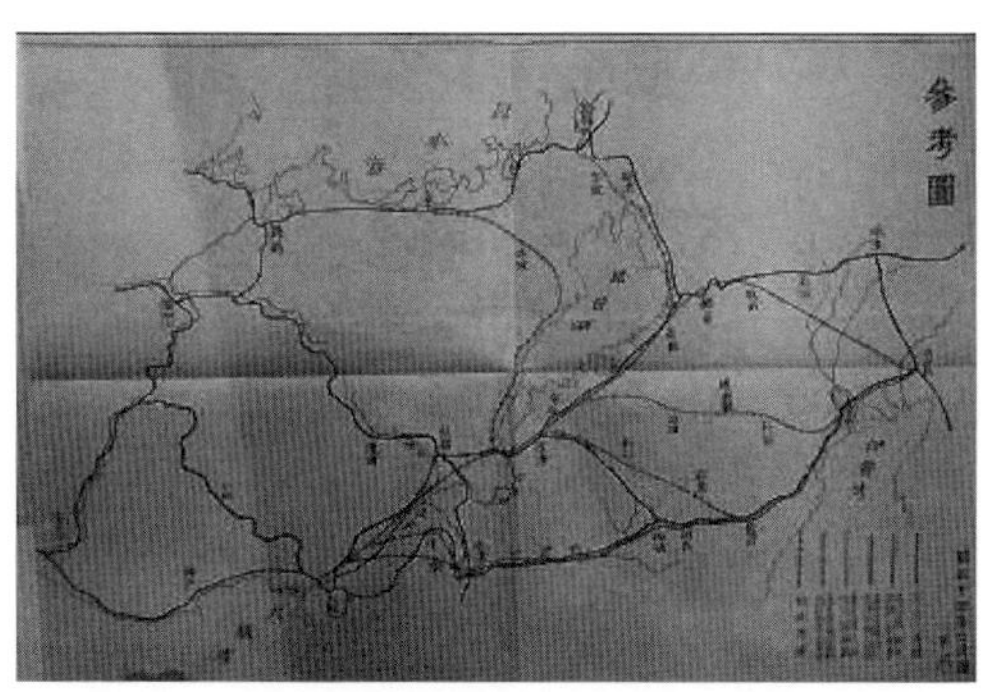

図3-3-2　田邉朔郎著作原稿「国有鉄道幹線改良に就ての意見」参考図（昭和十四年七月）

新幹線が開通したのは昭和三十九年であるから、その二十五年も前に名古屋〜大阪間の路線が策定されていた。後、この路線に従って用地買収が進んだが、大東亜戦争が近づいた昭和十五年に中止された。

以上の二件によって、（早くも）昭和十四（一九三九）年七月に、田邉朔郎が名古屋〜大阪間の新幹線の路線計画を提案したことが発見された。

重要だから繰り返す。その提案の中に、現在の東海道新幹線の路線と一致するものも発見された。東海道新幹線が完成した時期は、昭和三十九（一九六四）年であるから、その二十五年も前に名古屋〜大阪間の路線計画が存在していたことが確認されたもの。

ある鉄道建設の専門家曰く、「この図は国宝的価値がある」と。この図は現在、琵琶湖疏水記念館「田邉朔郎特別室」に展示してある。

朔郎の鉄道仕事は、いずれも「大トンネル＋電気鉄道（電車）」に特徴がある。

他にもあるが、以上の四件合計の経済効果だけでも、明治の「京都市復興」京都疏水建設の効果をはるかに超えるだろう。朔郎が、「好きなこと」を二十五年十一か月やった成果だ。

朔郎の新幹線計画を裏付ける資料を二点追加して展示する。

――発想：トンネル＋電気鉄道

朔郎は北海道時代、道庁鉄道「臨時」部長として本格的な鉄道敷設工事の設計・施工を担当した。「臨時」とは、とりあえずやってくれという北垣国道の意向だと考える。

朔郎は、旭川から帯広へ抜ける日高山脈の（狩勝峠）トンネル設計において大失敗を経験した。当時はまだ蒸気機関車（ＳＬ）による牽引しかなかった。だから、機関士が煙によって意識を失う場面が続出したそうだ。

これを反省材料としてその後にコンサルティングをしたトンネルはその区間だけ電気機関車（ＥＬ）による牽引を最初からセットにした。

例を挙げよう。丹那トンネルや関門トンネルにおいては、それぞれ「国府津〜沼津間」、「下関〜門司間」を最初から電化した。

筆者は、昭和十七（一九四二）年八月（六歳）に丹那トンネルを通過する列車の展望車からＳＬとＥＬの付け替えを興味深く観察した。東京の山手線に電車が走っていたが、東海道線本線は、まだＳＬの時代だった。

また昭和二十（一九四五）年五月（小学校三年生）、関門トンネルを通過する列車に乗り、ＳＬとＥＬの付け替えを見た。

朔郎のトンネル内電化技術の出発点は、大阪地下鉄であり、さらに遡ると（トンネルではないが）京都琵琶湖疏水インクラインだった。電気駆動ケーブルカーである。日本初の電車だ。このことはすでに述べた。

――日本初の電車

話が前後し、かつ、くどいことをお許し願いたい。明治二十八（一八九五）年に、京都市で開通した市街電車が日本初の「電車」ということになっている。

しかし、朔郎が開通したインクライン「舟のケーブルカー」が四年も先行している。インクラインが日本初の電車だ。これが「鉄道技術コンサルタント」朔郎の原点だった。

写真（図3－3－3）は、琵琶湖疏水記念館パンフ（昭和六十三〔一九八八〕年版）から転写。

図3-3-3　日本初の電気駆動車（電車）インクラインの写真

第九節　嗣子田邉多聞に鉄道を託した田邉朔郎

―朝鮮鉄道

朔郎の三男で嗣子（筆者の父親）多聞は、東京帝国大学工学部機械工学科を卒業した後、法学部政治学科に入学して卒業し、高等文官試験の「行政科」に合格した。

高文の成績が上位ではなかったので、第一志望の「内務省」や「商工省」には入省できなかったそうだ。

ぶらぶらしているところへ朔郎が声を掛けた。朝鮮総督府鉄道局はどうかと。当時、朝鮮総督府鐵道局長は大村卓一様だった。旧知の朔郎が願いして入局が決まったそうだ。さらに朔郎は、朔郎嗣子多聞と有賀光豊（朝鮮殖産銀行頭取）長女美佐子（筆者の母親）との結婚媒酌人を大村局長にお願いした。大村卓一様と朔郎の御縁は深かった。

―東京から北京まで

すでに述べた通り朔郎は、弾丸列車（新幹線）を朝鮮半島経由で東京から北京まで敷設する計画をもっていた。

そして北京までの回廊（朝鮮半島）の鉄道整備を多聞に託した、と。父多聞から聞いた。

実際多聞は入局直後、大村卓一局長時代にヨーロッパの鉄道調査に長期出張した。次男康雄（筆者）が生まれた昭和十一（一九三六）年八月の直後にも、もう一度長期出張した。

写真（図3－3－4）は、朝鮮鉄道時代の多聞一家。

この頃、朝鮮鉄道は、弾丸列車どころではなく、満鉄の奉天（現瀋陽）以北の線路を外して京城から鴨緑江までの複線化工事をしていた。大日本帝国陸軍関東軍の迅速な南下のために。

図3-3-4　朝鮮鉄道時代の多聞一家。朝鮮総督府交通本局釜山地方交通局長の局長官舎（釜山市水晶町）にて。後列右から、多聞妻美佐子（三十七歳）、多聞（四十七歳）、前列右から、多聞次男康雄（筆者、九歳）、同三男謙三（四歳）、同長男陽一（十一歳）。昭和二十（一九四五）年一月撮影

第十節「京都の田邉」から「鉄道の田邉」へ

すでに述べた通り、朔郎が京都帝国大学土木工学科において担当していた分野は、「鉄道工学」だった。

これが本業であり、この本業の合間に京都疏水第二期工事のお手伝いをしたというのが正しい。

現在田邉家は、京都市上下水道局琵琶湖疏水記念館において朔郎遺品資料を数多く預かっていただいている（寄託）。

それら資料の中には、琵琶湖疏水に関係ない資料も含まれている。そのことが最近判明した。中でも鉄道関係資料が多い。このことは昨令和元（二〇一九）年、鉄道関係者にその一部を見ていただいて分かった。

――フィールドミュージアム琵琶湖疏水

今令和二（二〇二〇）年、京都（第一／第二）疏水（含鴨川運河）が、文化庁によって「日本遺産」に認定された。このことは、すでに第一部第十一章において述べた。

認定には「ストーリー」が必要であったと聞くが、疏水に関連する四十の史跡、建造物、名勝、美術工芸品によってストーリーが構成されている。

これらを、一体的に「フィールドミュージアム」とし、京都疏水の魅力と情報発信に取り組むことが予定されていると聞く。

「インクライン」が日本最初の「電気鉄道（電車）」であることも既に述べた。ついては、琵琶湖疏水フィールドミュージアムの中で、インクラインに絡んで「鉄道の田辺」も従前以上に発信されることが期待される。

第十一節　田邉朔郎「親子孫」三代「新幹線」エンジニア

「朔郎」の鉄道エンジニアに続いて三男嗣子「多聞」が東京帝国大学工学部機械工学科卒／法学部政治学科卒の朝鮮総督府鉄道エンジニア。前述の通り、朔郎の意を受けて欧州の広軌鉄道を長期出張によって調査して朝鮮鉄道の近代化に貢献し、この情報を取り入れて朔郎が弾丸列車を昭和十四（一九三九）年に計画した。

そして多聞の長男「陽一」が京都大学工学部土木工学科卒の日本国有鉄道エンジニア。鉄道建設公団に出向して上越新幹線の東京側半分の工区を担当させて頂いた。親子三代新幹線エンジニアだ。

第十二節　田邉朔郎、晩年の手慰み

晩年、朔郎は私的趣味を見つけて楽しんだ。しかし、筆者の母美佐子の評によるといずれも素人の域を出ていなかったそうだ。暇つぶしに手を動かしていたのだろう。エンジニアだから手は動く。

和歌…

後述する『石斎随筆』の巻末に、朔郎が詠んだ和歌が、約五十首記載されている。その中から筆者が選んだ和歌を二首。原文のまま掲載する。

釜山出航

たちのほるけむりますくに空青きこまの港をいま船出すも

関釜連絡船にて

小枝たに動かぬ春ののとけさに海になみなしこまのきしまて

朔郎は、仕事で旅行が多い。前後に、奉天、新京、満州に関する首がある。北京までの弾丸列車の調査か。和歌は、お世辞にも上手とは言えない。

琴・三味線…

嫁入り前に箏曲と長唄を習った田邉美佐子（筆者の母親）曰く「とても下手」と。音痴の美佐子がいうのだから、間違いなく下手だったのだろう。

以下の品々は、康雄の母田邉美佐子が「百石斎」の内部を整理する際、依頼されて智子（康雄妻）と寛子（康雄娘）が手伝いに行った際、寛子が美佐子からもらったもの。

日本画…

朔郎作の作品を掲載する。上手か下手かは御判断いただきたい。写真は右から、「籬白菊」（図3－3－5）、「白馬」（図3－3－6）、「娘道成寺」（図3－3－7）。朔郎は、書斎「百石斎」の二階において日本画を描いていた。田邉康雄が子供の頃（昭和二十二年～二十六年）忍び込んで朔郎遺品の絵具を持ち出して遊んでいた。

図3-3-5　朔郎が描いた日本画「籬白菊」

図3-3-6　朔郎が描いた日本画「白馬(白駒如矢)」

図3-3-7　朔郎が描いた日本画「娘道成寺」

第十三節　田邉朔郎の喜寿「個展」

朔郎のお弟子さん達による「田邉朔郎博士喜寿祝賀会」が昭和十二（一九三七）年、京都岡崎公園京都美術館において朔郎作品書画展覧会を開催した。出品リストを展示する。

彫刻…

鎌倉彫である。以下の写真は、「漆塗り平盆」（図３－３－８）、「漆塗り菓子皿」（図３－３－９）、そして「習作（失敗作）」（図３－３－10）。

筆者は、この失敗作を日常使用しながら、朔郎を偲んでいる。

御来訪者の皆様も、これらをお手にとって朔郎を忍んで頂けますか？

第十四節　田邉朔郎の「おふざけ」

冗談を言わない朔郎であるが、ときどき体で示した。一例を挙げよう。朔郎が、ヘンリー・ダイアーを英国に訪問した際、ロンドンで購入した折り畳み式シルクハット（図３－３－11）。これを頭に載せて孫を喜ばせていた。朔郎のイニシアル、ＳＴが見える。

以上の日本画、彫刻、シルクハットは、朔郎の曾孫、田邉寛子（筆者の長女）が京都の母美佐子の手伝いに行った際、貰ってきたもの。

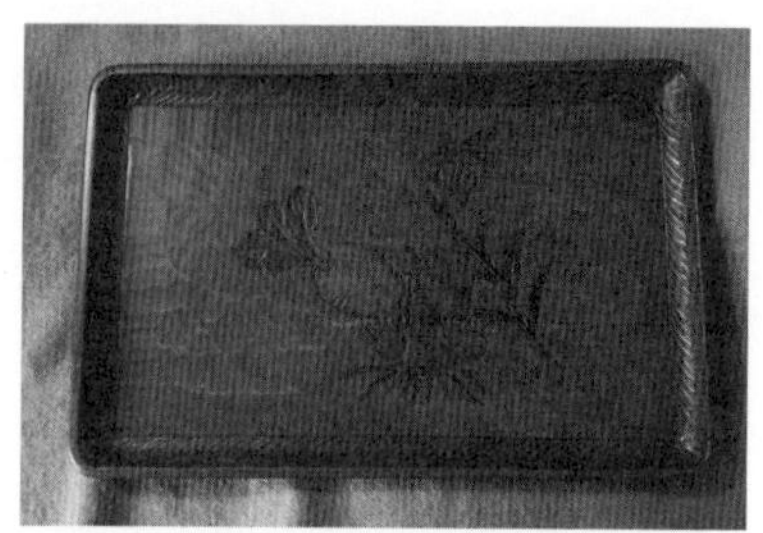

図3-3-8　朔郎が彫った鎌倉彫「漆塗り平盆」

図3-3-9　朔郎が彫った鎌倉彫「漆塗り菓子皿」

図3-3-10　朔郎が彫った鎌倉彫「習作（失敗作）」

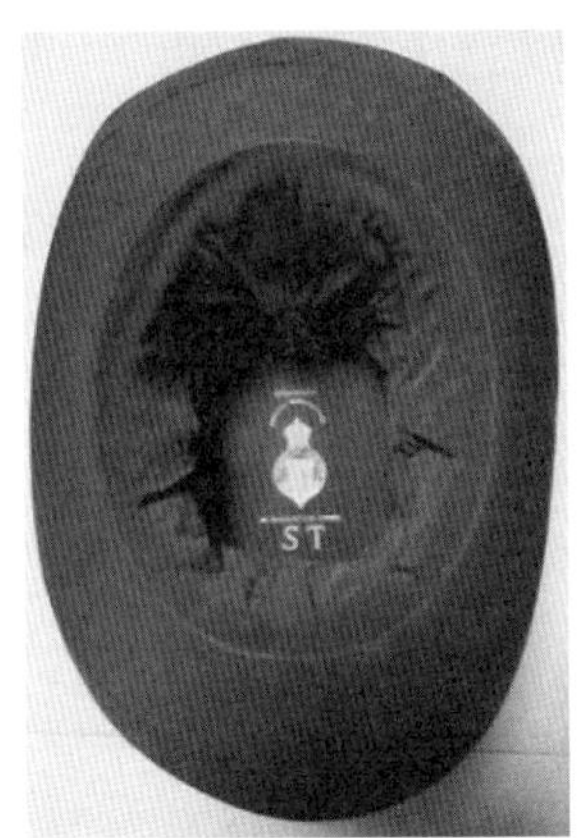

図3-3-11　朔郎がロンドンで購入したシルクハット

随筆…

朔郎は、生真面目な人だった。だから、事実に基づかない著作物は書かない。その中に在って、随筆を一冊だけ著作した。

しかし随筆とは言え、事実を踏まえた「物語」だ。大変参考になる。

写真（図3－3－12）はかつて「百石斎」に所蔵されていたが、現在筆者が所持しているもの。読み込んであるので、ぼろぼろになっている。

書…

朔郎曰く、「静子（妻）には敵わない」と。だから下手を認めていたのだろう。それでも、後述する田邉太一の墓碑など、人のために書を書いた。百石斎に隣接する朔郎邸の奥座敷（十二畳）の鴨居の上に掲載されていた朔郎書を展示する。

石のコレクション…

工事現場で拾ってきた石。朔郎は、それらの石から十個を選んで石に喋らせた。前述した『石斎随筆』に載っている。

コレクションを収蔵する蔵を「百石斎」と名付けた。筆者は、この趣味が最高だと思う。史料として第一級だ。しかし残念ながら、田邉家において整理が行き届いていない。

図3-3-12　朔郎が百石斎に保管していた『石斎随筆』

第十五節　朔郎の家伝「行事」

「質素おせち」（図3－3－13）と「七運うどん」（図3－3－14）を太一経由で継承した。前者は、主家を失った田邉家二十一代菊忠以来のもの。主家を失った耐乏生活を偲んだ質素な正月「おせち」料理。

後者は昌平黌教授田邉家二十五代田邉石庵以来のもの。来年の幸運（昌平黌学問吟味合格）をお弟子さんたちと共に祈念した「七つの運の付くうどん」と伝えられる。

七運とは、「はんぺん」、「きんかん」、「ぎんなん」、「にんじん」、「れんこん」、「かんてん」、「うんどん（＝うどん）」である。

おせちの中身は、「ごまめ」、「昆布巻き」、「たたき牛蒡」、「数の子」、「黒豆」の五種類を一皿に盛る。これに雑煮がつく。その中身は、昆布と鰹節で出汁をとった「澄まし汁」仕立て。それに切り餅、鶏肉、鳴門巻き、大根、人参、芹、里芋でありいわゆる関東風。

朔郎は、この伝統を、三男嗣子多聞を通じて筆者へ伝承した。

第十六節　田邉朔郎の「報恩」田邉太一

朔郎は大恩ある太一に報いた。東京に土地を買い、そこに家を建てて太一に贈った。太一はここに娘、三宅花圃（旧姓田邉）とその夫、三宅雪嶺が同居した。朔郎は生活費も負担した。太一夫妻の金婚式を主宰した。

図3-3-13 「質素おせち」

図3-3-14 「七運うどん」

さらに太一へ朔郎次男主計を家屋敷付きで養子に出した。しかし、養子主計には「跡取り」が無く、太一家は断絶した。

太一は田邉家の本家を支えるためにこの世に生を受けたのかもしれない。現在、朔郎田邉家が祭祀を継承している。

朔郎は、太一の墓を建てた（図3－3－15）。東京都港区青山霊園一種口八－十六。

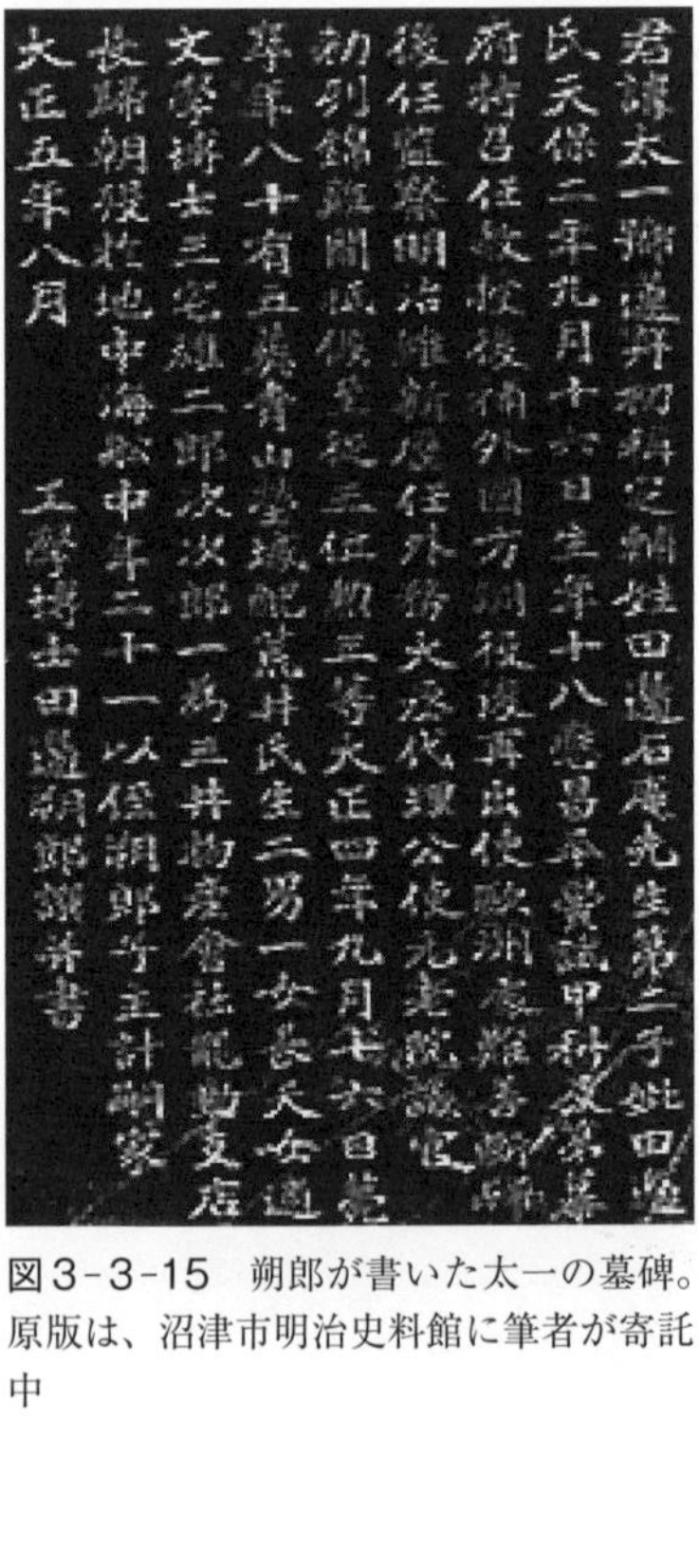

図3-3-15　朔郎が書いた太一の墓碑。原版は、沼津市明治史料館に筆者が寄託中

――太一の遺稿

太一の死後、朔郎は太一が残した漢文による遺稿を出版した（図3－3－16）。題して『蓮舟遺稿集』。蓮舟は太一の号である。

図3-3-16　田邉朔郎が編集中の蓮舟先生遺稿ゲラ。委託編集者による朱記訂正箇所あり。朔郎の製本見積書あり

第十七節　女と孫に囲まれた「幸せ」な晩年

朔郎静子夫妻は、四男一女に恵まれた。残念なことには、（前述の如く）長男と四男は早世した。孫は、三男嗣子多聞に男子三人。四男亮吉に女子一人。長女とし子に女子二人。合計六人恵まれた。

嗣子多聞に男子三人が生まれたので、八百年続いた武家田邉家が断絶することはなかった。そのことを見届けた朔郎は満足だっただろう。

写真（図３－３－17）は、筆者が現に所持しているアルバムから転載。昭和十五（一九四〇）年一月、朔郎自宅近くの京都「吉田山」山頂部に建つ「竹中稲荷」参道にて撮影したもの。

後列の右から、片山鑑子（朔郎の姉、片山東熊の妻（八十二歳））、二人目は朔郎長女とし子、三人目は朔郎（七十九歳）、四人目は朔郎妻静子（北垣国道の長女（六十九歳））、五人目は朔郎嗣子多聞の妻美佐子、六人目は朔郎長女とし子の長女湯本貞子。

前列右から一人目は朔郎四男田邉亮吉長女妙子、二人目朔郎嗣子多聞長男陽一、三人目は朔郎長女とし子の次女湯本秀子、四人目は多聞の次男康雄（筆者（四歳五か月））。三男田邉謙三は、まだ生まれていない。

田邉美佐子が大切に所持していたもので、筆者康雄が京都大学大学院を卒業して就職する際に手渡されたもの。朔郎の娘とし子に加え、故片山東熊の妻片山鑑子（てるこ）が朔郎家族と一緒に写っている写真は、これ一枚しかない。

図3-3-17　昭和十五（一九四〇）年一月、朔郎自宅近くの京都「吉田山」山頂部に建つ「竹中稲荷」参道にて撮影

昭和十七（一九四二）年二月、朔郎は京都真如堂前の自宅において脳溢血により倒れた。自分の書斎（百石斎）から（炭火が入った）火鉢を抱えて寝室へ向かう渡り廊下で。その音を中村（旧姓田邉）妙子（八十八歳、朔郎の孫、筆者の従姉）が記憶している。

筆者は、その年の五月から、東京渋谷区北沢の母方祖父母（有賀光豊・公子）の邸宅（現存）へ預けられていた。八月、母（美佐子）が兄（陽一）、弟（謙三）とともに迎えにきた。

父親多聞の勤務地、朝鮮京城（現ソウル）市へ帰る途中で京都に立ち寄った。そして床に伏せっていた朔郎に会った。祖父から、「いい子だ。よく来た」と頭を撫でてもらった。このことは、冒頭に述べた。

第十八節　死の床できく関門鉄道トンネルの開通

朔郎は、病床で人生最後の大仕事、世界初の海底トンネル「関門鉄道トンネル」の開通を知った。すでに述べたが、筆者は、昭和二十（一九四五）年五月に釜山から京都へ帰るべく、母、兄、弟とともに同トンネルを列車で通過した。

その際、母は朔郎の写真を抱き、車窓の外に向けて何やら呟いていた。生前、朔郎に可愛がわれていた母美佐子は、朔郎からその苦労話を聞いていたに違いない。と、後日判明した。

第十九節　田邉朔郎「釈了以」、阿弥陀仏の下へ

昭和十九（一九四四）年九月五日、脳溢血治療の甲斐なく、病床で息を引き取った。朔郎は「南無阿弥陀仏」と唱え、感謝して極楽浄土の阿弥陀仏の身許へと旅立った。五か月後、妻静子も朔郎を追うように旅立った。

――幸せ夫妻

もしも朔郎が「さらに」十一か月、静子が六か月存命していたら、朔郎夫妻は戦勝米国軍隊が京都へ進駐してきたことを知っただろう。朔郎は病床で戦後の食糧難を知っただろう。嗣子多聞が「公職追放」になったことも知っただろう。

七歳にして戦勝薩長軍が江戸へ進駐してきたことを経験した朔郎である。「敗戦の苦しみを、『一生に二度』も経験させることは忍びない」。これは阿弥陀仏様の温かい思し召しだった。南無阿弥陀仏。

法名「水力院釈了以居士」。浄土真宗大谷派東本願寺御影堂に疏水から引いた「防火用水」で御縁のある東本願寺法主大谷光暢様に頂いた。

写真（図3－3－18）は、昭和五十四（一九七九）年以来、筆者の事務所、仏壇の中、阿弥陀仏様の下に飾ってある。この状態で四十一年が経過したので変色している。

図3-3-18　昭和十四（一九三九）年の撮影。朔郎七十八歳、静子六十八歳。脳溢血で倒れる三年前

第二十節　京都市長から頂く「希英魂永留本市」

田邉朔郎が阿弥陀仏の身許へ旅立った後、京都市は、遺族に朔郎夫妻の墓地・墓碑を寄贈して下さった。側面に刻んで曰く、「英魂が永く本市に留まることを希う／京都市長」と。撮影は、平成元（一九八九）年頃。

インクライン上部船溜まりの石橋を渡って左側の坂道を登って行くと、京都市営墓地に到着する。茶屋の前を通過してさらに登って突き当たる。そこを左折して約十五メールの所を右に曲がると該墓地がある（図3－3－19）。

――朔郎の立像

昭和五十年代にインクライン上に朔郎の立像が建立された（図3－3－20）。京都市による由緒書きが添えられている。やはり、朔郎が嘆いた「京都の田邉」だ。

繰り返すが、朔郎が卒業論文に琵琶湖疏水を書き、それが北垣国道の目に留まって計画が採用されたと、（真実ではないものの）世間では言い伝えられている。

この言い伝えに因んで、手にもっている筒状のものは、卒論の設計図かと思われる。昭和五十年代に建立された。

――朔郎の数々の「日本初」

「朔郎の一生」を終わるに当たって、既に述べた朔郎が成し遂げた成果、それに未だ述べていなかった幾つかの成果を追加・整理して朔郎の人生に花を添えよう（表3－3－1）。

図3-3-19　朔郎墓地の写真　撮影は、一九八九年頃。拙著『びわ湖疏水にまつわる一族』から転載した

図3-3-20　朔郎立像

表3-3-1　朔郎の数々の「日本初」

	日本最初	含まれる個々の日本最初	具体的構築建造物
成果1	大規模多目的 地域総合開発計画 「琵琶湖疏水」	「一般売電事業用」 水力発電所	蹴上発電所
		国産電気鉄道	インクライン
		電気鉄道	京都市電
		急速濾過装置	蹴上浄水場
		コンクリート橋	11号橋
		殉職者追悼碑	「一身殉事」碑
成果2	東京帝国大学 工学部土木工学科 材料工学講座、 北海道庁官設鉄道 敷設部長 および 京都帝国大学 工学部土木工学科 鉄道工学講座 教授	自国軍事目的鉄道敷設	旭川起点 1.6km鉄道
		外国軍事目的鉄道調査	シベリア鉄道
		大河川下トンネル 電気鉄道	大阪メトロ 御堂筋線
		長大複線 山岳トンネル電気鉄道	在来線東海道 丹那トンネル
		世界初の 海底トンネル電気鉄道	在来線山陽道 関門トンネル
		世界初の 高速電気鉄道計画	東海道 新幹線
成果3	自宅用鉄筋コンクリート造の「書庫・書斎」	明治・大正・昭和の 工学史を語る 膨大な数の資料	国登録有形文化財 「百石斎」

——風と与に去りぬ

《漢詩》

幕末明治風　朔郎被翻弄

国道来佑朔　去了哉与風　（田邉康雄）

《読み下し》

幕末明治、長幕戦の風。幼き幕臣朔郎、風に翻弄さる。

長国道来たりて、朔郎を佑け、風と与に去りぬ。

——幸せな朔郎だった

大正十三（一九二四）年五月二十日、朔郎六十二歳。お弟子さん達が、朔郎の人生を纏めてくださった。

——昭和における朔郎の評価

昭和五十七（一九八二）年土木学会が、「近代土木技術の黎明期」における土木関係の「人物」、と「事業」の評価を試みた（引用文献十－（五）：「土木黎明期シンポジウム」）。

その「人物編」中で田邉朔郎は、井上勝、古市公威、沖野忠雄、廣井勇とともに五名の中に列せられた。

また、「事業編」では、「京都琵琶湖疏水」は、「明治の鉄道」とともに二事業の一つに挙げられた。

また土木関係「名著百選」を発表した。前述した朔郎の『とんねる』と『水力』はこの「百選」に撰ばれ、さらに『袖珍公式工師必携』と『琵琶湖疏水工事図構』が選ばれ、廣井勇の四件とともに、最多選だった。

以下、これを紹介した土木学会の本を展示する。

――朔郎の一族

琵琶湖疏水第一期工事完成百周年を期して近畿化学協会からその機関誌『近畿化学工業界』へ田邉朔郎に関する執筆・寄稿を依頼された。

御要望に応じて寄稿「全体像」を提示した。これに御賛同を得て毎月発行の同誌に連続八か月に亘る「分厚い」論文を書いた。

大変好評だったので、後日一冊の本にまとめた。タイトルは、『びわ湖疏水にまつわる、ある一族のはなし』。

朔郎を中心として八回を、①北垣国道、②田邉朔郎、③田邉太一、④田邉（三宅）花圃、⑤三宅雪嶺、⑥大迫尚敏、⑦有賀光豊、⑧田邉石庵の血族・姻戚八人でまとめた。

田邉朔郎を紹介する本文は、ここで完了し、筆者の思いはつづく。

「朔郎」を慕う筆者「秘密の探検」

昭和二十二（一九四七）年（京都市立第一錦林小学校五年生）、朔郎の孫と知った担任の先生から、「京都疏水をクラス会で発表せよ」と命じられた。

疏水については何もしらない。親に聞いても「おじいさまが作った」としか教えてもらえない。仕方なく発表のために、朔郎の書斎（百石斎）に忍び込んで、資料をさがし出した。

専門書は小学生には理解できない。発表内容は「しどろもどろ」だった。しかしこれが朔郎調査開始の契機となった。そして八十五歳の現在に至るまで七十五年間、「百石斎（朔郎旧書斎）」所蔵の史料によって継続的に調査してきた。

筆者は、百石斎の朔郎の声を聞いてきた。いや、聞いたような気がした。現在も、朔郎の声を聞きながら生活している。

── 本邦最初の自宅用鉄筋コンクリ？

写真（図3－3－21）は、朔郎の旧書斎「百石斎」（国登録有形文化財）。京都市左京区浄土寺真如町十番地に現存している。

筆者は、百石斎の「底地」、並びに「隣接する土地」の約三分の一を朔郎から父親田邉多聞経由で相続した。

現在隣接土地に、賃貸マンションを建てて百石斎を見守っている。朔郎への感謝を込めて。

この写真は、拙著『びわ湖疏水にまつわる一族』から転載した。ここに「本邦最初の自宅用鉄筋コンクリート建物かもしれない朔郎の書斎」と付記してある。

現在、財団法人日本コンクリート工学会近畿支部が調査に入っている。まだ結論は出ていないが、

図3-3-21　朔郎の旧書斎「百石斎」(国登録有形文化財))。本邦最初の自宅用鉄筋コンクリート建築物かも知れない朔郎の書斎

漏れ聞くところによると、大正四年竣工の「鉄網コンクリート」とか。

「本当に本邦最初の自宅用鉄筋コンクリートか？」。これを確認したいと思うのは筆者だけではない。正式な調査の結果が待ち遠しい。

もしも貴重価値があり、かつ、もしも永久保存してくれる組織が出現してくれるならば、固定資産所有者の田邉家三人は、「土地ごと寄贈したい」と表明している。

――「朔郎」エンジニア一家六代目への期待

すでに述べたように、朔郎の父親田邉孫次郎勿堂は、幕府講武所教授方、高島秋帆について西洋砲術を学んだミリタリー（軍事）エンジニアだった。これがエンジニア一家の「初代」。そして朔郎が「二代目」。

朔郎の三男嗣子多聞は、すでに述べたように東京帝国大学工学部を卒業した機械エンジニアだった。エンジニア田邉家の「三代目」。そして筆者がエンジニア田邉家「四代目」。

筆者の子の男子の一人は、東京大学工学部修士をでた化学エンジニア。もう一人の男子は、東京工業大学理工学部修士を出た化学エンジニア。

そして女子は、早稲田大学理工学部建設工学修士をでた建築エンジニア（一級建築士）。エンジニアになるには、朔郎が学んだ東京工部大学校（東大工学部前身）のような「高等職業教育六年」が必要と考えて、筆者同様に修士まで勉強してもらった。

三人ともエンジニア田邉家「五代目」である。孫が五人いるので、「六代目」エンジニアが出ることを、泉下の朔郎は期待している。

―「朔郎」に導かれた化学エンジニア

すでに述べたが、筆者が育った朔郎の旧宅には、化学実験室があった。そこに過マンガン酸カリや硫酸アルミがあった。琵琶湖疏水第二期工事の一環、蹴上浄水場（日本初の急速濾過槽）設計のためだっただろう。

京都は盆地故に利用できる土地が少なく、それまでの標準的設備であった緩速濾過槽（競泳プールのような平型）は採用困難だった。そこで朔郎は、当時欧米の最先端技術であった「急速濾過」の採用を図った。

朔郎は、土木技術者ということになっていたが、化学技術者がやる仕事もやった。そのための化学実験室だった。

朔郎が採用した急速濾過は大成功であり、狭い丘の上でも建設できただけでなく、送水のためのポンプを必要とせず、省資源、省エネを達成した。

この成功を見てその後、全国の既設緩速濾過槽は、すべて急速濾過槽に切り替えられ、土地の有効利用がすすめられた。典型的好例は、東京新宿の淀橋浄水場、現在の副都心である。

話もどって筆者は、朔郎実験室にあった「過マンガン酸カリ」で遊んだ。これを焚火に放り込むと火炎が勢いよく上った。楽しかった。

この実験室で、将来化学エンジニアになろうと決めた。中学二年生（十三歳）だった。

――「朔郎」の京大で「ゼロ戦」化学を

京都大学工学部で選んだ燃料化学科は、先の大戦中に、石炭から石油（「ゼロ戦」用ハイオクタンガソリン）を造ることを目的とした「国家プロジェクト」学科だった。

学内にガソリン製造パイロットプラントがあった。教授陣は、この運転に携わっておられた「化学エンジニア」だった。その中に後にノーベル賞を受賞された福井謙一先生がおられた。「応用をやるなら、基礎をやれ」。これが「燃料化学科」の伝統だった。福井先生に続いて昨令和元（二〇一九）年、燃料化学科から二人目のノーベル賞受賞者、吉野彰さんを輩出した。伝統を守られた成果だろう。

――「朔郎」に倣うプロジェクトエンジニア

燃料化学科三年生の時、指導教授「新宮春男」先生（福井先生のノーベル賞受賞対象論文の共同研究者、喜多源逸門下の兄弟子）の薫陶を受けて、新規化学プラント設計・建設プロジェクトエンジニアを目指した。

新宮先生の御推薦を受けて三菱化成工業株式会社から奨学金を頂き、修士課程に進んだ。

さらに先生の御推薦を受けて博士課程入学試験に（願書を出していないにも拘わらず）無試験合格した。しかし、プロジェクトエンジニアへの道を急ぎ、せっかくの御厚意を断って三菱に就職した。

三菱就職後、志願してひたすら「新化学技術」開発によるプラント建設プロジェクトを担当した。試験管やフラスコ内で化学反応実験し、その結果を、テストプラント建設・運転を経て商業プラントにまで仕上げる仕事だ。

結果、六十歳定年退職時までに担当したプロジェクト六件が社長賞を受賞し、かつ、大河内記念生産賞の【特賞】、日本化学会技術賞、石油学会賞、有機合成化学会賞を受賞した。

朔郎の「世界初」売電事業用水力発電所建設を柱とする琵琶湖疏水第一期工事によるテルフォード賞には及びもつかないが、三菱化成にとって「後」にも「先」にもない、大きな受賞だった。

――朔郎もやれなかったプロジェクトリーダー

大河内記念生産賞の【特賞】を受賞した、高機能石油化学品の原料三菱式14BG／THF製造プラントは、技術開発現場で設計完了した後に本社に転勤させてもらって事業推進まで担当した。

この仕事において、（設計・建設に留まらず）収益性に関する実現性検討（フィージビリティスタディ）を含む事業計画を立て、社長承認を得るまでを担当した。これは、朔郎もやらなかった、プロジェクトリーダーの仕事。発案して事業化推進する仕事だ。

北垣国道のスケールには足下にも及ばないが。経験の「巾」においては朔郎を超えた。と、ほくそ笑んだ。朔郎の場合は、北垣国道がプロジェクトリーダーであり、朔郎プロジェクトエンジニアとして付いて行くだけだった。

―「朔郎」に倣う「生涯現役エンジニア®」

筆者は、自分自身の人生に迷いが生じた際は、常に朔郎を手本として「辿るべき道」を定めてきた。

朔郎の真似をして、六十歳定年退職後は独立技術コンサルタントとなり、今日に至る。平成十九（二〇〇七）年書籍『生涯現役エンジニア®』を出版した。

この本は（思いがけなく）評判がよく、今年電子書籍化されて再出版されることになり、その巻頭言に「その後…」を書いた。

現在も一部上場企業から依頼を受けて、専門の「燃料化学」技術をベースとした「爆発・火災」防止を指導している。

「安全」の田邉朔郎を手本とし、「安全」人材育成、「安全」技術伝承、「安全」マネジメント指導で命尽きるまで「生涯現役エンジニア®」を達成すべく頑張っている。お客さまから長生きを期待されている程楽しい事はない。

―「朔郎」との再会を楽しむ

何度も繰り返すが筆者は、六歳の時、（第三部冒頭で述べたように）死の床に就いた朔郎に「いい子だ」と、頭を撫でてもらった。その思い出を大切にして生きている。

昨令和元（二〇一九）年六月朔郎の享年八十二歳十か月を超え、今令和四（二〇二二）年八月、八十六歳になった。さらに長生きして社会貢献をつづけ、命尽きて阿弥陀仏の御許へ参上し、朔郎に再会して「いい子だ。よくやった」と、百年振りに頭を撫でて貰うことを楽しみにして生きている（完）。

写真は、筆者。令和元（二〇一九）年八月二十五日撮影。八十三歳〇か月。現在、東京都品川区大井六丁目二十番六号（「朔郎」の東京「別宅」跡）に建てた二世帯住宅へーベルハウスに住んでいる。

第四部　明治維新「戦争」序曲

まえがき

徳川幕府は専制的で、目下の者の言い分を聞かない、そんな封建的な暗い世の中だった。これを、薩長軍が力を合わせて一新（世直し）した。これが勝者薩長軍の正義だった。

次章以下、戦争の正義について考察する。ヒトの進化「適者生存」から始める。適者生存とは、不適者不生存、すなわち「弱い者は強い者に食われる」と言うことである。

生き残るためには、何をやってもよい。これが神様のお決めになった正義ではないか？　以下、考査を重ねる。

第一章　人間の性（さが）

第一節　移動を始めた猿

約一千万年の昔、日本列島は、まだ完成してなく、地表プレートの衝突により、ユーラシア大陸から切り離されたばかりだった。

アフリカでは、地下マントルの上昇によって地表プレートにひび割れが入った。この結果、グレート・リフト・ヴァレー（大地溝帯）ができた。溝の壁（絶壁）には、多くのひび（洞窟）が入った。

時代は下って偶々この大地溝帯に迷い込んできた一部の猿は、洞窟生活を始めた。森林生活をやめたので、移動手段としての前足は不要となって退化した。そして後足だけで移動を始めた。

―― 拡大する脳

後足による移動によって早産が多発した。なぜなら、立ち上がったが故に、雌の子宮の出口が下向きになり、子宮は胎児を支えきれなくなって早産した。

これが幸いした。生まれた後で頭蓋骨が広がるのだ。だから脳の拡大余地ができた。脳が拡大すれば、頭が良くなる。

―― ホモサピエンス（現生人類）

洞窟内は、気温が安定して快適だった。だから、体毛が不要となった。確かに今の人類は、他の哺乳類と比較して異常とも言えるほど丸裸だ。そして頭がよい。これが現在の人類だ。約二十万年の昔と言われる。

―― ホモモーベンス（移動人類）

頭が良くなり、前足が「物掴み専用」になったので、火を上手に使えた。だから暖をとって寒さにも耐えられようになった。一方、「丸裸」になった故に暑さにも耐えられた。

これにより、熱帯から寒帯まで地球上のどこへでも行くことができるようになった。「移動人類」の誕生である。諸説あるが本格的に移動を開始した時期は、ほんの五万年前であろう。

――人類の移動

その五万年前はまだ氷期であり、海面は現在よりも百メートル以上も低かった。だから海岸線が広く、海岸沿いの移動が容易だった。この時、すでに日本列島はできあがっていた。

「移動人類」は、太陽のでる方向に自然と動く。だから東行した。ユーラシア大陸の南岸に沿ってアラビア半島、インド、マレーシア、フィリピン、台湾、日本列島、千島列島、アリューシャン列島、アラスカ、北米大陸、中米、南米大陸を経て南米の南端にまだ辿りついた。約一万五千年前だ。必要な蛋白質は、海から採った。「漁撈民族」である。

別の一群は、北上した。必要な蛋白質は、野生動物を狩りして取った。「狩猟民族」である。太陽光が弱いので皮膚が漂白された。

この一群は寒冷気候の下、再び毛が生えた。想起すれば筆者の幼時、父田邉多聞は、米英人のことを「毛唐」と呼称していた。

話もどして他の一群は、ユーラシア大陸の中央部を東行した。野生動物を飼いならして家畜とし、蛋白質を取った。「牧畜民族」である。

第二節　土地の奪い合い

先発の移動人間は、無人地帯を何の苦もなく占有できた。いわば「早いもの勝ち」。しかし「後発」移動人類には、もう土地がない。

そこで「先発」した移動人類の占有地を「どけどけ」と押しかけてきた。土地の取り合いだ。

――何が正義？

移動人類にとって土地を取り合うには、正義が必要らしい。ホモサピエンスだから、頭がよい。屁理屈を付けたい。善が悪を懲らしめたと。

奪いとった側が、その正当性を主張する。「恰好付ける」のだ。さらに正義に基づいて敗者を殲滅（皆殺し）する。

――戦争方程式

これが、戦争の方程式である。この方程式を解くと、「勝てば官軍」という正解が得られる。冒頭に述べた薩長による世直しという主張は、まさにこの正解である。

第三節　奪われた側の「讐念」

――敗者の「讐念」

勝者の正義は分かった。しかし「皆殺し」を免れた敗者には「讐念」が残る。特に生活が成り立たなくなった敗者は「讐念」の塊りとなり、そして「報復」するしか生きる道はない。

――「讐念」を殲滅した家康公

勝者は、「讐念」を抱く敗者に生き残ってもらっては困る。だから古来勝者は、敗者を「皆殺し」にした。例示すると、大坂城で豊臣家を滅ぼした徳川家は、豊臣の残党を殲滅した。

あまつさえ、親豊臣と見られる多くの大坂市民を殲滅した。このことは、屏風絵に残っている。豊臣の大坂城も破壊し、新たに徳川の大坂城を築いた。敗者の「讐念」を根絶やしにした。

――チャイナ大陸に見る殲滅

古来、北方から狩猟民族が間断なく攻め込んできた。防御の目的で「万里の長城」を建設したが、そんな物理的手段だけでは防止できなかった。

歴代王朝とその親族・官僚は、征服民族によって「皆殺し」の目にあってきた。その「繰り返し」の歴史だった。

皆殺しの歴史は、京都大学名誉教授梅棹忠夫先生の「比較文明論」による「ユーラシア大陸の歴史」と照らし合わせながらチャイナ大陸を見るとよく理解できる。

――明治維新「戦争」後の皆殺し

薩長軍も徳川軍の生き残りに対して「残党狩り」の挙にでた。直接殺さないにしても生活の道を断った。

故に現在、「祖先は徳川旗本だった」と名乗りでる子孫の数は、そう多くはない。旗本八万騎はどこへ消えたのか。戦争に負けるとは、こういうことだ。

――卑劣な「下剋上」武力クーデター

明治維新戦争は、戦国時代のような大名間の覇権争い（戦争）ではなかった。薩長両藩の「讐念」に燃える若年下級武士が蜂起した卑劣な政権交代だった。

卑劣にも、その開戦は「奇襲」だった。若年下級武士は、正々堂々とした武士道など知らなかった。だから騙し討ちによって徳川を倒した。しかしそれだけではない。両藩の殿様を差し置いて自分たちが政権の中央に居直った。

その結果、徳川「殿様」軍事政権は薩長「下級武士」軍事政権へ交代した。日本史上において過去に例を見ない「不条理」な、「不連続な」、そして「恥辱」な下剋上だった。

平安時代、鎌倉時代、室町時代（後半の戦乱の戦国時代を含む）、そして江戸時代を通じて一千百年間、確かに政権交代はあった。しかし、こんな下剋上は前例が無かった。

日本歴史に汚点を残した卑劣な「下剋上」武力クーデター。だが、政権交代された徳川幕府側から「非難」の声は上がらない。幕臣の多くが殲滅された故。

第二章　明治維新「戦争」の温床

第一節　鬱積「讐念」に火がついた薩長の「若いお兄ちゃん」

繰り返す。薩長の下級武士が新政権の中枢に居直った。毛利（長州）の殿様も島津（薩摩）の殿様も差し置いて。

その際、お兄ちゃん（若年下級武士）達にとって「永遠の皇室」は嬉しい存在だった。「尊王」

を旗印にして「攘夷」を行った。

攘夷の対象は米英ではなくて徳川幕府だった。「攘幕」だったのだ。「尊王攘幕」と言わなかったことが汚い。

「尊王攘幕」と言ず「倒幕の志士」という言い方はあった。「若いお兄ちゃん」の一人、筆者の曾祖父北垣国道は、その一人だった。

――徳川上層部の無能

またそれを見抜けなかった幕府上層部も憐れである。とくに最後の征夷大将軍徳川慶喜は「憐れ」を通り越して「無能者」のレッテルが貼られる。

遡って、そのような将軍しか輩出できなかった徳川将軍家の後継者育成システムが嘆かわしい。「徳川家の安泰が天下の安泰」とお考えになった徳川家康公の（失礼ながら）限界だった。そのお考えでは、高々二百六十年の平和しか実現できなかったのだ。

――他力下剋上

畏れ多くも天皇をヘッドスタチュー（船首像）に戴く軍艦「日本丸」。その艦長を（英国から与えられた）鉄砲を使って「水兵」が艦橋から追い出した。

追い出したのは、副艦長クラスではなかった。水兵だったのだ。そして水兵にとって不慣れな艦の操舵は、これを（けしかけた）英国が教えた。

こんな効率のよいクーデターは例を見ない。しかも下剋上だ。筆者はこれを「他力下剋上クーデ

官であり、「小姓番」と「書院番」が文官だった。

一方すべての番方は、（家督相続の際に一生に一度だけは）将軍様に「目通り」できるので、これを「お目見え以上」と呼称した。そして「将軍直属」という意味において、大名と同格だった。旗本は、「天下の旗本」という意識で生きていた。

因みに朔郎田邉家は、「大番」「書院番」に属していたが、その中でも格下の与力だったので「お目見え以下」だった。

第三節　劣化しない徳川の下級武士

お殿様とは違って厳しい生存競争の中で育つ下級武士（お目見え以下の「家人」）には、優秀な養子を後継ぎに迎えるという道があり、家としては優秀な後継ぎを確保できた。

たしかに、下級武士の朔郎田邉家も、朔郎から七代前から医者の次男二人、すでに高名だった学者一人、計三名の優秀養子が来てくれた。

DNA向上（優化）の実験場とも言える家庭環境で育った朔郎が工部大学校で超優秀な成績を上げたことがよくわかる。

繰り返す。朔郎田邉家は、競走馬の「種付け」場のような家庭環境だったのだ。残念ながら実験は終わり、明治以後、筆者に至るまでDNAは劣化の一途を辿った。

第四節　「讐念」で炎上する薩長の「若いお兄ちゃん」

――河原（加治屋町）の西郷

かつて筆者は、鹿児島市の甲突川沿いの加治屋町を訪問した。狭い地域で西郷隆盛、大久保利通、東郷平八郎、大山巌の四人の「生家」記念碑を見た。この地域出身の偉人の記念会館もみた。そこは堤防のすぐ脇、いわゆる「河原」だった。城下町に住むことが許されない下級武士だったのだ。先祖代々「河原」に住むことを余儀なくされた「讐念」が偲ばれた。

――不満分子の巣（松下村塾）の伊藤博文

筆者は最近、（後に詳述する）西鋭夫先生による萩博物館、松陰神社の視察結果をウエブセミナーで視聴した。博物館だから歴史的資料の宝庫かと思っていたが、展示物は明治維新「戦争」における功労者の似顔絵や、説明書ばかりが目立つ。西鋭夫先生と同様に違和感をもった。松下村塾は、伊藤博文などの徳川幕府に対する「讐念」の醸成場だったのだ。

――殿もうそろそろ

「いや、まだ早い。待て」。これは、長州藩に長年受け継がれてきた新年の挨拶だったとか。関ケ原の「讐念」を引き継いできたのだ。長州藩は、関ケ原の合戦に「毛利」「吉川」「小早川」の毛利三家が徳川家康に協力した。それにも拘わらず、領地を三分の一に削られたのだ。この「讐念」が幕末まで続いた。

第三章　武力クーデター

第一節　土地の所有権

第四部の終わりに重要なことを述べる。最近、知人の一人から聞いた。曰く「江戸時代の武士は土地を所有していなかった」という。「これは初耳だ」と。

第一項　名主／庄屋

これを聞いて筆者の方が驚いた。「知らなかったの?」と。知人は、徳川幕府武士の子孫だった。「御先祖さまは、土地を所有していましたか?」と聞きたかったが止めた。聞くまでもなかった。知らないのだ。

旗本を例に取ろう。知行地を所有していたが、土地を所有していたものではない。江戸に住んで代官を知行地に派遣して税米徴収していた。農民の納米は、地域の「名主／庄屋」に任せていた。

徳川将軍も同じだった。幕府直轄地をもっていたが、税米を徴収する権限を持つに過ぎなかった。知行地や直轄地の行政は、これを地域の名主／庄屋に任せていた。

このこと、第六部「田邉朔郎一族の讐念」中の「元名主／元庄屋」の実体験で述べる。一般論であるが、地域における名主／庄屋の歴史は、江戸時代の一般武士よりも家の歴史が長い。

一所懸命した武家

武家は鎌倉時代に興った。武力をもって農民を「一所懸命」に守った。報酬として年貢米を頂いた。土地の所有権は、これを持っていなかった。

その土地に定住する「地侍」が農民を束ねていた。すなわち、土地の所有権をもっていたのだ。そして江戸時代、「地侍」は農民であった。付記するが、農民の居ない土地など価値はない。譬えていうと、従業員のいない工場など価値はない。いずれも所有する価値はない。

曾祖父北垣国道は「農民」地侍、そして後述する筆者の母方祖父有賀光豊は、農民「地侍」であり、両者とも土地の所有権を確立していた。武家は、城下町に居住し、地侍を通じて税米を徴収していたのだ。

武力による土地（所有権）の奪い合い

結論を急ぐ。徳川家は、天皇の詔（小御所会議）によって天領を失った。その時、武家は土地をもっていなかったことに気が付いた。時すでに遅し。土地をもたない徳川家に薩摩軍が襲い掛かった。京都「鳥羽街道」の戦いである。

戦いは一方的に進んだ。軍としてのリーダーシップに欠ける徳川は、敗走した。後は「憐れ」という言葉しか、思いあたらない。

徳川だけでなく地域の「藩」も、明治になって税米徴収権をうしなった。これを廃藩置県という。全国すべての武家は「土地をもっていなかった」。このことに気がついた。「一所懸命」の鎌倉武士を見習え。

繰り返す。武力なしには土地を支配できなかった。すなわち、土地の所有権はなかった。こんな当たり前のことをすっかり忘れていたのが徳川家を筆頭とする（鎌倉武士の末裔）武家だった。現時点でも武力による土地の奪い合いは継続中である。世界中で。

第二節　武力による税米徴収権の奪取

徳川将軍家は、征夷大将軍だった。すなわち、天皇の下で、税米徴収権を持っていた「征夷大将軍」に過ぎなかった。この権利は、武力によって担保していた。

――天下布武

もしも織田信長が天下をとっていたら、天皇を廃して自分が皇帝になっていたかもしれない。天下布武とは自分が皇帝になることだったかもしれない。

このような悪い夢。これを一九九一年に出版した拙著『びわ湖疏水にまつわる、ある一族のはなし』に描いた。信長を殺した明智光秀は、日本の恩人かもしれない、と。

――謙虚な家康公

信長に比較すると、徳川家康公は謙虚だった。征夷大将軍を喜んで拝命した。そして持てる武力を背景にして京都におわします天皇を崇め奉った。

——武力を忘れた武士団

ところが後継者に自覚がなかった。自分たちの存在理由は武力であることを認識していなかったのだ。

——機は熟したと、薩長

以上で材料がそろった。徳川の武力を叩けばよい。勝利すれば自動的に税米徴収権が手に入る。勝つためには何をやってもよい。古来の武士道など「知ったことか」と。

従来ある統治システムをそっくり継承することをクーデターという。革命に比較して効率がよい。多少の流血はあろうが、それは必要コストだ。「よしやろう」と、薩長の若いお兄ちゃん。

第三節　薩長に「讐念」を遺した徳川家康の失点

——西に睨みを効かす家康公

話を徳川家康公に戻す。念願通り豊臣残党を「殲滅」した。安堵してその一年後に他界した。しかし懸念があった。

「関ケ原で豊臣に味方した薩長を討ち漏らした」と。そこで死後も薩長に睨みを聞かせようと欲した。具体的には、「遺体を立った姿で顔を西に向けて葬れ」と遺言した。薩長が謀反を起こさないよう、睨みを効かせたつもりだった。

――後継者の平和ぼけ

ところが、平和は二百六十年も続き、（家康公のお陰で）「讐念」など縁がなかった後継者は、能力が劣化してしまった。土地から上る税米の徴収権は、武力によって確保するもの。

これを後継者が自覚していなかった。徳川のすべてのリーダーに家康公のようなシップリーダーがなかった。前述した独特の「世継ぎ製造装置」によってDNAが劣化していたのだ。

家康公のお陰で「讐念」がなくなり、「のんびり」と毎日を過ごしていた。これにより後継者が劣化した。いわゆる「お殿様」に成り下がった。

何度も繰り返す。税米徴収権は、武力によって確保するもの。これを後継者が自覚していなかった。いわゆる「平和ボケ」だった。

第四節　倒幕の先駆け「生野の変」

――「生野の変」と三条実美

筆者の曾祖父北垣国道は徳川家康公に「讐念」を抱いていた。第九代開化天皇の末裔を称する誇りある「但馬の地侍」を農民扱いにしたのだ。

豊臣秀吉は、武士扱いにして朝鮮出兵に動員した。こんな実績があるにも拘わらず農民扱いしたのだ。この「讐念」は大きい。

この「讐念」が、国道の「類まれなる」行動力の源泉だった。このこと、本書において繰り返し述べる。この「讐念」が、倒幕戦争の先駆け「生野の変」を首謀させた。

旗揚げに際して、長州三田尻へ飛び、三条実美の支援を仰いだ。三条は、京都における文久三（一八六三）年八月十八日の政変後、長州へ逃げて長州藩の庇護を受けていた。三条は、いわゆる「七卿」の一人、澤宣嘉公を旗頭として国道に預けた。

ところが、「生野の変」は、次期尚早につき、破局に及んだ。国道は逃げた。逃げたおかげで後に国道がとった命がけの行動はすべて成功して明治を迎えた。三条実美は、京都疏水「赤の洞門」に揮毫した。

――伊藤博文、山縣有朋、井上馨

生野の変は破局したものの、国道は逃げて坂本竜馬や勝海舟とも交わる「倒幕の志士」となった。現在のことばでいうとテロリストである。いよいよ身が危うくなったので長州に逃げ込み、奇兵隊の一員となった。後に伊藤、山縣、井上の三名は、京都疏水「赤の洞門」に揮毫した。

――薩長による倒幕の狼煙

薩長は、それぞれ「薩英戦争」、「下関戦争」と攘夷の「のろし」を挙げた。これ実は、攘「幕」の「のろし」だった。その目的は徳川幕府を混乱させることだった。

幕府はまんまと、混乱状態に陥った。この状態を田邉朔郎の叔父、田邉太一は著書『幕末外交談』の中で揶揄している。この事、後述する。

第五節　英国の動き

―英国の戦略

西鋭夫著『新説・明治維新』によると、英国は二度に亘るアヘン戦争により、清国から莫大な賠償金を獲得した。これに味をしめて、次の目標を日本列島に定めた。

当時、帝政ロシアはシベリア経由で「南下」の姿勢を見せていた。英国はこれを抑止すべく、日本列島を英国の勢力圏とした上でロシアとの緩衝地帯にしたかった。

―英国の戦術

「第二次アヘン戦争」においては、「第一次アヘン戦争」の学習の上に立ってリスクを分散すべくフランスと協力した。

この学習の上に立って日本列島内においては、それにも拘わらず英国軍隊の出血は大だった。「内戦を起こさせて疲労させた後に乗っ取ろう」。と、フランスと話がついた。対ロシアのクリミア戦争を共に戦った同盟国である。

ところが、そのフランスはドイツとの確執（普仏戦争）がはじまり、忙しくなった。だから英国「だけ」でやることになった。これはある意味で英国にとっても好都合だった。

「マイペース」でやれる、「内戦を起こさせて、疲弊させて支配権を握ろう」と。漁夫の利を狙った。さすがは、世界を支配する大英帝国。

―結論を急ぐ

内戦はあっけなく終了した。天皇の一言（詔）によって（徳川幕府が）土地から上る税米の徴収権を手放すなど、英国は想像もしていなかった。

前第一節で述べた通り、土地の所有権は、これを有していなかったのだ。税米徴収権だけだった。政府の徳川幕府は、天皇から任命された征夷大将軍に過ぎなかったのだ。

第六節　高杉晋作上海へ行く

英国は、徳川将軍家に対して「関ケ原」以来の「讐念」を抱く長州藩に目をつけ、高杉晋作を上海に招いて実情を見学させた。この時、幕府の艦船千歳丸が利用され、幕府の責任の下で晋作を上海に運んだ。

外国奉行所組頭（現在でいうと外務省局長）田邉太一（筆者の曽祖叔父）はこれを「謎」とし、後年（明治三十一年）著書『幕末外交談』の中で言う。「後の世に歴史の真実が紐解かれるであろう」と。今回、その「謎」を解き明かした。このこと重要であるから、後でもう一度述べる。

――英国の差配

高杉晋作は、上海で英国の鉄砲隊を見た。これに倣って農民「奇兵隊」を創設した。農民北垣国道（外曽祖父）もこの奇兵隊に属して徳川幕府による第一次長州征伐と対峙した。

また長州藩士片山東熊（祖父朔郎の義兄）は、晋作歿後の第二奇兵隊（山縣有朋隊長）に所属。明治になって有朋の庇護を受けて宮廷建築家となり「国宝・迎賓館」を残した。

第七節　長州ファイブ

長州藩から、ジャーディン・マセソン（JM）商会の手引きによって伊藤博文、井上馨、井上勝、山尾庸三、遠藤謹助が英国に向かった。

――薩摩英留学

一方、薩摩藩から約二十名の留学生を受け入れた。薩英戦争で善戦した薩摩の実力に驚いた英国は、薩摩を利用することを考えたのだ。

これに先立ち、幕府は「生麦事件」の解決のために賠償金を英国へ支払った。その金が、倒幕のための薩摩留学生受け入れの原資になった。幕府の金が倒幕資金になった。腹立たしい。幕府上層部は何をしていたのか。やはり、「お殿様」達だった。

第五部　真説・明治維新「戦争」

まえがき

筆者の既著『びわ湖疏水にまつわる、ある一族のはなし』の「まとめに当たって」に以下のように書いた。「幻の幕府正規軍」「幕府が本気になったら」「平和の恩人、徳川慶喜」「幕末史見直しの機運」「懸命な日本人の政権交代」「世界に誇る天皇制」と。

さらに追記した。「サラリーマン生活を引退したら、幕末・明治初史を、幕府側の、特に技術面からみて調査したい。技術を軸としてなにか書きたい」と。そしてサラリーマンを引退（六十歳定年）して既に二十六年が経過した。

その間、多忙な「生業（生涯現役エンジニア）」の傍ら継続的に調査・研究してきた。調査・研究の中で不透明な部分が残った。いわゆる「戊辰戦争」の歴史的「必然性」だった。筆者独力では正解は得られなかった。

― 西鋭夫先生との出会い

最近、スタンフォード大学フーバー研究所教授「西鋭夫」先生の御著書『新説・明治維新』を拝読して正解が得られた。

― 英国の関与

西先生から頂いたヒントは、これだった。難解な幾何学の出題が、補助線一本で正解を得た思いだった。

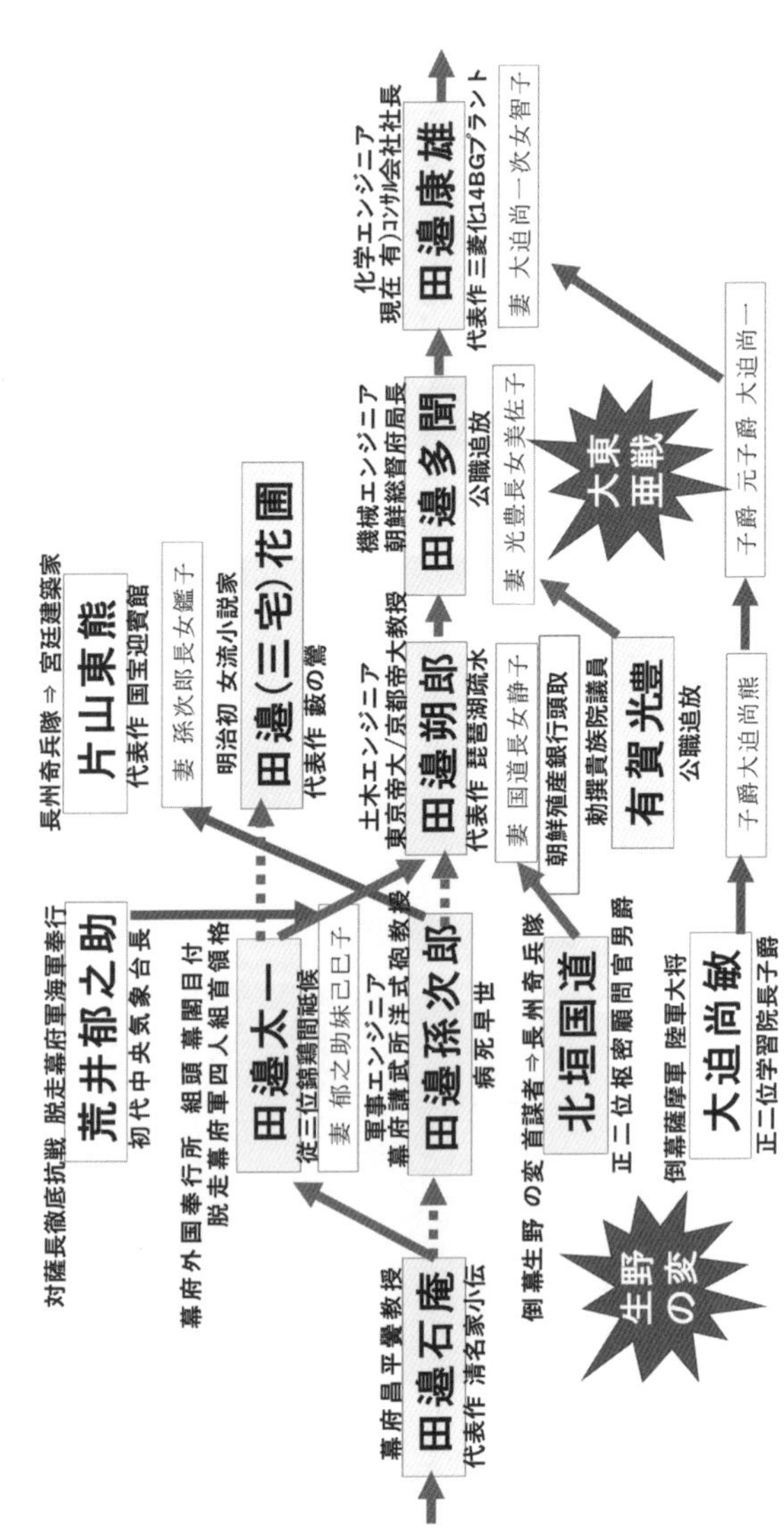

「生野の変」から「大東亜戦争」に浮沈する田邊一族（十二名）

序章　徳川の劣化と薩長の「背のり」

前第四部の後半において薩長の下級武士「若いお兄ちゃん」が徳川幕府に対して「讐念」に燃えていることを紹介した。

第一節　家康公の御心配

徳川家康公は、「遺体を西に向けて葬れ」と遺言された。薩長に「讐念」を遺したことを自覚しておられたのだ。

薩長に「復讐」させないよう、西に「睨み」を効かせたおつもりだった。その「睨み」を見た後継者が西に警戒するよう教えたのだ。

――徳川家「後継者」のDNA劣化

ところが、後継者が「劣化」していた。これもすでに述べた。土地は、武力によって確保するもの。これも第四部末尾で述べた。これも後継者が自覚していなかった。自分達が徳川による「軍事政権」の担い手だという基本を忘れていた。武力に「担保」された軍事政権だったことを忘れていたのだ。

――「お」殿様と「裸の」王様

徳川幕府のトップ「将軍」はもとより、(老中など)上層部に、徳川家康公や「四天王」のようなリーダーシップを持った人材は、一人もいなかった。

将軍家も親藩の藩主家も(前述した)「世継ぎ製造装置」の稼働によって、DNAが大きく劣化した。いわゆる「よきに計らえ」の「お殿様」に成り下がっていた。あるいは、慶喜のような「裸の王様」だった。

――国家の「背のり」と「なりすまし」

薩長の下級武士(「若いお兄ちゃん」)が、徳川の「裸の王様(慶喜)」と「お殿様(幕閣)」を戴く軍事政権に対して「下剋上」「武力クーデター」を起こして「徳川軍事政権」を殺戮・殲滅し、「薩長軍事政権」を樹立した。指揮命令系統が欠落した徳川を倒すことは、簡単だった。

「クーデター」とは、国家組織の、いわば「背乗り(はいのり)」である。薩長の「若いお兄ちゃん(注)」が、徳川の軍事政権の担い手を殺してその後継者に「なりすまし」た。そして「世直しした」と嘯(うそぶ)いた。

過激な表現をお許し願いたい。また、堂々と名乗っている薩長は「なりすまし」ではない。その反論は受けよう。その通りである。そこを何とか、薩長に「讐念」を持っている徳川幕臣の子孫という事実に免じてお許し願いたい。

第二節　「殿、もうそろそろ」

まえがきで述べたが、「いや、まだ早い。待て」。これは、長州藩に長年受け継がれてきた新年の挨拶だったとか。

関ケ原の「讐念」を引き継いできたのだ。長州藩は、関ケ原の合戦に「毛利」「吉川」「小早川」の毛利三家が徳川家康に協力した。それにも拘わらず、領地を三分の一に削られたのだ。この「讐念」が英国によって利用された。

第一章　真説・明治維新の「期間」

第一節　明治維新の期間「定説」

広辞苑によれば明治維新とは「慶応三年十月（一八六七年十一月）将軍徳川慶喜の大政奉還から、

注：西鋭夫先生は、薩長の若年下級武士を「若いお兄ちゃん」と呼ばれる。二十二歳までしか日本にいなかったので「はなし言葉しか知らない」と言われる。確かに、「漢語系」の熟語や文語系の言い回しが少ない。美しい「やまと言葉」も少ない。

付け加える。西先生の『新説・明治維新』邦文において「文脈」が直ちには把握し難い。こんな西鋭夫先生の文章ではあるが、「若いお兄ちゃん」なる下世話な表現は「実態」をよく表しているので筆者も以下、これを踏襲する。

同年十二月（一八六八年一月）明治天皇の王政復古宣言、翌四年（一八六八年）江戸幕府の倒壊を経て明治新政府成立に至る統一国家形成への一連の政治改革過程」とある。

第二節「真説」明治維新の期間

「定説」明治維新に対して「真説」明治維新の期間を設定する。すなわち、「武力クーデター」の発端から、薩長軍事政権の倒壊までを「真説」明治維新とした。

具体的には、曾祖父北垣国道が企画・首謀した「生野の変」の「勃発」から、祖父有賀光豊と父親田邉多聞が「公職追放」を受けた大東亜戦争「敗戦」までの八十二年間をいう。次欄以降で詳述する。

第三節　四期に分割：真説・明治維新

以下の四期に区分した。

一．政権交代期（生野の変～戊辰戦争～西南戦争）
二．新政権黎明期（西南戦争～日清日露戦争）
三．新政権確立期（日清日露戦争～第一次世界大戦）
四．新武士の台頭と凋落期（第一次世界大戦～大東亜戦争敗戦）

第二章　政権交代期（図1）

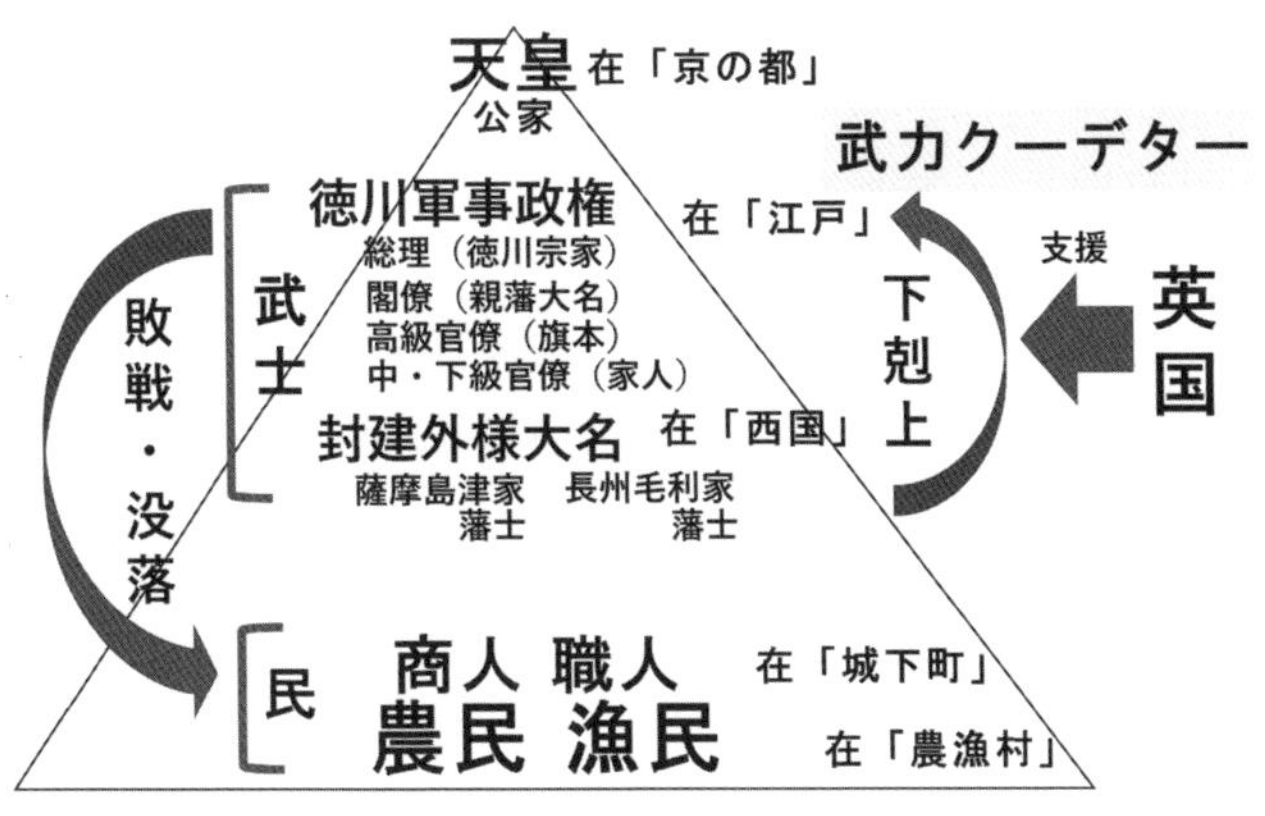

図1　政権交代期

西鋭夫先生によると、英国は二度に亘るアヘン戦争により、清国から莫大な賠償金を獲得した。これに味をしめて、次の目標を日本列島に定めた。

「第二次アヘン戦争」においては、リスクを分散すべくフランスと協力した。それにも拘わらず英国軍隊の出血は大だった。

この学習の上に立って日本列島内においては、「内戦を起こさせて疲労させた後に乗っ取ろう」。と、フランスと話がついた。

ところが、そのフランスはドイツとの確執（普仏戦争）がはじまり、忙しくなった。だから英国「だけ」でやることになった。これは英国にとっても好都合だった。

第一節　英国の支援

第一項　高杉晋作の上海見学

英国は、（前述した）徳川将軍家に対して「関ケ原」以来の「讐念」を抱く長州藩に目をつけ、高杉晋作を上海に招いて実情を見学させた。この時、幕府の艦船千歳丸が利用され、幕府の責任の下で晋作を上海に運んだ。

外国奉行所組頭（現在でいうと外務省局長）田邉太一（筆者の曽祖叔父）はこれを「謎」とし、後年（明治三十一年）著書『幕末外交談』の中で言う。「後の世に歴史の真実が紐解かれるであろう」と。これを今回、太一の兄の曾孫である筆者が、その「真実」を紐解いた。

第二項　晋作「奇兵隊」を創設

高杉晋作は、上海で英国の鉄砲隊を見た。これに倣って農民「奇兵隊」を創設した。農民北垣国道（外曽祖父）もこの奇兵隊に属して徳川幕府による第一次長州征伐と対峙した。

また長州藩士片山東熊（祖父朔郎の義兄）は、晋作歿後の第二奇兵隊（山縣有朋隊長）に所属。明治になって有朋の庇護を受けて宮廷建築家となり「国宝・迎賓館」を残した。

第三項　長州ファイブ

よく知られているように長州藩から、ジャーディン・マセソン（ＪＭ）商会の手引きによって伊藤博文、井上馨、井上勝、山尾庸三、遠藤謹助が英国に向かった。

第四項　薩摩藩士の英国留学

一方、薩摩藩から約二十名の留学生を受け入れた。薩英戦争で善戦した薩摩の実力に驚いた英国は、薩摩を利用することを考えた。

この時、幕府が生麦事件の解決のために英国へ差し出した賠償金が、倒幕のための薩摩留学生受け入れの原資になったと聞く。幕府の金が倒幕資金になったと思うと、腹立たしい。幕府上層部は何をしていたのか。お殿様が。

第五項　英国の世界戦略

英国が薩長留学生を受け入れていた頃、帝政ロシアがシベリア経由で「南下」の姿勢を見せていた。英国はこれを抑止すべく、日本を英国の勢力圏とした上でロシアとの緩衝地帯にしたかった。

第二節　鳥羽伏見の戦い

第一項　薩摩、「卑劣」西郷隆盛の「奇襲」

鳥羽伏見の戦い、正確には「鳥羽街道と伏見街道の戦い」である。これが戊辰戦争の発端だった。戦いは、徳川幕府の精鋭部隊と薩長軍が激突して薩長が徳川に打ち勝った。これが正説である。しかし実態は違う。添付する碑文がすべてを語る。

曾祖淑父田邉太一が明治四十年に漢文で書いて、これを京都南禅寺塔頭金地院の奥まった一角にひっそりと設置したものである。

筆者は、この碑文を丁寧に読み下した。以下の通りである。この碑がすべてを語るにも拘わらず、現在に至るまでも研究されていない。句読点は、これを筆者が加えた。

なお筆者の漢文力は、高校二年生の際に「漢文の時間」で習ったのが正式には全てである。その後『論語』に興味を持ち、田邉太一の『蓮舟遺構集』にも興味を持って独学した。この訓読文の全体に亘る「正誤」に自信はない。しかしポイントだけは押さえた積りである。

《碑文》

慶応丁卯十月。前将軍上表還政。朝廷嘉納。更有優詔。暫視事如故。蓋将待。廣徴諸侯伯大議。善後事宜也。俄而事變。麾下士與會桑二藩皆不平之。前将軍虞變生不測。援隊下坂。而朝廷又遣尾越二公傳旨諭納其封土。促莫入朝。前将軍敬君志誠。奉命意虔乃。欲率小隊上京一問朝旨中変之故親訴事情。然方斯時擁大兵在輦下者。概無非敵視我者。而麾下士輿會桑及諸親故諸藩簇拠扈従者数

至踰萬。人心洶々。遂與守闘者稠嗚。戦彌四日。将士死者数百。今茲明治三十年。志者相謀建於石標茲地。以慰雄魂。而別記其本末刻之石如此。死者姓名今不得悉其詳。見聞所及載在簿冊蔵之洛東金地院云。明治四十年四月　田邊太一撰　　　　　廣瀬孫三郎書

《読み下し文》

慶応丁卯十月、前将軍還政を上表す。朝廷これを嘉納し、更に優詔あり。「暫し事を故の如く視よ。蓋将(いずくまさ)に待たざらんや。広く諸侯伯を徴して大いに善後事を宜しく議すべし」と。（ところが）俄に事変わり、（慶喜）麾下の士と会津桑名二藩は皆之に不平なり。

前将軍（慶喜）変生と不測の援隊（援兵）を虞れ、大坂に下った。而して朝廷は又、尾張越前の二公を遣し、その封土を納めよと諭し入朝するなかれと促す旨を伝えた。

前将軍（慶喜）は君（天皇）の志誠を敬い意を奉命するも、つつしんで、小隊を率い上京し、朝旨（天皇のお言葉）中の変更の故を一問して親しく事情を訴えんと欲した。然るに、その時大兵を擁し輦下に在るは、概して我らを敵視するに非ざる無し。

而して麾下の士・会津桑名及び緒親故・諸藩簇は、拠って（慶喜に）扈従する者の数は万を越えるに至る。人心は洶々遂に守り闘うものが稠嗚し、戦いはいよいよ四日となり将士の死者数百となる。

今この明治三十年に有志の者が相謀って石標をこの地に建立し以て勇敢なる魂を慰め、別にその本末を記し之を石に刻むこと、かくの如し。死者姓名は今悉くそれを詳らかには得ていないが、

見聞するところ、記載は簿冊に在って之を洛東金地院に蔵するという。

明治四十年四月　田邊太一撰

第二項　田邉朔郎の叔父、田邉太一の追悼

田邉太一はいう。「徳川慶喜に対する領地召上げ決定の真偽を糺すため、京都御所へ向かうための行進であって戦闘態勢にはなかった」と。「卑劣な薩摩藩／長州藩」と。寄稿者は数年前、鳥羽街道の現地を確認した。

――　田邉太一碑

慶応三年十月、慶喜は大政奉還した。この奉還に対して幕臣兵や会津・桑名藩兵等は、不満の意を表した。慶喜は、京において不測の事態が発生することを恐れ、十二月中旬急遽、少数の身辺護衛隊と共に大坂城へ引き上げた。

するとその後で（よく知られた）「小御所会議」が開催され、「徳川慶喜の領地召し上げ」と。これを尾張藩主と越前藩主を通じて大坂城の徳川慶喜に伝えられ、「以後、京に入ることを禁ず」と。

第三項　無能：徳川慶喜

慶喜は驚愕し、「本当ですか?」とその詔勅の真意を糺すため、自分自身は大坂城に居残ったまま、「（お尋ね）小隊」を京都に差し向けた。

無論、戦闘態勢は、これを取ってはいなかった。二列縦隊で粛々と鳥羽街道を行進していた。（桂川堤防下の）小枝橋に差し掛かった際、薩摩陸軍が襲い掛かった。桂川の土手から立ち上がり、十

字砲火を浴びせかけた。奇襲だった。

第四項　卑劣：薩摩の「若いお兄ちゃん」

薩摩陸軍は、一年も前から英国式訓練を受けていた。武器は（米国南北戦争の中古品ではあるが）最新式の「椎の実」型弾丸「元込め式」ライフル銃だった。連射が効き、命中精度が高い。筆者は、現地を訪問してこの事実を実感した。

――結論：田邉太一

これが鳥羽伏見戦争の発端だった。急を知った（大坂城の）幕臣、（京黒谷金戒光明寺の）会津藩士などが駆け付けて両軍の兵数は一万に及んだが、幕府側には指揮命令系統がなく、「戦い」は四日間に及んで死者数百に上がり、慶喜の軍隊は、大阪城に向かって敗走した。

途中で淀城に入ろうとしたが、たまたま城主が不在であり、城代が開門を拒んだ。何という城代だ。腹が立つ。筆者は、淀城跡を訪問して胸が痛くなった。

第五項　罠に掛かる徳川慶喜

話をもどす。英国に煽られた薩摩藩の西郷隆盛などの「若いお兄ちゃん」達は、（河原での生活を余儀なくされて）長年鬱積した「讐念」を発散した。

江戸において赤報隊などのテロを行い、徳川幕府を挑発した。幕府は（親藩）庄内藩に命じてこれを取り締まった。取締の一環として薩摩屋敷を捜査した。薩摩藩は、これを報復攻撃の口実にした。

た。

――薩摩の大迫尚敏

繰り返す。薩摩陸軍は、鳥羽街道の戦いの一年前から、英国式歩兵訓練を積んだ。この精鋭陸軍が鳥羽街道において徳川慶喜の「使い走り」小隊に対して、道路側面の土手上から「奇襲」を掛けた。

第六項　薩摩軍大迫尚敏（筆者妻の曾祖父）の「奇襲」参加

この奇襲隊に筆者妻の曾祖父、大迫尚敏（後、陸軍大将子爵、学習院長）が、小部隊を率いて参戦した。それに先立ち、慶応三（一八六七）年二月、陸軍兵士被命常備五番隊へ編入英式歩兵訓練を受く。

同三年三月久光公に従い上京した。十二分に準備したのだ。本件、宮内省に提出した「大迫家系譜」に記載がある。

第七項　北垣国道（筆者の曾祖父）も伏見街道の戦いへ

慶喜の「使い走り」は、伏見街道にも差し掛かった。ここは、長州藩が待ち構えていた。鳥羽街道の銃声を聞くと、長州藩は襲い掛かった。筆者は、現地を訪問して事実関係を確認した。

この時、筆者の外曽祖父北垣国道（後の京都府知事、京都疏水の推進者）は、長州藩旗下鳥取藩兵として御所に詰めていた。鳥羽街道や伏見街道方面から銃声を聞き、鳥取藩兵とともに駆け付け、長州藩の指揮下に入った。

爾後、山陰道鎮守府、北陸道鎮守府会津戦争を経て鳥取に凱旋した。ここで念願の武士（鳥取藩士）になった。

第八項　勉強不足の「徳川慶喜」

再度述べるが、武士は土地を所有していなかった。武家政治が始まった鎌倉時代からである。土地から上がる毎年の米に対する課税（税米）権利だけをもっていた。この権利を実行するために武力で生産者（農民）を守ってきたのだ。

この事を知っていれば、徳川慶喜が天皇から「封土を納めよ」と勅旨（薩摩の策略）を受けても、「土地は、これを所有しておりません」と開き直れば良かったものを。不勉強の慶喜。実際は偽りの勅旨だったのに。繰り返す。勉強不足。

第九項　愚か者「徳川慶喜」

「本当ですか?」と天皇に聞くべく、使い走りの小隊を上京させた。何という浅薄さよ、幼稚さよ。愚か者よ。知恵者、薩摩にまんまとしてやられた。

明治になって各藩主に土地を天皇命で上納させたか？　上納したのは、徳川宗家だけだったぞ。江戸の城、それを守る大名屋敷と武家屋敷。愚かな慶喜。まんまと薩摩の謀略に嵌ってしまった。繰り返す。「愚か者、徳川慶喜！」。旗本八万騎が消えてなくなった。愚か者。

――操人形の「徳川慶喜」

策略に長けた薩摩藩。その策略により、京で将軍後見職からそのまま十五代将軍になった。薩摩の人質となり、江戸に帰してもらうことなく、京で将軍としていい気分で采配を振った。愚かな征夷大将軍。徳川幕臣の子孫としての筆者は、徳川慶喜に「懴念」を抱く。

第十項　人でなし徳川慶喜：贅沢三昧の「余生」を送る

毎年静岡市で、慶喜の旧宅と称する「浮月楼」で幕府旗本子孫の会、咸臨丸子孫の会等々徳川幕臣等子孫の会が集まって徳川御宗家徳川恒孝さまご臨席の下、大会が開催される。

筆者も一度出席したが、慶喜の子孫と称する人物も御宗家徳川恒孝さまと並んで参加した。

このことを知った筆者は以後、参加を見合わせている。不愉快なのだ。幕府を薩摩に売っただけではない。静岡に移住した後、生活に苦しむ旧幕臣を尻目に、多くの妾を囲い、贅沢三昧の生活をしていた「ひとでなし」と。筆者の慶喜に対する「懴念」は大きい。

第十一項　見義不為無勇也

再度述べる。傷ついた幕府の兵士は最寄りの淀城に助けを求めた。筆者は、敗走する兵士の道を車で辿って淀城を訪問した。説明板を見た。城門を閉ざして入れてくれなかったと書いてあった。

筆者は淀城にどんな事情があったか知らない。しかし、傷ついた兵士のことを思うと胸が痛んだ。力尽きて城門前で倒れた兵士も多かっただろう。

「義を見て為さざるは、勇なきなり」。淀城に「勇」気は無かったのか？　人道主「義」は無かったのか？　武士道はどうなっていたのか？　城内に武士は居なかったのか？　ことほど左様に幕末には、徳川幕府にさえも「非武士」が居たのだ。憐れむべし徳川幕府。「愚者」慶喜を将軍に戴く徳川幕府。

第十二項　英国領事ハリー・パークスと徳川慶喜の密約

西鋭夫先生によると、鳥羽伏見戦争の直後、英国公使ハリー・パークスは、仏国公使レオン・ロッシュとともに大坂城の徳川慶喜を訪問した。

パークスは言った。「命の保証はするから、江戸城を明け渡せ」と。英国にとって内戦が終了した後の日本支配のために無傷の江戸が必要だったのだ。

――榎本武揚の「讐念」と「復讐」

慶喜は、パークスと別れたその足で大坂湾に飛び、開陽丸に飛び乗った。艦長の榎本武揚は不在だった。しかし慶喜は士官に出航を命じた。そして江戸へ戻った。

慶喜にとって将軍就任以来、初の江戸城だった。それはどうでもよいが、開陽丸艦長の榎本は怒った。船長の権限は船上においては絶対であり、それが侵されたのだ。慶喜に対して強い「讐念」を抱き、「復讐」を誓った。もう、慶喜のことは上司ではない。そう決断した。

これが榎本艦隊の「脱走」である。榎本としては脱走した積りはない。上司が居ないので船のことは船長が決める。単純にそういうことだった。

第十三項　占領後のインフラ（東京）

話が飛ぶ。大東亜戦争においても、米国爆撃機は皇居の周辺は爆撃しなかった。進駐米軍にとって必要だったのだ。また都心に近い高級住宅地も爆撃しなかった。

有賀光豊（筆者の外祖父）は、世田谷区北沢に敷地一千坪（二十部屋）の豪邸を構えていた。空襲に遭遇せず、喜んでいたが、間もなく進駐してきた米軍に接収されて将校家族の宿舎となった。

―― 公職／農地の剥奪

加之、(しかのみならず) 光豊は進駐米軍によって「公職追放」と「農地解放」の罰を受けた。長野県上伊那郡南箕輪村「一番」の大地主だったが、それを取り上げられて失意の内に胃癌を罹病し、追放の三年後に憤死した。

ついでにいう。田邉多聞 (父) もこの時、公職追放を受けた。朝鮮総督府の局長を拝命していたことが理由だ。「讐念」に燃える父から、マッカーサー批判をさんざん聞かされた。

第十四項　天皇を人質に取る占領軍

話を明治初期に戻す。西鋭夫先生によると英国は、大使館を江戸城 (皇居) の正門 (半蔵門) を出たすぐ右側に確保した。ここは、「番町」といって江戸城を守る最前線、旗本「五番」組の屋敷町だった。

また英国の協力によって敷設された鉄道は、横浜から新橋に至る。新橋は、江戸城 (皇居) の横腹に当たる。これは天皇を担保に取られたようなもの。不穏な動きがあれば、横浜から英国の軍隊が皇居に迫る。

―― 国民の尊王

勤皇の志高い日本人は、天皇を担保にとられると脆い。このことは、大東亜戦争後に証明された。「天皇がどうなっても知らんぞ」と脅かされて米国「製」新憲法を飲まされた。

話もどって英国大使館の位置といい、「汽笛一斉新橋を」の位置といい、英国は、天皇を担保にとって日本の政治中枢に影響力を確保したのだ。以上のこと、西鋭夫先生による。

第十五項　江戸開城と「徳川四人組」の徹底抗戦と「京都疏水」

さらに話を「戊辰」にもどす。江戸に帰った徳川慶喜の前で江戸城「明け渡し」会議が開催された。席上、勘定奉行小栗上野介忠順と勝海舟の間で論戦が交わされた。

小栗は「徹底抗戦」を主張した。しかし、英国パークスと密約を交わした慶喜が動く筈がない。田邉太一（筆者の曾祖叔父）は、幕閣の一角「目付」に昇進してこの御前会議に臨み、小栗を支えた。しかし、論敗れて「二人」は下城した。

――函館五稜郭

この時、太一の同志榎本武揚（太一の遠い姻戚）と荒井郁之助（太一の義兄）は幕府海軍を率いて江戸湾から慶喜の指揮を離れて対薩長「徹底抗戦」の構えにでた。幕府陸軍大鳥圭介（荒井の契義兄）もこれに合流した。榎本、大鳥、荒井の三人は北海道函館五稜郭に籠った。

田邉太一は下城後、その足で横浜に潜み、榎本等へ外交的支援をした。英国と密約を交わしていたフランスは、脱走榎本軍を支援した。田邉太一は、英仏の間の密約など知る由もなかった。

――脱走軍ではない

最近、西敏夫先生のウエブセミナーを聴いた。函館五稜郭紀行だった。展示館を御覧になった先生は言われた。「脱走軍と書いてある。これに違和感を受ける」と。

よく言って下さった。慶喜の非道・無能はすでに「さんざん」書いた。幕閣に諮ることもせず、リーダーの役目を放棄した。その慶喜の下で脱走などあり得ない。リーダーに代わって徹底抗戦したのだ。船上の事は船長が決める。これは国際ルールだった。

武士の棟梁（慶喜）は、薩長の策略により、敗走して臣下を捨てて江戸に逃げ帰った。その江戸でも臣下を捨てた。捨てられた臣下（幕臣）は、薩長軍に「徹底」的に「抗戦」した。何が「脱走」だ。西先生に感謝。

「義」は、徹底抗戦した幕臣にあった。その幕臣軍である。脱走軍などと呼んでは困る。だれが、脱走軍と言ったのか？　上野彰義隊も脱走軍か？　薩長軍と戦った会津藩も脱走軍か？

勇気ある徹底抗戦を仕掛けた榎本、荒井、大鳥、そしてこの三人を支えた田邊太一。脱走軍と呼ばれる筋合いにはない。西先生に感謝。「よくぞ、言ってくださった」。

――脱走、幕府海軍と京都疏水

しかし榎本海軍に関しては、「脱走」という言葉を甘んじて受けよう。榎本艦隊が江戸湾を脱走した。幕府海軍の総責任者でもなかった榎本武揚、荒井郁之助。操艦技術を持っていることが強み。よくぞやった。

薩長海軍にくらべて圧倒的に強力だった幕府海軍（開陽丸を旗艦とする軍艦八隻）を、何ゆえに無傷で薩長に引き渡さなければならないのか。よくぞ脱走してくれた。

榎本と荒井は、幕府長崎官軍伝習所の一年先輩後輩だった。田邊太一は、荒井郁之助と同期だった。そして荒井の義弟だった。

脱走に当たって榎本、荒井、田邉太一の三人は話し合った。役割分担した。前述の通り強い「讐念」を抱く榎本と荒井は艦隊を率いて北海道へ、田邉太一は横浜に潜んで外交交渉を。そして別れた。

そして荒井の契り義兄弟大鳥圭介が途中（仙台湾）で便乗することも必然的な流れだった。四人で脱走したのだ。脱走、幕府海軍だったのだ。

話が飛ぶが、榎本と荒井が脱走してくれたおかげで「京都疏水」がある。これが本書の重要な筋書きである。風が吹いて桶屋が儲かるではないが、榎本・荒井が幕府海軍を率いて江戸湾を脱走して京都市の今日の繁栄がある。

――暴風雨による全滅

ところが、小型台風（低気圧）に襲われ、全艦隊八隻が沈没した。これで終わった。後、荒井郁之助は「台風に負けた」との反省に立ち、気象学を起こして初代中央気象台長（現気象庁長官）となった。我が国気象学の祖を崇める。

――武士道：戦争のルール「腹切り」

海軍を失った後の函館軍に話を戻す。古来、戦争に負けた側のリーダーは、腹を切って自刃し、戦争が終結する。戦闘員は責任を問われない。これが「武士道」である。我が国の美学である。武士は常に「美しく死ぬ」ことを人生の目標にして生きていた。八百年来の武家の家に生まれた筆者は、よくわかる。

因みに言う。同じく武士の子孫という意識の強かった父、田邉多聞は東条英機の末路を「武士ではない」と切り捨てた。戦陣訓「生きて虜囚の辱めを受けず」に決裁署名したのは誰か？　と、GHQ公職追放中の父は、一刀両断に切り捨てた。

話もどって武士の榎本、荒井、大鳥の三人は、腹を切って終わりにしたかった。しかし薩長軍には武士道が通じなかった。鳥羽伏見の戦いと上野彰義隊の戦いを見て知っていた。捕らえられた近藤勇は斬首された。武を捨て帰農した小栗上野介は、執拗に探し出されて斬首された。こんな「非武士」薩長軍である。三人が腹を切っても部下の兵士が助命される見通しはない。

そこで三人は相談した。「部下の全員助命を条件として薩長軍に身柄を預けよう」と。「全員の無事を見届けよう」と。「見届けた上で腹を切ろう」と。これこそ武士ではないか。

――土方歳三と観光

函館戦争に後からきて参加した土方歳三と前項の三人は、異質の人間だった。「三人」幕臣だった。旧幕府の艦隊を率いて五稜郭へ来た（大鳥は途中で合流）。

一方土方は、新選組の前歴があるので「助命」される望みは全くなかった。同志、近藤勇の流山（現千葉県流山市）における「斬首」を見ている。いわば、「死に場所」を求めてきたのだ。

だから、部下の兵士を扇動して突撃し、「死」に急いだ。その際、部下の兵士を道ずれにした。こんな土方は武士ではない。もっとも元来、武士ではなかった。近藤勇と同様。江戸時代は農民だった。

――単純な土方人気

古来、討ち死にしたリーダーが持て囃されている。非業の死をとげたリーダーが高く評価されている。良い例は、「義経」伝説である。

五稜郭でも同様だった。土方は、五稜郭軍の実質リーダーではないにも拘わらず。現在の五稜郭に欠かせない人物なのだ。

五稜郭は観光用なのだ。筆者も観光で訪問した。土方の何千倍もの社会貢献をした「三人」の展示が少ないことに落胆した。

近接して建設されたタワーが「観光用」を物語る。歴史をゆがめても観光優先なのだ。繰り返す。非業の死を遂げた人物が「観光」では必要だ。「観光用」は、西鋭夫先生が指摘された。

――徳川四人組

薩長に「徹底抗戦」した田邉、榎本、荒井、大鳥の四人は、地縁（神田）・血縁（姻戚）・職縁（幕府昌平黌と幕府陸海軍）で強く結束した同志だった。これを「徳川四人組」と呼ぼう。

――「讐念」と「恩念」

話が一気に明治中期に飛ぶ。この「徳川四人組」は、一致団結協力して田邉太一の兄の子、田邉朔郎（祖父）を、「恩讐」を超えて倒幕「生野の変」の首謀者北垣国道に売り込んだ。国道は、京都府知事として京都復興のための京都疏水を計画していた。このこと、第一部「疏水建設物語」で述べた。

第十六項　美学なき「非」武士道の戦い

再度話を幕末に戻す。幕臣田邉朔郎（筆者の祖父）は、上野彰義隊戦争において住居を焼け出された。民家が焼かれたのだ。しかしそれはまだ許せる。しかし以下は許せない。

薩長軍は、幕府軍死者を放置し、埋葬を禁じた。薩長軍の総指揮者は、大村益次郎。医師の家の生まれで武士教育は受けていなかった。だから武士道を知らなかったのだ。

また兵士も北垣国道（外曽祖父）のような武士以外が多かった。西鋭夫先生は、「美学の国を壊した明治維新」と言われるが、勝者が武士ではないので「美学」などは知らなかったのだ。

第十七項　当てが外れた英国：空の金蔵

――早期の敗戦

前述したＪＭ商会は、その長崎支店のグラバーを通じて米国南北戦争で不要になった最新式銃二十万丁を薩摩経由長州に供給した。武器の差によって内戦はあっけなく終わった。

――お金の出所

戦争には「お金」が必要。武器調達資金は、（ＪＭ商会傘下）グラバー商会が立て替えた。誰がその巨額の資金をグラバーに出資したのか。ＪＭか、ロスチャイルドか、英国政府か、ＨＳＢＣか。その全員だろうと西鋭夫先生。薩長が勝つと確信していなければ、出資しない、と。

――江戸城金蔵

薩長軍が圧勝したのはよいが、「戦利品」は無。江戸城「金蔵の金」は空っぽ。幕末の不平等な金銀交換比率条約によって英米に吸い取られてしまった。ちなみに言う。流出した金が、米国の内戦（南北戦争）における勝者「北軍」の資金となった。

直接的に立て替えたグラバーは、資金回収ができず、明治になって倒産した。日本の内戦はもっと長引くと予想していたのだ。結果として、ＪＭ、ロスチャイルド、英国政府、ＨＳＢＣ（現在の言葉でいうと「国際金融資本」）。

——信用度の高い日本「国際」

結果として薩長軍は、当時の「国際金融資本」に大きな借財を遺したのだ。そして、踏み倒されるような国際金融資本ではない。以来、薩長軍事政権は英国系国際金融資本の支配下にはいった。この枠組みの中で（話が飛ぶが）日露戦争の勝利につながった。因みに紹介しよう。日露戦争の借金は、一九〇〇年代の末期に完済した。約百年も掛けて返済した。先の大戦下でも返済を続けた。なんという「律儀」な国だろうか。日本の国際の信用度が高いことが頷ける。

第十八項　「若いお兄ちゃん」クーデター大成功

十六歳の明治天皇から、畏れ多くも「王政復古の大号令」を賜り、英国の支援の下で倒幕戊辰戦争という武力クーデターに勝利して政権奪取した。しかし御一新ではなく、軍事政権の交代に過ぎなかった。

図1を見てほしい。この図の説明は不要であると考えた。説明なしで分かっていただける。以上述べた経過を再度たどってほしい。その上で「図」をじっくりと見て欲しい。

第三章　新政権黎明期（図2）

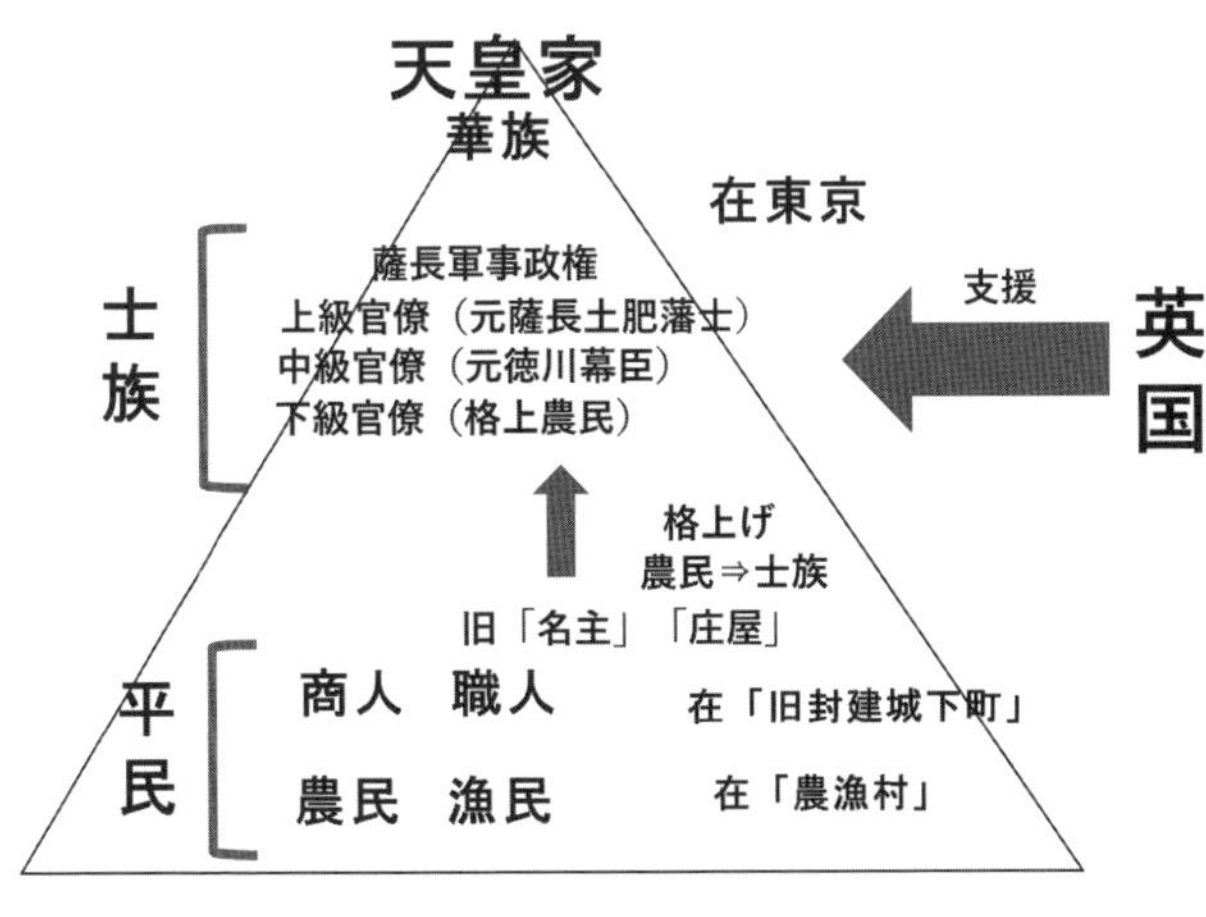

図2　新政権黎明期

前第二章で述べたように、政権交代は成功した。

第一節　薩長軍事政権の誕生

英国のお陰で無傷の江戸を手に入れた薩長軍は、「上野彰義隊の戦い」や「会津の戦い」により、徳川幕府勢力を一掃した。しかし江戸の庶民は薩長軍に冷たかった。

第一項　天皇の拉致

そこで薩長軍は、江戸庶民を抑えるべく畏れ多くも明治天皇を江戸へ「拉致」申し上げ奉った。これは安徳天皇を「壇ノ浦」に「拉致」奉った平家以来の「暴挙」であった。以後、天皇の権威の下で薩長軍はやりたい放題をやった。以下の①から⑤である。

①　廃仏毀釈

天皇の権威を高めるという（浅はかな）考えによって仏教を排除した。天皇の権威を知らない田舎侍の仕業であって筆者は腹が立つ。

②　廃藩置県

武力を背景として天皇の命により大名を廃止し、薩長新政権が「代官（県令）」を派遣して税米を徴収した。これを「藩を廃して県を置いた」という言葉でごまかした。

③　武士廃止

戊辰戦争において、最新式銃砲を携えた「農民」は武士を圧倒。薩長は、役立たずの「武士」からその身分を剥奪し、役に立つ農民の一部を「新武士」とした。戊辰戦争後に定められた「士族」に登録された元農民の大地主のことを言う。

この身分政策は、大地主にとっては「棚からぼた餅」だった。これにより、土地を持たない武士は没落し、土地を持つ新武士が興隆した。

有賀光豊（筆者の外祖父）は、信州伊那の農民地主の家に生まれたが、「士族」として登録され、（江戸時代からの）武家だったような顔をして振舞った。新武士の典型であった。

④　下級藩士

戊辰後に廃止された大名に対する代償として「華族」の称号を創り、公家と同格に扱った。これは未だ許せる。しかし、この華族の中に、薩長要人「若いお兄ちゃん」も含めた。これは許せない。戦争して貴族になるのか。鳥羽街道の戦いで幕府軍に鉄砲を射かけた薩摩の大迫尚敏（筆者妻の曽祖父）も（華族「五段階」の下から二番目）子爵になった。これは「許容」できない。

⑤「使い捨て」

政権交代初期には、徳川の旗本（官僚）を使用せざるを得なかった。しかし、（後述する）新官僚を養成した後、馘首した。田邉太一（筆者の曽祖叔父）も外務省を馘首された。許せない。

第二節「攘夷は方便。開国するよ！」

政権奪取後に薩長は言った、「攘夷は方便だよ。開国するよ」と。首脳部が明治早々、海外事情調査に出かけた。岩倉遣米欧使節団である。この時、田邉太一は、使節団の一等書記官筆頭（書記官長）として随行した。

第一項　不平等条約改正

「弱腰の徳川幕府が締結した日米友好通商条約を改正させるぞ」と、使節団は威勢よく出発した。ところが、米国において「けんもほろろ」に扱われた。

「国力、すなわち武力をもっていない国とは対等な付き合いはできない」と。武力の源泉は、工業力。その源泉は工学だと知った。

第二項　工部大学校（東大工学部前身）誘致の成功

米国を出発して予定通りヨーロッパに赴いた。伊藤博文（副団長）は「長州ファイブ」時代の縁を辿ってJM商会のマセソンに面会し、「工学を教えてくれ」と懇願。

マセソンは、グラスゴー大学の（熱力学工学の大家）ランキンを紹介してくれた。田邉太一も同行し、会談は成功した。伊藤博文は、新進気鋭の教授、約二十名を日本に招聘し、工部大学校（東大工学部の前身）を設立した。前述したように田邉朔郎（祖父）は、この大学「熱力学」を習得して「水力発電」により成功した。

第三項　条約改正／鹿鳴館／田邉花圃（朔郎の従妹）／樋口一葉

条約改正のこと、つづける。これは新政府の悲願。井上馨が外務大臣の時。日本人が外国人と対等に交際できる場、「鹿鳴館」を設立した。

田邉太一が元老院議官の時。その娘田邉龍子（後に花圃）は鹿鳴館に出入りして「花」と謳われ、ここを舞台に小説『藪の鶯』を書いた。

明治における女流小説作家の第一号となり、刺激された年下の「萩の舎」塾同窓生、樋口一葉が花開いた。田邉花圃は後に、三宅雪嶺と結婚して三宅花圃となった。

第四項　英国が惜しみなく教えてくれた工学

―熱力学工学

話を戻す。徳川時代、関孝和の「数学」など科学が発達した。しかし工業のベースとなる熱力学はそもそも、その発想がなかった。

だから、品川沖でペリーの蒸気機関駆動の軍艦を見て驚いた。蒸気機関で製造した「鋼製」大砲に。これらは英国で興った（第一次）産業革命の賜物だった。

―工学の発祥

蒸気機関によって水没して廃坑となっていたスコットランドの炭田が蘇った。だからスコットランドのグラスゴー大学において蒸気機関の周辺学問（熱力学）が大成され、これを中心として「工学」が発展した。

―最高の工学

英国は、この工学を教えてくれた。ロシアの南下を日本列島で阻止したいと考えたのだろうか。惜しみなく教えてくれた。もちろん、巨額の対価を支払った。

日露戦争直前にロシア参謀アダバスチは命を受けて日本を偵察した。京都疏水「船下り」に乗って第一期工事の成功を確認し、田邉朔郎に面談して第二期工事の計画も知った。帰国後復命した。「日本は工学が優れているから侮るな」と。その通り、日本は工学でロシアを圧倒した。英国のお陰だ。

第五項　田邉朔郎と「熱力学」

この大学で田邉朔郎は、英国人教授から直接英語で「熱力学」「工学」を習得。卒業後に任された京都疏水の工事において、熱力学の知識に基づいて水力発電への変更を提案した。東京遷都で衰退しつつあった京都の復興が成り、現在京都市の恩人の一人と崇められて京都疏水の畔に銅像が立つ。このこと繰り返す。

第四章　新政権確立期（図3）

第一節　薩長「自前」文系人材の育成

前第三章において書いた。まず（田邉朔郎などの）理系人材の育成を急いだ。これが明治になって「急速」に「文明開化」した秘密だった。

残る薩長の課題は、旧徳川幕臣に頼っていた（外交官田邉太一などの）文系人材を自前で育成す

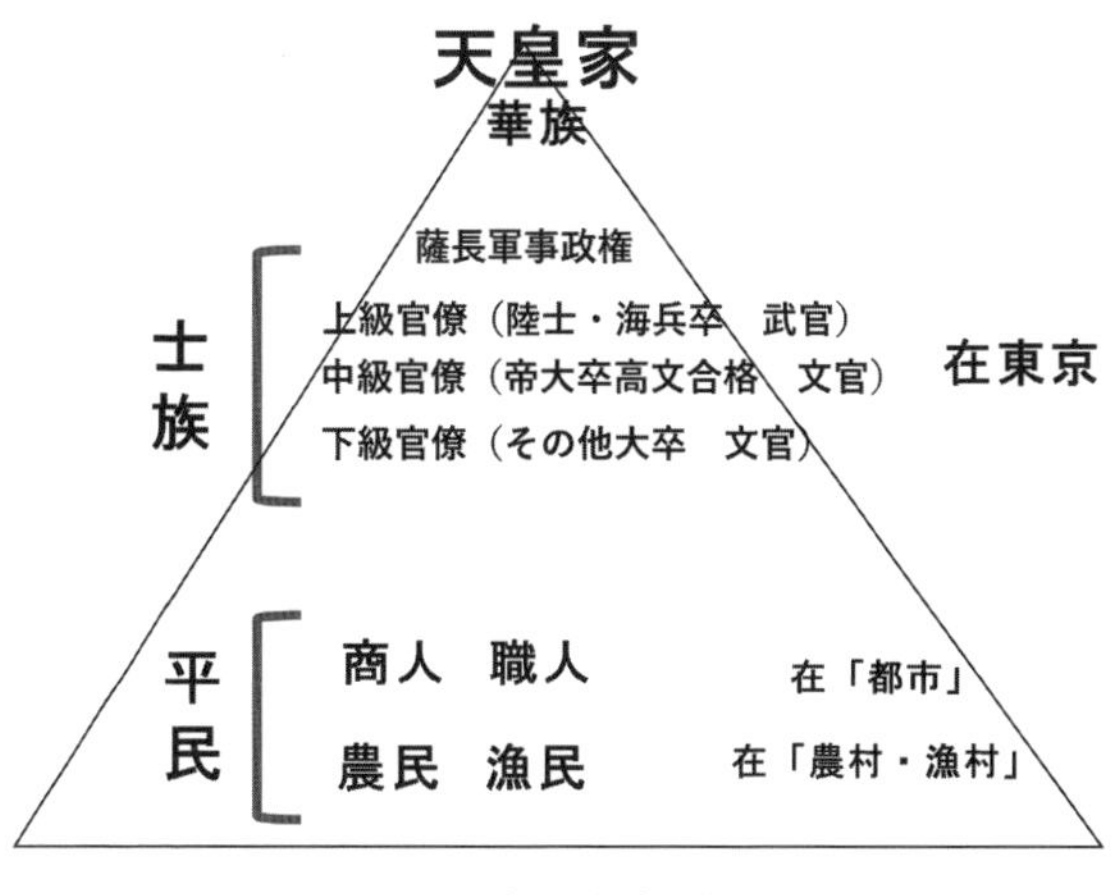
天皇家
華族
薩長軍事政権
上級官僚（陸士・海兵卒　武官）
中級官僚（帝大卒高文合格　文官）
下級官僚（その他大卒　文官）
士族
在東京
商人　職人
在「都市」
農民　漁民
在「農村・漁村」
平民

図3　新政権確立期

ることだった。その目的をもって帝国大学法科大学（法学部）を設立した。

原型は、旧徳川幕府の昌平黌であり、これを引き継いで設立した。さらに、昌平黌「学問吟味」に倣って「高等文官試験」を開設した。資力、体力があり、頭脳明晰であれば、士族、平民の別け隔て別なく入学できた。

第一項　文官と武官

新政権は「軍事政権」であるから、最上級の官僚は武官。だから、帝大卒文官よりも陸大・海大卒武官の方が上だった。このことは東京帝大（法）卒高文合格のエリート文官、田邉多聞（父）からその実感を聞いた。

確かに、明治から昭和の敗戦まで首相の七十五％が軍人だった。そして陸海軍の大将、とくに陸軍大将が朝鮮総督から総理大臣となる。これが、定番の出世コースだった。これも父親から聞いた。父は、内務省に入省した朝鮮総督府の高級官僚だった。

第二項　旧幕臣官僚の使い捨て

新たに育成された文官の「登龍」により、明治中期には徳川旧幕臣文官は「用済み」となって馘首された。田邉太一（曽祖叔父）も、外務省を馘首された。使い捨てにされたのだ。

第五章　新武士の台頭と凋落期（図4）

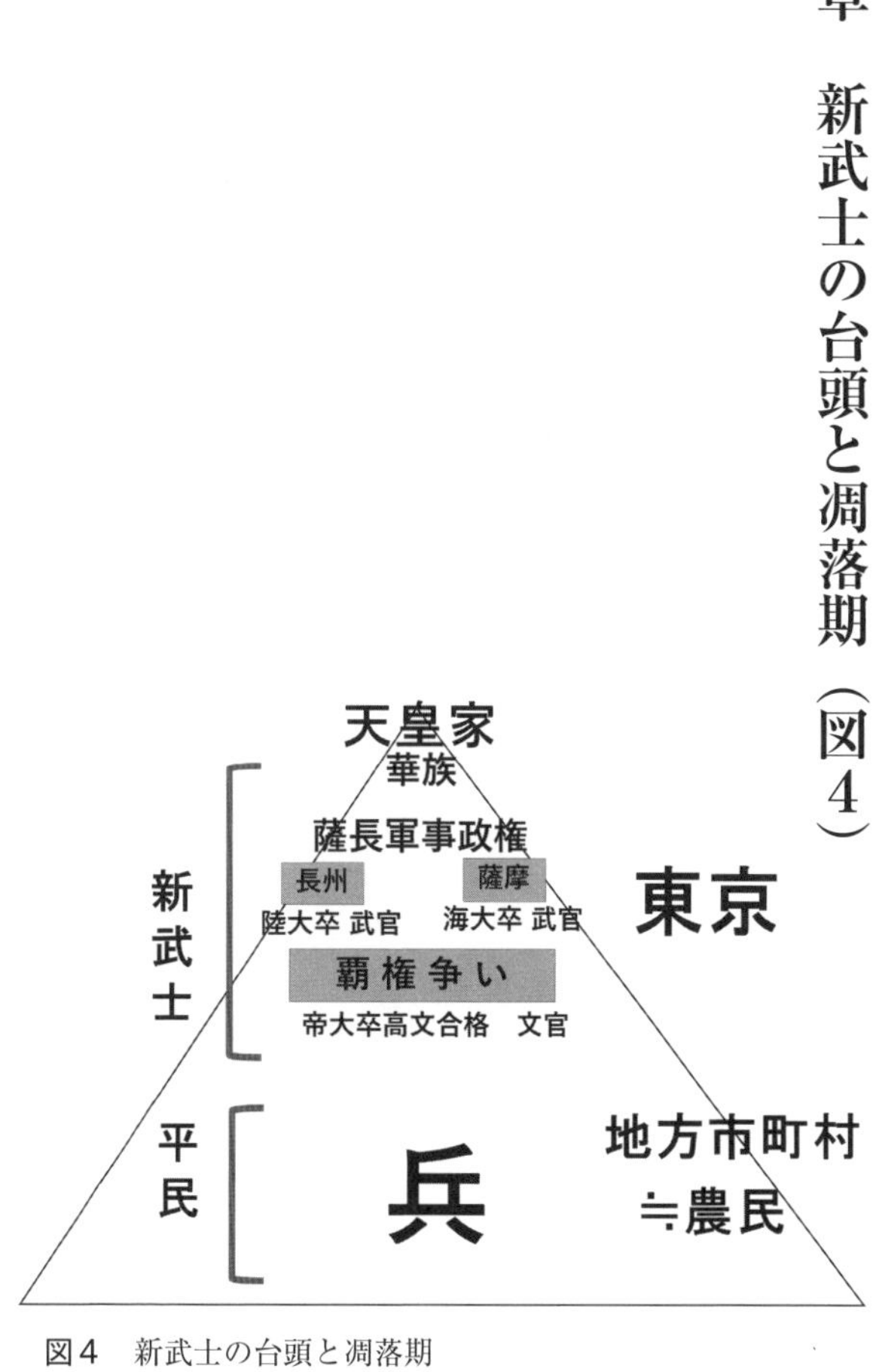

図4　新武士の台頭と凋落期

第一節「名主・庄屋」

第一項　収入面の待遇（八百石）

天領（徳川幕府の直轄地）にあっては、農民の「名主・庄屋」が「田圃（たんぼ）」を所有し、この田圃を米の生産者に貸し与えていた。この生産者のことを「小作」という。

「名主・庄屋」は、江戸に住む将軍や旗本から派遣される「代官（武士）」に代わって小作人の生産高を査定し、代官経由で税米を納入していた。なお名主と庄屋は同じであり、「東」と「西」で呼称が異なった。

納入高は、俗に「四公六民」という。民の中に「名主・庄屋」の取り分が含まれていた。だから、「小作者」の目から見ると「五公五民」が正しい。

筆者の母方祖父有賀光豊の家は、信濃の国、「天領」伊那の「名主」だった。大きな米蔵があった。毎年の上がりは、年二千俵（八百石）だった。

一方、御家人田邉家は、八十石の現米（将軍様から頂く現物の米）取りだったから、十倍もの年収だった。徳川家「下級武士」の十倍なのだ。

曾祖父北垣国道の家は、但馬の国、「天領」養父の「庄屋」だった。正確な収入額は把握していないが、独力で「倒幕の志士」を演じるだけの収入があった。

現在、両家の屋敷は保存されている。有賀家は「子孫」が保存の労をとり、北垣家は「養父市」がその労をとってくださる。

第三項　外見上の待遇（名字／帯刀／門構え）

幕府から「名字」、「帯刀」、「門構え」をゆるされていたので「外見上」武士と区別がつかなかった。だから便宜上、「郷士」と呼称されることはあった。しかしあくまでも身分は「農民」だった。有賀家と北垣家にその典型を見る。

第二節　名主・庄屋が「新武士」へ

明治になって「名主・庄屋」は、旧武士と並んで「士族」に登録された。この事はすでに述べた。一方、武士由来の「士族」は、その多くが没落した。

なぜなら急速な生活環境の変化について行けず、生活が成り立たなかったのだ。「武士の商法」という言葉は、「失敗」の代名詞ともなった。

ところが、名主・庄屋由来の「士族」は、興隆した。なぜなら、土地をもっていたからだ。これを「新武士」と呼ぼう。

第一項　武士への「高い壁」

江戸時代、武士身分と下位身分との間の壁は厚くて高く、この壁を乗り越えることは至難の業だった。よく知られた武士、新選組の近藤勇。京都時代は、武士ではなかった。それが戊辰戦争となり薩長軍を迎え撃つ段階になってやっと幕府の武士に取り立てられた。しかしその時、幕府の実態は存在しなかった。

有名な渋沢栄一も武士ではなかった。徳川慶喜に引き立てられて武士（旗本）になった。北垣国道も武士ではなかった。戊辰戦争が終わって鳥取藩に帰参した際、戦功によって念願の武士（鳥取藩士）に取り立てられた。近藤勇、渋沢栄一、北垣国道の例は、「例外」であった。

第二項　武士への「抜け道」

一方、抜け道もあった。徳川幕府における「御家人『株』買い」である。将軍様にお目通りできない下級武士をお目見え以下という。事情は多々あろうが、「もう武士の身分は不要」と考える御家人が居た。そんな御家人が身分を金に換えた。

結果として武士の数は増加しなかった。だから幕府も不問に付した。目を瞑ったのだ。おそらく買った側が有能な人材であり、幕府も損にはならなかったのであろう。なお、朔郎田邉家も御家人であり、相次いで養子を迎えることにより、家を繋いだ。

第三項「名主・庄屋」の由来

太古からつづく地侍。これが回答である。名主有賀家は、諏訪一族の「地侍」、そして庄屋北垣家は、開化天皇の末裔を称する「地侍」だった。

第四項「小作」は「分家」

祖父有賀光豊の有賀家の「小作」は、明治になって「有賀」を姓にした。江戸時代は名字を禁止されていたのだ。届け出の際に「有賀」を届け出るのは自然の流れだった。

それまでは、「屋号」が名字の代わりに識別のために利用されていた。そして光豊有賀家は「本家」そして小作は「分家」という認識だった。この認識でお互いに幸せだった。

第五項　八紘一宇

名主・庄屋と小作は、一つの屋根の下の家族という認識で生きていた。有賀光豊の母親「謹子」は、近所の小作を集めて新聞を読んであげることを日課としていた。

『日本書記』によれば「八紘一宇」、すなわち、日本全体が一つの屋根の下の家族であるから、その末端組織名主・庄屋／小作だったのだ。

第六項　地域住民の助け合い

話をもどす。信濃の国伊那の「名主」有賀家は、年収八百石をもって小作地域を流れる「天竜川」の堤防工事や生活用水確保のため、伊那谷中央アルプス東山麓扇状地「横井戸（まぶ）」として知られる地下水利用設備の掘削と維持など、他の「名主」と応分に負担・協力して村の公共基盤の整備をしていた。

現在の「国」任せ、「市町村」まかせとは違う。この仕組みによって地域住民の助け合い活動が円滑に実施されていた。

第三節　「新武士」の興隆

第一項「棚ぼた」の名主・庄屋

農民の「名主（関東）・庄屋（関西）」は明治になってから、旧武士と並んで「士族」に登録された。これを「新武士」と呼ぼう。

新武士は土地を私有していた。だから戊辰戦争後、武士は没落したが、新武士は労せずして興隆した。その典型を祖父有賀光豊（名主）と、曾祖父北垣国道（庄屋）に見る。

両者とも土地の所有権を持っていた。ここが武士とは異なる。だから、薩長新政権下では有利に活動できた。その結果、北垣国道は枢密院顧問官男爵に、有賀光豊は勅撰貴族院議員に成り上った。土地を所有していなかった「旧武士」との格差が著しい。

第二項　北信の「小坂」、南信の「有賀」

有賀光豊は、かつてこう呼ばれたことがある。小坂順三は、現在の超一流会社「信越化学工業」の創始者。一方、南信の有賀と呼ばれたころの有賀光豊は、高周波重工業社長を務め、かつ、勅撰貴族院議員だった。長野県出身実業家の出世「双頭」だった。

確認していないが、小坂家も有賀家と同じような「名主」だったと推定する。そうでないと、事業は起こせない。小坂家は長野県北部において水力発電を利用して化学肥料製造事業を起こしたと聞く。

対する有賀家は、大蔵官僚から特殊銀行頭取となり、（土地をもっているので）自ら出資して朝鮮半島北部で水力発電を利用して特殊鋼製造のための高周波電撃製鉄業を起こした。特殊鋼は、戦時需用と相まって大発展を遂げた。

——有賀光豊と小坂順三の旧邸

因みに紹介する。昭和十二年、世田谷区瀬田に建設された小坂順三邸は現在、世田谷区が所有しており、区は有形文化財に指定し、区民の散歩用として一般公開されている。

一方昭和七年、世田谷区北沢四丁目八番六号に建設された有賀光豊邸は現在、ある法人が所有しており、「一軒家・豪邸」の「ハウススタジオ」として活用されている。

第四節　新武士の没落

第一項「ぼた餅」を取り上げられた有賀光豊

成り上った新武士の家は、大東亜戦争敗戦によって没落した。北垣国道の子孫は、「男爵」を取り上げられた。有賀光豊は、日本の敗戦によって朝鮮半島で起こした大工場を取り上げられ、その他の資産も朝鮮半島に遺したまま日本に引き揚げた。

さらに生存中「占領米軍による公職追放」、「同小作地の取り上げ（農地解放）」、そして「住居召し上げ（占領米軍将校の宿舎に転用）」を加えて「四重苦」を架せられ、そのストレスによって胃癌を発病し、失意の中で憤死した。

第二項　日本高周波鋼業株式会社

有賀光豊が起した高周波重工業（株）の（日本）富山工場は、日本高周波鋼業（株）として生き残り、光豊の長男有賀光則が引き継いだ。

ところが、製品原価の中の電力費が多く、また特殊鋼の戦時需要が無くなったので経営破綻の瀬戸際に追い込まれた。

社長光則には大きなストレスがかかった。そして膵臓癌を発生して亡くなった。光豊／光則と相次いで「敗戦」という大きなストレスによって「癌」を発生したのだ。

しかし富山工場は特殊鋼の先駆者として現在、評価されて神戸製鋼のグループ会社として生き残っている。

第三項　高周波熱錬（ネツレン）株式会社

有賀光豊が起した高周波重工業（株）は、光豊の次男有賀隆雄が「高周波電撃製鉄」の技術を利用して「鋼の高周波焼き入れ」事業を起こした。焼き入れ製品は、建設資材として順調に伸長し、今日に至る。

第四項　有賀光豊の思い出

前項の二社とも有賀光豊の遺産であり、光豊は草葉（多摩霊園）の陰から、目を細めてみているだろう。光豊の孫の中でも、もっとも朔郎を知っていると自負している筆者は嬉しい。

六歳の時、京城（ソウル）から東京までオール一等室の旅を二人だけでして光豊の邸宅に着き、そこで二か月間毎日、光豊と祖母公子に挟まれ、川の字になって就寝した思い出は鮮明だ。

第五節　薩長の没落

第一項　薩長の覇権争い

戊辰戦争の勝利から大東亜戦争の敗戦まで、首相の七十五％（在任期間）は軍人だった。いわゆる明治維新は、薩長同盟による徳川軍事政権に代わる薩長軍事政権の樹立であり、樹立後、薩長「覇権争い」が始まった。

第二項　「薩」の海軍、「長」の陸軍

大日本帝国「陸」「海」軍と言われるが、指揮命令系統は別々だった。だから、お互いに「先陣争い」を演じた。

第六節　軍人と出世

大日本帝国海軍司令長官山本五十六大将は、米英を敵に回す作戦を立案して成功させた。ハワイ海戦、マレー沖海戦、ジャワ沖海戦等、緒戦の大勝利である。その後、ミッドウェー海戦において大敗北を喫したが、その責任が問われることなく、戦死後に「国葬」という大栄誉を受けた。

第七節　真説・明治維新の悲しい結末

ＧＨＱによる「公職追放」により、まじめに生きていた父親田邉多聞と母方祖父有賀光豊の人生は「こんな筈ではなかった」と終わった。「無念」を抱いたものの、それをもっていき場所がなか

った。だからその「讐念」を子、孫の筆者が引き継いでいる。

第一項　田邉多聞（父）の不本意な人生の終わり

ＧＨＱによる公職追放の中で生きた父親（かつての）「文官」田邉多聞は、真説・明治維新の後遺症のなかで「こんな筈ではなかった」と言いながら、二十五年間生きた。子供として（見ていて）辛かった。ＧＨＱに対する「讐念」は大きい。

――　薩長に対する「讐念」

英国の支援を受けた薩長の「若いお兄ちゃん」が徳川軍事政権を奪取した。そして「薩長軍事政権」を樹立した。

薩長の「お兄ちゃん」は、畏れ多くも明治天皇を利用し奉った。繰り返すが、畏れ多くも天皇を京から江戸へ「拉致」奉り、自らの軍隊を天皇直属の軍隊と位置付けた。こんな薩長の「若いお兄ちゃん」に対する「讐念」はもっと大きい。

第二項　権威と権限の分離：聖徳太子

聖徳太子は、隋の煬帝に宛てた書「日出る処の天子、日没する所の天子に書を致す恙なきや」と十七か条憲法によってよく知られている。しかし、本当の御功績は、「権威と権限」の分離だった。

権限を持てば、必ずひっくり返される。だから天皇から権限を外す。これが太子の御心だった。お陰をもって今日まで世界最長不倒時間の元首を頂く国家が誕生した。

第三項　薩長軍隊の統帥権：大元帥陛下

ところが、薩長「若いお兄ちゃん」軍事政権は、「天皇の統帥権（とうすい）」と称し、「大元帥陛下」と奉り、天皇に権限を持たせた。

天皇の御判断を補助し奉る目的をもって「枢密院」を最高の意思決定機関とし、明治維新に功績のあった「若いお兄ちゃん」を元勲と呼称して天皇をコントロール申し上げた。枢密院の構成員は、元勲を中心とする顧問官であった。

顧問官とは、天皇に対する顧問という位置づけだった。「若いお兄ちゃん」上がりだった北垣国道（筆者の曾祖父）も倒幕の功績により、枢密院顧問官を拝命した。

第四項　突走った薩長

前述のように日露戦争においては、戊辰戦争で「世話」になった英国の支援により辛くも「負け」を回避できた。

さらに親英国アメリカの支援によるポーツマス条約によって「引き分け」が確定した。しかし薩長軍事政権は、あたかも全面勝利したかのように振舞い、その後も戦争に突っ走った。

第五項　戦争と出世

このこと繰り返す。日露戦争に先立つ日清戦争の頃から、（しつこく繰り返すが）軍人に対して爵位を授けることが多用され、「戦争すれば出世できる」という枠組みが創り出された。既に述べた陸軍大将大迫尚敏（妻の曽祖父）への子爵綬爵にその例を見る。

第六項　薩長の覇権争いの結果：自滅

昭和になって「薩」の海軍と「長」の陸軍の先陣争いが激化し、米英を侮って戦争を仕掛けた。嵌められて戦争に乗ったという西鋭夫先生他多くの識者の御調査結果はあるが、出世のために「長」陸軍と「薩」海軍が戦争をしたくて「うずうず」していたという状況証拠は否めない。畏れ多くも天皇を利用し奉り、先陣争いを演じて「自滅」した。

第七項　昭和天皇による収束：ポツダム宣言受諾

満州に百万もの無傷の軍隊を擁してた陸軍は、本土決戦を叫んでいた。このことを憂慮された昭和天皇は、幕引きをお考えになった。

幕引き役として御信頼あそばす鈴木貫太郎海軍大将を首相に起用された。鈴木首相は「薩摩」出身の迫水久常官房長官を指揮してポツダム宣言受諾の工作をされた。

そして八月十五日の「堪え難きを堪え…」なる玉音放送にこぎつけた。このこと、迫水久常著『大日本帝国最後の四か月（終戦鈴木貫太郎内閣「懐刀」の証言）』に詳しい。

筆者は、岳父大迫尚一の葬儀の際に焼香にきた、郵政大臣時代の迫水久常に会った。眼光するどく、近寄り難い品格を備えていた。「さすが！」と感じた。迫水は、大迫尚一の血縁だった。次項で説明する。

第八項　尊王の志高い「薩摩」

焼香にきた迫水久常と筆者の岳父大迫尚一は親戚だった。以下、その関係を詳述する。迫水久常の「迫水」家と、大迫尚敏の「大迫」家と、「黒田」清輝の黒田家は、薩摩藩士の中でも由緒ある家柄であり、代々養子を出したり、嫁入りしたりを続けてきた親戚同士だった。

迫水家に限らず、いずれの家も勤皇の志高く、大迫家も大迫尚敏が第十一代学習院長として畏れ多くも小学生時代の昭和天皇に五年間、御進講申し上げ、大迫から永積家に養子に出た「永積寅彦」は侍従として昭和天皇のお側に八十年間お仕え申しあげた。

さらに大迫尚一の母、筆者妻の祖母大迫せいは、上皇陛下がご誕生になる際にお世話掛かりとして宮中に呼ばれた。御母堂香淳皇后が薩摩藩主の血を受けた方という御縁だった。以後、長らく女官を務めた。

第九項　昭和天皇の御嘆息

敗戦一か月後に、奥日光に疎開中の学習院初等科十一歳の皇太子明仁殿下（上皇陛下）に宛てた御手紙の中で敗戦の理由を述べておられる。誠に畏れ多いことであるが原文のまま引用申し上げ奉る。以下の通り。

「我が国人が　あまりの皇国を信じ過ぎて　英米をあなどったことである

我が軍人は　精神に重きをおきすぎて　科学を忘れたことである

明治天皇の時には　山縣　大山　山本等の如き陸海軍の名将があつたが　今度の時は　あたかも第一次世界大戦の独の如く　軍人がバッコして大局を考へず　進むを知つて　退くことを知らなかつたからです

戦争をつづければ三種神器を守ることも出来ず　国民をも殺さなければならなくなったので　涙をのんで　国民の種をのこすべくつとめたのである

穂積大夫は常識の高い人であるから、わからない所があつたらきいてくれ。

寒くなるから　心体を大切に勉強なさい

九月九日

父より

明仁へ」

………

この御手紙を読んだ時、八十二年間（真説・明治維新）に亘る（英国にけしかけられた若者下級武士による）薩長軍事政権の「愚行」へ強い「怒り」を覚えると共に、万世一系の天皇を戴く日本に生れたことに強い「誇り」を覚えた。

第十項　夏目漱石の予言

日露戦争「勝利」の直後、夏目漱石は著書『三四郎』の中で広田先生の口を借りて予言した。「滅びるね」と。確かに滅びた。が、「滅びた」のは薩長軍事政権だった。

田邉多聞（父）と有賀光豊（外祖父）は、大東亜戦争敗戦によって公職追放を受けた。田邉一族の「真説・明治維新」は終った。

第十一項　不滅の日本

しかし日本は滅びなかった。昭和天皇のお陰、皇室のお陰だった。夏目漱石も、そこまでは予言できなかった。皇国に生れたことに感謝して「宝祚無窮（皇室は永遠）」。

第六章　米国占領軍による日本弱体化政策

真説・明治維新は昭和二十年八月十五日で終わった。ところが、筆者はここで筆を擱きたくはない。確かに昭和天皇のお陰で国体は維持された。

ところが、占領米軍が日本弱体化政策をとった。確かに、占領後約七年後にサンフランシスコ平和条約によって主権を回復した。しかし、約七十年経た現在も「弱体化政策」の後遺症が残っている。この後遺症に対する「治癒」の見込みを書かずして筆は擱けないのだ。

第一節　朔郎田邉家が受けた「苦難」

田邉多聞（父親）は、「朝鮮は日本国」だと言われて内務省から朝鮮総督府交通本局（いわば朝鮮半島の運輸省）に出向し、高等官二等勅任官釜山地方交通局長（国鉄の「大」地方交通局長と同格）を任命されていた。

第一項　エリート層の引揚者

ところが昭和二十年、「日本ではない」と言われて帰国した。いわゆる引揚者だ。父多聞一家五人は、無一文で京都へ帰ってきた。

第二項　京都市局長就任：一瞬の僥倖

嬉しいことには、内務省から京都市電気局長の職を与えられて安堵した。

第三項　ＧＨＱ公職追放による生活苦

ところがそれもつかの間（一年間）、公職追放で職を失った。貯金は、すべて朝鮮銀行券で保有していた。無に帰した。折しも、生活環境は、ハイパーインフレ、「新円切り替え」、「預金封鎖」の時代。

一方、「欲しがりません勝つまでは」と半ば強制され（生活を切り詰めて）買った国債は「只の紙切れ」。母親の嫁入り道具だった高価な宝石類は、国のために供出せよと促されて国に納めた。スッカラカンだった。

第四項　懲罰的ＧＨＱ相続税

追っかけて「高額相続税」の課税を受けた。父「多聞」の父親「朔郎」は敗戦一年前に死亡しているにも関わらず、ＧＨＱは事後法によって課税してきた。これには、物納で乗り切った。その為、朔郎から相続した不動産は、四分の一に減った。

第五項　ＧＨＱ：「エリートは死ね」

ハイパーインフレ。これは供給物資が過度に不足したことによった。多額のお金がないと生活物質は買えない。そして「新円切り替え」、「預金封鎖」によってお金がない。貯金はない。稼ぎはない。

ＧＨＱはどうやって生きろというのか？　死ねと言ったに等しい。「エリート層は死ね」だったのだ。現に配給だけに頼っていた元裁判官が餓死した話が伝わってきた。

一足先に「公職追放」を受けていた母方祖父有賀光豊は、寝込んでしまった。そして間もなく死んだ。追放後二年にして。憤死したのだ。

第六項　行き詰った父、田邉多聞

ある日、父は母美佐子に提案した。帰農しよう、と。信州「八ヶ岳」山麓に農地が農家付きで売りに出ている。ここでコメ等を栽培して自給自足で生きて行こうと。京都の土地家屋と交換しよう、と。

これを聞いた母は驚いた。そして提案した。「京都の物件を手放すと決心されるなら、一部を売却したらどうですか？」と。

具体的には、蔵（現百石斎）の中の金目の品物を売却する。そして売却の道は、美佐子が探す。この方策で十年は生活できる。このような内容だった。父は喜んだ。

第七項　喜んだ父、田邉多聞：「鬱」が晴れた

父は、母美佐子に任せた。現時点で思い返すと、父は、あまりにも大きなストレスを受けていわゆる「鬱病」を発症していたと思う。多分、祖父有賀光豊も「鬱病」だったのだろう。

以来、母美佐子は蔵の中を捜索し、金目になりそうな物を探しだした。筆者も（興味をもって）

手伝った。そして京都市内の百貨店の「委託販売コーナー」に持ち込んだ。これも手伝った。

第八項　朔郎子孫の生き残りと百石斎の保存

田邉多聞の家族が生き残ったのは、実に朔郎夫妻の遺品であった。中には、歴史的価値の高い物品もあった。今から思うと残念である。

しかし朔郎遺品のお陰で朔郎の子孫が生き残ったのだ。そして朔郎に報告して恥じないような工学系の高等教育を受ける事ができた。泉下の朔郎はよろこんでくれている筈だ。

第九項　戦争に負けるということは？　総括

武力によって首都を占領される。政治機能を取り上げられる。これはどういうことか。田邉家は、「真説・明治維新」の中で、二度も味わった。

一度目は「薩長」による江戸占領。そして二度目は、米軍（ＧＨＱ）の東京占領。以下、ＧＨＱがやったことを（影響を受けた）田邉家の視点から詳細を述べる。

第二節　人材の殲滅

第一項　精神の破壊「W・G・I・P」

対日戦争（大東亜戦争）を戦った米国は、日本軍の強さにおどろいた。平均的には、一万人の軍隊は、（一割の）千人が死傷すると、残りの九千人が白旗を掲げて降参する。これを、軍隊の殲滅係数「十％」という。

ところが日本軍の場合、一万人全員が命を捨てて挑んでくる。「殲滅係数は百％」だ。戦闘機も爆弾を抱えて体当たり攻撃を敢行する。兵士は百％死ぬ。米軍は、こんな軍隊に遭遇したことがなかった。

第二項　日本軍の強さは、精神的強さにある

米軍は正しく理解した。そこで、この精神を破壊する手段にでた。W・G・I・P（戦争・贖罪・植付・工作）である。

戦争をした日本が悪かった。日本が戦争をしなければ、世界は平和である。この考えを日本人の脳にインプリンティング（刷り込み）した。

これよって、生き残った日本人から米国に対する「讐念」を奪い去った。残念ながら、「刷り込み」効果は、現在に至るまで機能している。誇りある日本人は「皆殺し」にされた。母方祖父も、父も。

第三項　有能人材の追放「公職追放」

これは、ＧＨＱが日本の「軍国主義者」を追放したという話になっている。しかし実態は日本の「指導層」約二十万人から職業を剥奪したものである。

戦後の生活物資の不足時代に指導層が職を失うことが何を意味するか。想像してほしい。配給制度は有名無実。これだけでは生存できない。

――プライドが許さない

そうかと言ってかつての指導層には、闇市や農村を訪問して食料を調達する能力はない。プライドが許さない。（公職追放中の）筆者の父親田邉多聞もそうだった。

だから、買い出しの役目は、母親と小学生の筆者だった。筆者は京都「錦通り」の闇市場（現錦市場）や、近郊農村に通った。勉強など、これをする時間は無かった。

第四項　配給生活で餓死

買い出しに行かず、配給だけに頼って生活していた（ある）裁判官が餓死した。この話は有名だ。後の世の人は、「愚かなことだ」と嘲笑する。しかし筆者は、尊敬する。「武士は食わねど高楊枝」である。

第五項　肺結核による死

筆者の義理の叔父、猪熊信二は、（岸信介の懐刀と言われ）戦時中商工省（現経産省）の統制課長を拝命していた。大変な激務だったそうだ。もちろん、配給生活をしていた。

戦後半年にして肺結核で死んだ。同じく義理の叔父金子某は、特殊銀行の「日本興業銀行」に奉職していた。戦時中の激務により、肺結核を患い、戦後一年にして死んだ。

第六項　成功したGHQ「讐念」の徹底的「駆除」

勝者米軍に「讐念」をもつ指導層は、「W・G・I・P」と「公職追放」と「肺結核」によって（害虫同様に）駆除された。本当は「益虫」だったのに。日本の益虫は、米国にとって害虫だったのだ。

第三節　人材育成「システム」の破壊

ＧＨＱは、有能人材の「殲滅」だけでなく、有能な人材を育成する、そのシステムの「破壊」を企てた。いわゆる「新制中学」「新制高校」そして「新制大学」だった。

破壊の中心は、「新制中学」にあった。ここまでを「義務教育」とした。従来は小学校までが「義務」だった。義務教育の延長により、従来は、高等教育の入口に位置していた中学が、小学校の延長になってしまった。

筆者は、「小学校的」中学を実体験した。「知識欲」は旺盛だったが、教材に「不満」だった。そこで高校に進学していた兄の（お古の）教科書を読んで楽しんだ。

また、難解な理系の専門書を読んだ。とくに「原子爆弾」の原理に興味をもった。今でも「小学校的」な中学三年間だったという不満が強い。無駄だった。父から聞いていた「旧制中学」とはレベルが違ったのだ。

第一項　新しい学制：六―三―三―四

旧制は、「六―五―三―三」だった。エリート養成に貢献した。この話は、旧制で京都市立「柳池」小学校から京都一中へ、そして第三高等学校へ進学し、さらに東京帝国大学へ進学した父からさんざん聞いた。高等学校入学した時点で「大人」扱いされた。このことも聞いた。

現在、国際比較をすると日本の大学のレベルは東大と京大がぎりぎり百位以内にランクされている。GHQは「してやったり」とほくそ笑んでいるであろう。

第二項　新制大学の乱立

駅弁大学ということばがあった。今と違って食糧難の時代。駅弁など販売されていなかった。しかし、いくつかの県庁所在地。そこの駅では売っていた。

一方、かつての「高等学校」や「高等専門学校」は各県にあった。県庁所在地にあった。これが大学に昇格した。県庁所在地名の付いた大学が多かった。それで「駅弁大学」と揶揄された。父多聞が揶揄した。

第三項　大学は、「箔付け」

帝国大学時代の大学は、高等教育機関だった。高等教育とは、「職業教育」である。卒業して大きな組織に就職したとする。すると、ただちに仕事をこなせる。

こなせるだけでなく、「指導」ができる。祖父朔郎が典型であるが、父多聞も同様のことをいった。ところが現在、大学就職してすぐに「指導」を含む仕事ができるか？　否である。GHQは、ほくそ笑んでいる。日本の高等教育レベルを下げた、と。「箔付け」大学に下げてやった、と。「してやったり」と。

第四節　社会「システム」の破壊

第一項　農地の召し上げ「農地解放」

筆者は、信州伊那にある祖父有賀光豊の実家にいた。敗戦後一年もたたない時だった。小学校四年の一学期。目の前で「農地解放」をみた。

ＧＨＱ指令により、田圃が無料で小作人に譲られた。こんなことは、諸外国では、「流血」市民革命でしか達成されない。明治維新においては、地主（名主・庄屋）と小作の関係は「聖域」として温存されたのに。

第二項　一般大衆へ「唐突」な国政への参加権授与

議会は貴族院と衆議院だった。天皇の諮問機関として枢密院があった。首相は、天皇が指名した。都道府県の首長の任命権は内務大臣が握っていた。議会もしかり。現在のような選挙によるものではなく、いわば官選首長、官選議員だった。

衆議院の議員だけが、国民の選挙によっていた。ところが、女性には選挙権は無かった。男性も所得制限があった。富裕層だけが選挙に参加できた。

祖父有賀光豊は貴族院議員だった。選挙ではなく勅撰、すなわち官選だった。北垣国道は枢密院顧問官（議員ではなく「顧問官」という）だった。もちろん官選だった。

明治初年から（良いも悪いも抜きにして）約八十年を要して創り上げた政治システムを、ＧＨＱは一夜にしてひっくりかえした。

農地解放と同様、諸外国では「流血市民革命」でしかあり得ない「ひっくり返り」だった。現に明治維新においては、「流血」によって「ひっくりかえった」のではなかったか?

筆者は思う。ＧＨＱは、いわゆる「衆愚政治」を狙って全国民に選挙権を与え、これに加えて全地域首長も官選ではなく選挙によって選出することにした、と。

―― 村長を選出せよと言われて戸惑う農民

祖父光豊の郷里伊那でみた。それまでは、名主が話し合いで決めていた。乞われて有賀光豊の長男が立候補して選出された。その時は農地解放直後であり、まだ小作たちの意識には「本家依存心」があった。

第五節　ＧＨＱによる「反戦」思想の植え付け

第一項　戦争反対

戦争で「つらい」思いをした人は、戦争「反対」に走る。「戦争さえしなければ…」と。ところが、つらい思いをした人の本音は「負ける戦争には反対」なのだ。

日露戦争後に「戦争反対」と声を上げた人はいたか? 国民は「行け行けドンドン」ではなかったのか? 本音は「負けたくない」だ。現在の戦争反対者は、自分の心の中を客観化する必要がある。

第二項　戦争の本質

第四部「明治維新序曲」の中で述べた。移動できる人類（ホモモーベンス）は戦争をして生き残ってきた。この「事実」を肝に銘じてほしい。

第三項　武力で民を守ってきた「武家」

口先で「平和、平和」と叫んだダケでは「平和」はこない。「どけどけ」とやってくる侵入者は腕力を振りかざす。腕力には腕力で対抗する他はない。これが平和の極意だ。「武家」田邉家は、八百年間「武力」で民を守ってきた。

第四項　GHQの成功

話戻ってGHQは、「戦争反対」と声を上げる（あえていう。まだ知識が十分とは言えない）大衆に選挙権を（唐突に）与えたのだ。GHQの狙いは、戦争に「弱い」日本を創りたかった。これにつきる。そして（残念ながら）成功している。

第六節　今後の「明るい」展望

第一項　危惧する「讐念」の欠如。しかし

現在の指導層の大多数は、「讐念」の欠如した腑抜けである。あるいは、意図的な「売国奴」である。売国奴はいつの世にもいる。「讐念」が「報恩」の原動力であるとの仮説をもつ筆者にとって今後の日本が心配である。

しかし、世界最長の国家である日本に対して「誇り」を持つ若者が増えてきた。そして若者が選挙に参加する動きが見えてきた。先は明るい。

第二項　真実「情報」の普及

本著において大きく引用させていただいた西鋭夫先生の「情報」をはじめ、加工された情報ではなく、生の、そして真実の情報を提供するメディアが増えてきた。有料ではあるが。

有料でないと、真実の情報は得られない。無料の陰にはスポンサーがいる。スポンサーの意向に沿った情報でないと流せない。これが欠点である。

筆者が恒常的にウエブセミナーを通じて（有料で）お教えを乞うている先生は、西鋭夫をはじめとして藤井厳喜先生、三橋貴明先生、上島嘉郎先生生、山岡鉄秀先生、北野幸伯先生、藤井聡先生、武村公太郎先生、丸谷元人先生、河添恵子先生、林建良先生、小堀桂一郎先生、伊勢雅臣先生、斎藤成也先生、久野潤先生、田中英道先生、福井雄三先生、松浦光修先生、林千勝先生、佐藤健志先生などなど。

第三項　若者は新聞・テレビを見ない

筆者の子供たちはスマホ世代である。必要な情報は自ら取りに行く。（スポンサーの意をうけて）加工された情報しか入手できない高齢者とは違う。

五人の孫もその内、成人となる。孫たちは真実の情報に接触できる。マスコミによって「加工」された情報ではなく、真実の情報に接触できる。その情報を自らの叡智でもって咀嚼する。その動きが見えてきた。楽しみだ。

第四項　唐突な選挙権の付与

このこと重要だから繰り返す。ＧＨＱは、「国家観」の「何たるや」を十分には教育を受けていない一般国民にまで「唐突」に選挙権を与えた。これこそＧＨＱの狙いだった。いわば、確信犯だった。そのように（公職追放中の）父親田邉多聞から聞いた。

しかし明るい見通しがある。すなわち、今後十年ほど経過すると、戦争経験者は筆者を含めて居なくなる。幸い、スポーツなどを通じて国家観の強い若者が育ってきた。そして若者の「国家観」の中心に天皇がおわします。

――高齢者の高い投票率の「恐ろしい」秘密

本項に関連して話が少し飛ぶ。十年程前、リンパ腫治療のため七か月入院した。その間、国政選挙の一つが施行された。入院中に投票したが、嫌な場面を見た。看護師が患者を（病院内の）投票室で案内した。筆者も案内された。さて投票用紙に記入する。その際、看護師がアドバイスをする。筆者もアドバイスを受けた。何と、候補者名のアドバイスを（それとなく）を受けたのだ。これに対して筆者は怒った。

高齢者の投票率が高い理由のひとつが分かった。入院患者の百％が投票するのだ。認知能力が必ずしも十分には高くない高齢者も投票できるのだ。そして自分の意志ではなくて他人のアドバイスによって投票する。いやな場面を見た。

第五項　孫たちの投票率向上

繰り返すが、若年層の選挙投票率が向上してきた。自分達の将来は自分達で決めるという意思が見えてきた。孫たちも「その意気」にもえる。楽しみだ。

第七節　国家観

第一項　民族自決：大和民族

異なる文化を持つ民族とは、「共住」したくない。他民族とは、お互いに尊重し合いながら「距離」を取って生活したい。距離を保つには、（時としては）腕力が必要である。殴られたら殴り返す。

八百年来の武家田邉家の子孫としてはその事を声高に主張しよう。これは人間の性（さが）である。他民族の支配は、これを受けたくない。奴隷となって生きたくない。民族自決である。

第二項　御先祖さまへの感謝

地球上で、ユーラシア大陸の「極東」と「極西」に浮かぶ「日本列島」と「グレートブリテン島」。世界で最も快適な「二大」「離れ屋敷」である。

遠いアフリカの地溝帯を出発してこんな快適な「離れ」屋敷を確保して下さった御先祖さまに感謝しよう。そしてこの「離れ」屋敷を末代まで伝えよう。この思いは人間の性（さが）である。第四部で説明した。

日本列島には、地震と台風はある。時々神様が「活」を入れて下さるのだ。有難いことである。緊張感をもって神様に感謝しながら生きて行こう。

第三項　自衛行動

憲法九条を巡る小手先の議論が多い。実際に武力侵入者があれば、自営行動をとる。殴られたら殴り返す。殴られてからでは遅い。殴るそぶりを見せた侵入者には、先手を打ってなぐる。

それができない程に大和民族は劣化していない。いざとなれば、憲法九条など足かせにはならない。国民にその叡智と気力は残っている。W・G・I・Pにも拘わらず。

第四項　象徴天皇

「象徴天皇へのこの道は果てしなく遠い」。これは御譲位にあたり上皇陛下が残されたお言葉である。陛下が国民のことを御心配になられるお気持ちは痛いほど分かる。しかし陛下に御心配を掛け申し上げてはならない。

思い起こせば古来から、国民が道に外れた場合、常に天皇が修正して下さった。真説・明治維新の中でもそうだった。例を挙げる。「二二六事件」の際は、「原隊にもどれ」と諭してくださった。大東亜戦争終結にあたっては、軍隊に「武器を捨てよ」と諭してくださった。我々日本国民は、陛下がおられるだけで「安心」なのだ。

おそれながら申し上げます。御無理なさらなくてもよろしゅうございます。末永く居てくださいまし。船首像（ヘッドスタチュー）天皇を戴く「日本丸」乗組員の一人として切にお願い申し上げます「宝祚無窮（皇室は永遠）」と。

第五項　第五部のおわりに：親に対する「報恩」

八十六歳になった今、親からもらった恩。それを返そうと「思う」に至った。ところがすでに親は居ない。だから、その恩を子に返そう。

繰り返す。本書は、親に返したかった。報恩のために、しかし親はすでに泉下の人。だから、この書は子に返す。

学校で習ったことのない「近現代史」。朔郎の田邉一族が体験した「近現代史」。必ずや役に立つだろう。と、こう信じて人生の終わりにあたり、全身全霊をもって、この第五部「真説・明治維新」を書いた。

第六部　田邉朔郎家の「讐念」
～報恩に変える～

第一章　田邉家八百年の讐念

―「氏」と「姓」

朔郎田邉家の「氏」は、藤原である。筆者の祖父、田邉朔郎は、藤原忠興と名乗っていた。遠祖は、中臣（藤原）鎌足。中大兄皇子（天智天皇）をお助け申し上げて皇位を狙う曽我入鹿を誅した。田邉家の始祖は「藤原湛増」。第二十二代熊野三山（本宮、那智、速玉）別当。田辺（現在の田辺市）に住むが故に人呼んで「田辺の湛増」。以来、田邉を「姓」とした。

朔郎が、戦場で古式に則った名乗りを上げるならば、「我こそは、うじ（氏）は藤原、かばね（姓）は田辺の朔郎忠興である」と高らかに謳うであろう。

―源平合戦の「恩念」

田邉湛増は熊野水軍を率いて源義経に従い、屋島の戦いを経て壇之浦の戦いにおいて平家軍をせん滅。その功により、鎌倉幕府から安房の国に（千葉県）領地を賜る。源頼朝公へ甚深なる「恩念」を抱く。

―承久の乱の「讐念」

藤原田邉家は勤皇の志篤く、「承久の変」において後鳥羽上皇に加勢した。この時、田邉湛増の子湛憲は子の快傑とともに皇室に忠誠をつくした。

ところが北条政子の下で結束した鎌倉側は強かった。敗れた湛憲は子の快傑とともに鎌倉に連行されて処刑された。

快傑の妻は、生まれたばかりの子、常直を抱えて（熊野神社の分社がある）丹後田辺（現在の舞鶴）の実家に逃げた。以後、地侍として生き延びた。

この時、曾祖父北垣国道の祖先は丹後養父（やぶ）の地侍だった。同じく勤皇の志篤く、後鳥羽上皇を加勢した。負けたがお咎めなく、地侍として生き延びた。

明治になってお互いの（承久の変における）「勤皇の志」が、お互いの「報恩」に変えた。すなわち、二人の心「勤皇の志」が、「恩讐の彼方に」「京都疏水」建設をもたらした。

――戦乱時代の「讐念」

田邉湛増の子孫は、鎌倉時代、室町時代、そして戦国時代を「地侍」や「大名お抱え武士」として、辛うじて生き延びてきた。

その間、戦いに「負ける」「負ける」。そして甲斐の武田信玄に拾われ、子の武田勝頼に最後の天目山の戦いまで従って「報恩」し、「負け」た。これで終わりの筈だった。

――徳川家康公への「恩念」

しかし家康公に拾って頂いた。故に、筆者の家で家康公は、正に「神君」であり、「恩念」の対象である。

「恩念」を顕すため、筆者の名前「康雄」は、家康の「康」と英雄の「雄」と（幼い頃から）教えられてきた。田邉朔郎が名付けたものと伝わる。

――敗戦の「讐念」

近現代においても「戦争に負ける」とはどういうことか。朔郎一族はこれを「改めて」体験した。「明治維新戦争（戊辰戦争）」で江戸を占領され、対米戦争（大東亜戦争）で東京を占領された。江戸も東京も、朔郎田邉家が生計を立てていた土地であった。その地を、敵対勢力に占領されるということは、殺されるか、生計の道が断たれるということを意味していた。

――祖父と父親の「讐念」

祖父田邉朔郎は、戊辰戦争で家を焼かれ、徳川幕府の仕事も失い、無職となって生活が成り立たなくなった。これにより、江戸を占領した薩長軍に「讐念」を抱いた。

父田邉多聞は、公職追放となって生活が成り立たなくなった。京都を占領した米軍に「讐念」を抱いた。

――筆者、幼時の「讐念」

京都は、空襲を受けていない。だから、米軍の西日本司令部がおかれた。（自宅近くの）岡崎公園には、米軍のカマボコ兵舎が立ち並んだ。自宅近くに米兵が居を構える家屋があり、「オンリー」と呼ばれる女性が住んでいた。米軍兵士が闊歩していた。

ある時、身内が米軍自動車に轢かれた。（幸い、軽傷ですんだが）事故の直後に、米軍の取り調べを受けた。事故を起こした側が轢かれた側を取り調べたのだ。逆だろう。

また、家宝の刀剣（北垣国道佩刀と、田邉太一佩刀）は、いわゆる「刀狩」を受けた。幸い、名刀だったので返還してもらったが。

最大の「讐念」は（前述した）米軍による父親の公職追放だった。食糧難の時代を一家の「主柱」が薙ぎ倒された。

筆者は、それまでのかなり豊かな生活から一転して不自由な生活を強いられた。米国「進駐軍」に対しては特別な「讐念」がある。

――「讐念」を梃子に社会貢献

祖父朔郎は、鬱積した「讐念」を抑えて「仇敵」北垣国道の京都疏水「建設」プロジェクトに協力した。よい仕事をすることが強者「薩長」に対する「報復」だった。

父田邉多聞も、晩年「讐念」から立ち直って、比叡山ドライブウエイと嵐山高尾パークウエイを開発した。社会的に役立つ仕事をして強者米軍に「報復」したのだ。立ち直るまでに二十年を要したが、「立派！」。

筆者の「生涯現役エンジニア®」も、原動力は「讐念」である。サラリーマン時代、成果を上げたにも拘わらず納得のいかない処遇を受けた。

この「讐念」の上に立ち、（定年退職後に）社会的に役立つ仕事をして強者「三菱」に対して「報復」した。本書の仮説「なぐられたら、なぐり返す」である。形を変えて「ザマー見ろ」と。

――明治維新を「恩讐の彼方に」

前第五部で述べた「真説・明治維新」の大波の中で、田邉朔郎一族は翻弄されながらも、強者に対して「報復」を実現した。そして一族内で「恩讐の彼方に」を実現した。

その一族とは、戊辰戦争の勝者「薩長」三名、と敗者「徳川」九名だ。全体像を理解していただけるよう、前第五部「まえがき」に掲載した図「『生野の変』から対米戦争『大東亜戦争』の大波の間に浮沈する田邉一族（十二名）」をここに再掲載する。

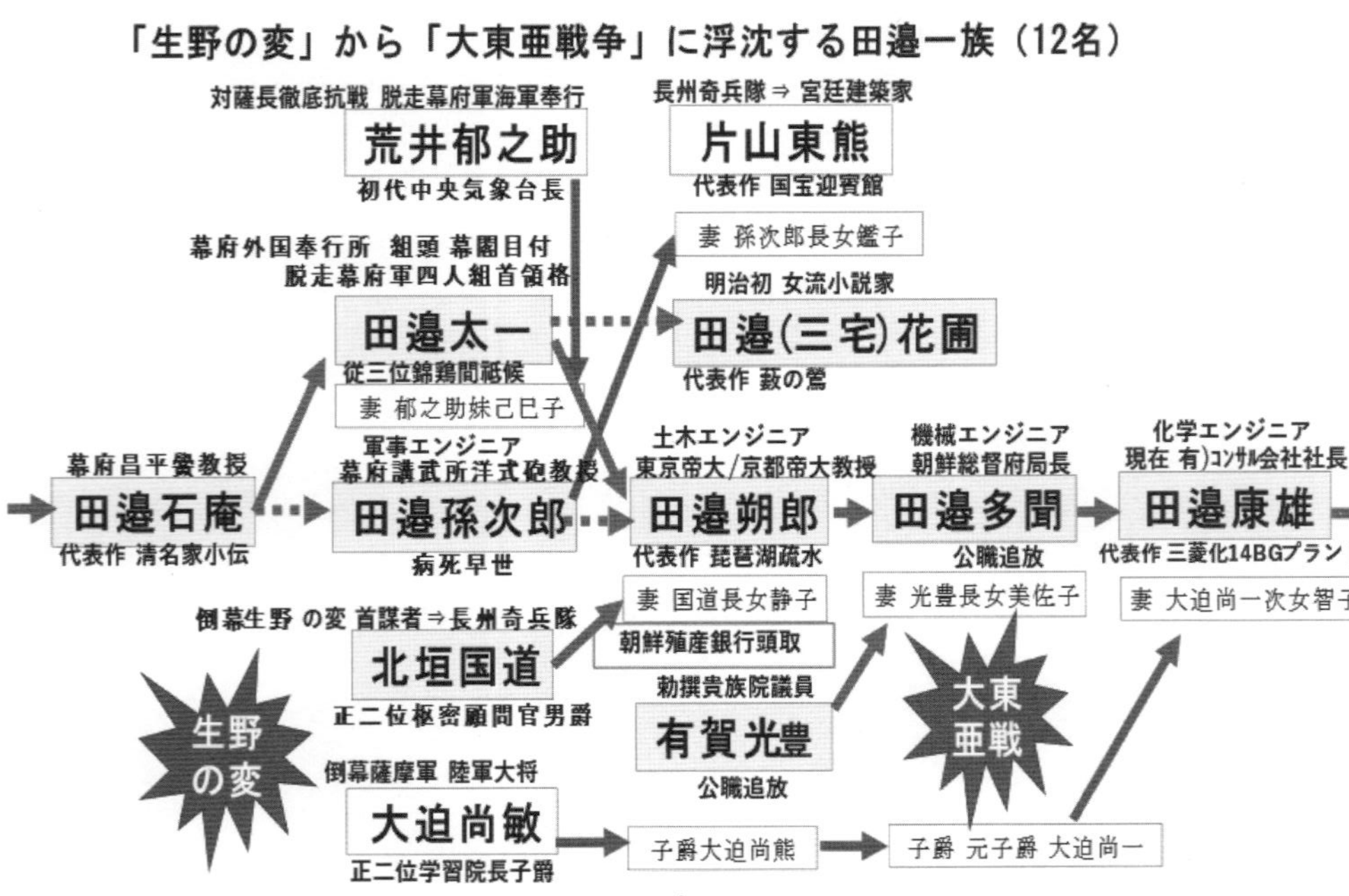
「生野の変」から「大東亜戦争」に浮沈する田邉一族（12名）
対薩長徹底抗戦 脱走幕府軍海軍奉行
荒井郁之助
初代中央気象台長
長州奇兵隊⇒宮廷建築家
片山東熊
代表作 国宝迎賓館
妻 孫次郎長女鑑子
幕府外国奉行所 組頭 幕閣目付
脱走幕府軍四人組首領格
田邉太一
従三位錦鶏間祗候
妻 郁之助妹己巳子
明治初 女流小説家
田邉(三宅)花圃
代表作 薮の鶯
幕府昌平黌教授
田邉石庵
代表作 清名家小伝
軍事エンジニア
幕府講武所洋式砲教授
田邉孫次郎
病死早世
土木エンジニア
東京帝大/京都帝大教授
田邉朔郎
代表作 琵琶湖疏水
妻 国道長女静子
朝鮮殖産銀行頭取
機械エンジニア
朝鮮総督府局長
田邉多聞
公職追放
妻 光豊長女美佐子
化学エンジニア
現在 有)コンサル会社社長
田邉康雄
代表作 三菱化14BGプラント
妻 大迫尚一次女智子
倒幕生野 の変 首謀者⇒長州奇兵隊
北垣国道
正二位枢密顧問官男爵
生野の変
勅撰貴族院議員
有賀光豊
公職追放
大東亜戦
倒幕薩摩軍 陸軍大将
大迫尚敏
正二位学習院長子爵
子爵大迫尚熊
子爵 元子爵 大迫尚一

第二章　明治維新戦争の敗者徳川の「讐念」

筆者の高祖父から筆者までを時代順に並べた。全体の相互関係は第一章の図でわかるが、詳細図（図表－1と－2）を本書巻末に添付する。

第一節　田邉新次郎

号石庵（筆者の高祖父）

初代田邉湛増の二十五代目。

身分：徳川将軍家の家人。書院番与力（身分：「お目見え以下（注一）」）。

石庵は、尾張藩医師村瀬厚英の次男村瀬誨輔。幕府大番与力田邉次郎太夫貞斎に請われて田邉家の養孫となり、貞斎の死後家督相続して「書院番与力」の身分を拝命した。

貞斎は、江戸名家墓所一覧に、荻生徂徠、山鹿素行、山口素堂と並んで記載されている連歌をよくする雑学者だった。

石庵は安永九（一七八〇）年生まれ。幼くして尾張藩校教授漢学者秦鼎に従いて学ぶ。田邉家を

注一：徳川将軍の直属ではあるが、直接会見はできない身分の幕臣。すなわち下級武士。

継いだ後、書院番与力から昌平坂学問所教授方へ出役（注二）、後甲府徽典館学頭に出役した。

田邉家を継ぐ前の村瀬誨輔として『清名家小伝』など著書が多い。頼山陽から『日本外史』の講評を依頼され、往復書簡が残されている。「朔郎の一生展」に出品した。

後、貞斎に請われて貞斎の子克忠の養子となり、田邉家を継ぐ。幕府書院番与力となり小普請組入りして昌平坂学問所教授方へ出役する。佐久間象山、渡部崋山、海保漁村等と交わり、頼山陽は『日本外史』を著すに当たって評をもとめた。この手紙が朔郎書斎「百石斎」に伝わり、本書の第三部序章「朔郎一生展」に出品した。

現在の東京都台東区浅草橋五丁目八番に住む。第三部序章「田邉朔郎の一生展」に出品した古地図には、田邉新次郎と記載がある（引用：東都浅草絵図、井山能知之図文久元年酉歳改定江戸麹町六丁目版元尾張屋清七）。ここで私塾を開き、漢学を教えていた。長男田邉孫次郎、次男田邉太一、榎本武揚、荒井郁之助が学んだ。

安政三（一八五六）年十二月十二日没。享年七十六歳。浅草本願寺（浄土真宗東本願寺派本山東本願寺）の田辺家墓地に埋葬された。現在は、同寺ひばりが丘別院の霊園（一－八－五）に移転されて現存している。

寸評：第一次アヘン戦争（一八四二年南京条約）の動向を探っていたが、幕府からの指示は無く、調査結果は結実しなかった。憂国の士。

第二節　田邉孫次郎

号勿堂（筆者の曽祖父）

氏は藤原、姓は田邉。初代田邉湛増の二十六代目。湛増は、藤原鎌足から二十二代目。徳川将軍家の家人。身分：富士見宝蔵番。

代々エンジニア、朔郎一家の初代。軍事エンジニア。居住地は、江戸内神田柳原八名川町の拝領屋敷。現在は、ＪＲ総武線浅草橋駅西口浅草橋四丁目四番地。

以下、『江戸幕臣人名辞典』五十八頁「田邉孫次郎」の項。を引用し、それに対して筆者の解説を加える。

原文：高現米八十石。本国越前。生国武蔵　祖父田辺了水（次郎太夫）死御書院与力相勤申候父田辺新次郎死富士見御宝蔵番相勤申候

解説：俸禄（年俸）米八十石（現物支給）。祖先の出身地は越前（朝倉家）。生国は武蔵（江戸）。父親田邉新次郎石庵は、了水（次郎大夫荘次郎克忠）の死後、家督を相続して「書院番与力」を拝

注二：出役を説明する。徳川将軍家における、いわゆる上級武士は、「旗本」である。戦場において徳川家康公の「旗」を守った。旗本は将軍の近辺を警護するので昼夜交代で勤務する。これを「番方」という。五組あったので「五番方」とも呼ばれた。時代を経て将軍近辺以外の「役」が増えた。

「五番方」からこの役に出ることを「出役」といった。家禄とは別に「役料」が支払われた。八代将軍吉宗公の時代にできた制度だと言われる。

命していた。新次郎の死後、孫次郎は富士見宝蔵番を命ぜられた。

○○月七日従部屋住御書院与力見習罷出　同（天保）十一子年四月十一日御抱人与力被仰付幕府講武所西洋砲術教授方出役

解説：孫次郎は、石庵存命中は「部屋住み身分」だった。これを「役不足」と考える孫次郎は、石庵存命中ではあるが、「部屋住身分」から「書院番与力見習身分」授与を伺い出た。その結果、天保十一（一八四〇）年四月十一日に、「御抱人与力」身分を拝命した。

身分が確定したので、幕府講武所西洋砲術教授方へ出役できた。その時までは「部屋住み身分」のまま、高島秋帆に師事して西洋砲術を習得していたが、秋帆に従って江戸徳丸が原（現高島平）における砲兵軍事演習にも参加した。しかし無報酬だった。

その後、嘉永元（一八四八）年、昌平黌（東大前身）学問吟味（明治の高等文官試験に相当。超難関）に合格。安政三（一八五六）年、（父新次郎が死亡したので、孫次郎は家督を相続したいと願い出て、安政四（一八五七）年十一月六日に願い通り、仮の許しを受け、安政五（一八五八）年、やっと書院番与力身分を家督相続できた。この身分をもって幕府講武所の西洋砲術教授方として「出役」できた。出役料がでた。

家督奉願候ニ付　同（安政）四巳年十一月六日願之通仮御許受　同五午年ニ月四日家督被下置如父時小普請組大島丹波守組江入是迄之通引続相勤　其後組頭替　戸田民部組江入　万延元甲年十

月〇〇日富士見御宝蔵番被仰付〇〇是迄之通引続出役相勤被仰渡候

解説：家督相続した後、孫次郎は（父親新次郎が「昌平坂学問所」へ「出役」させてもらっていたように）大島丹波守の「小普請組」へ入り、従来通り引き続いて「講武所」へ出役させてもらった。その後、戸田民部の「小普請組」へ組替えとなった。

万延元（一八六〇）年十月、（小普請組を脱し晴れて）「富士見宝蔵番（しかし、お目見え以下の下級武士）」を拝命し、従来通り「講武所」出役を命ぜられた。

解説：無役の幕臣をプールする「小普請組」。そして、長が高禄の旗本。旗本は徳川家康の天下取りの戦に功績のあった「三河」武士。仕事をせずとも武芸（いわばスポーツ）に励んでおれば生活できた。

一方、徳川将軍に拝謁すらできない（お目見え以下という）下級武士は「小普請組」に入らなければ「出役（就職）」も貰えなかった。いわば、東大卒業しても、家柄が無ければ就職もできない。なんと窮屈な世の中か。こんな中で、田邉家は「讐念」の塊りだった。幕臣田邉家は、甲斐武田家遺臣であり、徳川家では中途採用。

だから徳川家の中で職を得ることは、それ自体が狭き門だった。その点においては、この「狭い」枠組みを破壊してくれた明治の薩長政権に「恩念」を抱く。

第三節　田邉朔郎

号石斎（筆者の祖父）

氏は藤原、姓は田邉。初代田邉湛増から二十七代目。代々エンジニア一家の二代目。

―　生誕

文久元（一八六一）年　内神田柳原八名川（現在の東神田三丁目五番（注一））の幕臣田邉孫次郎宅で長男として生誕。

―　父親の死

文久二（一八六二）年、父孫次郎死去。二歳の朔郎は、父祖の遺徳により糊口には窮せぬほどの家禄を受けた（『田邉朔郎博士六十年史』）。即ち小普請組入りし、母親ふき子と祖母梅想により、姉鑑子と共に育成された。

―　幼時教育

慶応元（一八六五）年、大久保敢斉について漢学を、福地源一郎について仏語の学習。

―　幼くして戦禍

慶応四（一八六八）年、四月、江戸城が薩長軍に明け渡された翌日、母親、祖母、姉、従者と共に戦乱を避けて埼玉幸手生連寺へ避難。

明治二（一八六九）年三月、東京へ帰ったところ、居宅は上野彰義隊の戦いの戦火により消失していたので、八丁堀に仮住まい。

―沼津時代

明治二年五月、函館五稜郭の榎本軍が降伏したので、これを支援していた田邉太一は支援の必要がなくなった。そして沼津の徳川兵学校一等教授に招聘された。朔郎は伴って沼津へ。兵学校付属小学へ入学。

―太一外遊の留守時代

明治四（一八七一）年、外務省へ出仕した叔父田邉太一に伴って三月に東京へ帰り、湯島天神町へ住み、湯島共慣義塾にて、英漢数を学ぶ。

明治六（一八七三）年九月岩倉使節団に随行した田邉太一を横浜に出迎える。太一は、「負けた徳川の生きる道はエンジニアリング（工学）だ」と諭す。

―エンジニア（工学者）への道

明治八（一八七五）年五月工学寮小学校へ入学。明治十（一八七七）年四月、工部大学校へ入学。

明治十二（一八七九）年五月合点特別一等賞を受賞。

明治十四（一八八一）年十月、田邉太一の盟友、旧幕臣荒井郁之助と旧幕臣大鳥圭介校長が相談し、大鳥から京都出張を命ぜられた。京都府の京都疏水計画の中で三か月間の実習を受けた。

明治十五（一八八二）年四月、榎本武揚と大鳥圭介から京都府知事北垣国道に紹介された。

注一：現在のＪＲ総武線浅草橋駅西口西南五十メートル。

明治十六（一八八三）年五月、工部大学校（土木科）卒業。卒業に当たり全校総合最優等賞受賞。

――京都疏水時代

明治十六（一八八三）年六月、京都府御用係任官月報四十円。府の京都疏水計画を手伝う。

明治十八（一八八五）年六月、京都疏水工事着工。その際、工事部長拝命。

明治二十（一八八七）年、第一トンネル竪坑で大出水事故。これをポンプ増設で切り抜ける。

明治二十一（一八八八）年九月、米国出張を願いでる。水車動力直接利用の非効率性を知り、代案としての水力発電を知る。帰国後に報告書を北垣知事に提出し、我が国初の「一般売電事業用」水力発電を採用することを提案した。

国道は直ちにこれを採用。巨額な変更資金は、府債発行により賄う。これを受けた朔郎は、直ちに設計変更に着手した。

明治二十二（一八八九）年、十月五日、北垣国道の長女静子と結婚することが、国道によって決定された。しかし朔郎は知らなかった。

同年十二月二十八日、姉鑑子が片山東熊と結婚することが、国道と東熊によって決められたが、この時点では朔郎は知らなかった。

明治二十三（一八九〇）年四月、天覧（明治天皇）通水式の指揮を執る。

同年十一月、北垣国道の盟友榎本武揚の媒酌で国道の長女静子と結婚。

同年同月、姉鑑子が北垣国道の紹介により片山東熊と結婚する。

同年十二月、片山東熊の推薦により、（東京）帝国大学教授となる。

明治二十四（一八九一）年、（東京兼、京都市嘱託（京都疏水第二期工事のため）。）帝国大学（東京）教授我が国初の事業用水力発電を開始する。

明治二十五（一八九二）年、（東京）帝国大学教授、兼、京都市嘱託（京都疏水第二期工事のため）。濃尾地震に現場で遭遇し、防災活動の必要性を痛感。防災が、ライフワークとなる。

明治二十六（一八九三）年、（東京）帝国大学教授、兼、京都市嘱託（京都疏水第二期工事のため）。

明治二十七（一八九四）年、（東京）帝国大学教授、兼、京都市嘱託（京都疏水第二期工事のため）。

明治二十八（一八九五）年、（東京）帝国大学教授、兼、京都市嘱託（京都疏水第二期工事のため）。

明治二十九（一八九六）年、（東京）帝国大学教授から引き抜かれて北海道庁臨時鉄道敷設部の部長。これは、岳父国道が旧知西園寺公望文部大臣に直訴して朔郎を引き抜いたもの。工学部長古市公威は反対したがこれを押し切った。兼、京都市嘱託継続（京都疏水第二期工事のため）。

明治三十（一八九七）年、北海道庁臨時鉄道敷設部長、兼、京都市嘱託継続（京都疏水第二期工事のため）。

明治三十一（一八九八）年　北海道庁臨時鉄道敷設部長、兼、京都市嘱託継続（京都疏水第二期工事のため）。

明治三十二（一八九九）年、北海道庁臨時鉄道敷設部長、兼、京都市嘱託継続（京都疏水第二期工事のため）。

明治三十三（一九〇〇）年四月六日、陸軍参謀部次長「大迫尚敏（筆者の妻の曾祖父）」と会う。

同年四月十九日、陸軍参謀部を再度訪問して参謀各員と会う。

同年五月七日京都発神戸着。シベリア鉄道調査に出る。

（この間、在シベリア）

同年九月二十四日、横浜に帰国する。

同年十月十六日、山縣総理大臣にシベリア鉄道調査結果を報告して曰く、「明治三十八（一九〇五）年末に全線複線化完了」と。これを受けて山縣後継の桂太郎内閣は、明治三十七（一九〇四）年二月開戦と決定して勝利した。朔郎の調査が勝利の重要な一因となった。

明治三十四（一九〇一）年、京都に設立された第二の帝国大学教授。京都市顧問として京都第二疏水、上水道、市電拡張を指導。

明治三十五（一九〇二）年、京都帝国大学教授、兼京都市顧問。

明治三十六（一九〇三）年、京都帝国大学教授、兼京都市顧問。

明治三十七（一九〇四）年、京都帝国大学教授、兼京都市顧問。

明治三十八（一九〇五）年、京都帝国大学教授、兼京都市顧問。

明治三十九（一九〇六）年、京都帝国大学教授、兼京都市顧問。

明治四十（一九〇七）年、京都帝国大学教授、兼京都市顧問。

明治四十一（一九〇八）年、京都帝国大学教授、兼京都市顧問。

明治四十二（一九〇九）年、京都帝国大学教授、兼京都市顧問。

明治四十三（一九一〇）年、京都帝国大学教授、兼京都市顧問。

明治四十四（一九一一）年、京都帝国大学教授、兼京都市顧問。京都疏水の第二期工事完成。

明治四十五、大正元（一九一二）年、京都帝国大学教授。

大正二（一九一三）年、京都帝国大学教授。

大正三（一九一四）年、京都帝国大学教授。

大正四（一九一五）年、京都帝国大学教授。

大正五（一九一六）年、京都帝国大学教授。

大正六（一九一七）年、明治工業史編纂委員長就任。この頃、日本初自宅用鉄筋コンクリート造の書斎（登録有形文化財百石斎として現存）を建設。

大正七（一九一八）年、五十八歳の時、願によって京都帝国大学工学部長辞任し名誉教授の称号を与えられた。その際、京都市議会長から議会の決議を受けて「京都市長への就任」を依頼されたが、辞退し、以後鉄道建設コンサルタントに専念した。

大正八（一九一九）年、個人事業主「独立鉄道建設コンサルタント」。

大正九（一九二〇）年、個人事業主「独立鉄道建設コンサルタント」。
大正十（一九二一）年、個人事業主「独立鉄道建設コンサルタント」。
大正十一（一九二二）年、個人事業主「独立鉄道建設コンサルタント」。
大正十二（一九二三）年、個人事業主「独立鉄道建設コンサルタント」。
大正十三（一九二四）年、個人事業主「独立鉄道建設コンサルタント」。
　同年、丹那複線鉄道トンネル計画の技術コンサル開始。
大正十四（一九二五）年、個人事業主「独立鉄道建設コンサルタント」。
大正十五、昭和元（一九二六）年、個人事業主「独立鉄道建設コンサルタント」。
昭和二（一九二七）年、個人事業主「独立鉄道建設コンサルタント」。
昭和三（一九二八）年、個人事業主「独立鉄道建設コンサルタント」。
昭和四（一九二九）年、個人事業主「独立鉄道建設コンサルタント」。
　同年、土木学会長就任。
昭和五（一九三〇）年、個人事業主「独立鉄道建設コンサルタント」。
昭和六（一九三一）年、個人事業主「独立鉄道建設コンサルタント」。
昭和七（一九三二）年、個人事業主「独立鉄道建設コンサルタント」。
昭和八（一九三三）年、個人事業主「独立鉄道建設コンサルタント」。
　同年、明治工業史（編集委員長）完成。

昭和九（一九三四）年、個人事業主「独立鉄道建設コンサルタント」。

同年一月六日、NHK京都放送局から「琵琶湖運河」計画を発表。しかし直後、計画は正式に「没」。

同年、技術コンサルした丹那複線鉄道トンネル完成。

昭和十（一九三五）年、個人事業主「独立鉄道建設コンサルタント」。

同年六月、関門鉄道トンネル工事を鉄道大臣に提案し、大阪で提案講演。

昭和十一（一九三六）年、個人事業主「独立鉄道建設コンサルタント」。

昭和十二（一九三七）年、個人事業主「独立鉄道建設コンサルタント」。

昭和十三（一九三八）年、個人事業主「独立鉄道建設コンサルタント」。

同年、「琵琶湖運河」計画「不採用」と正式決定下る。

昭和十四（一九三九）年、個人事業主「独立鉄道建設コンサルタント」。

同年、新幹線（当時の名称は弾丸列車（注二））大阪名古屋路線計画を発表。

昭和十五（一九四〇）年、個人事業主「独立鉄道建設コンサルタント」。

注二：当時の名称は「弾丸列車」。該路線図（原図）は、琵琶湖疏水記念館田邉朔郎特別室に展示されている。昭和三十九年十月に開業した新幹線の名古屋〜大阪間は、この計画図通りに敷設された。すでに土地買収が進んでおり、これが東京オリンピックに間に合った最大理由の一つである。

同年、京都帝国大学防災研究所設立の基盤を完成（一九六一年設立）。

昭和十六（一九四一）年、個人事業主「独立鉄道建設コンサルタント」。

昭和十七（一九四二）年、個人事業主「独立鉄道建設コンサルタント」。

同年一月、自宅において脳溢血で倒れる。

昭和十八（一九四三）年、自宅において病気療養に励む。

昭和十九（一九四四）年九月五日、関門鉄道トンネルの完成を聞きつつ、京都の自宅で死去。法名水力院釈了以。従三位勲一等。京都市が市営日ノ岡山墓地の一角を寄贈。ここへ本葬。墓石に「希英魂永留本市（英魂が永く本市に留まることを希う）京都市長」と刻まれた。

後日談一：田邉朔郎の遺品は、琵琶湖疏水記念館において「田邉家資料」として大切に保管されている。同館所蔵の歴史的資料の半数以上を占める。

同館において「田邉朔郎特別室」が設営されている。これにより、田邉朔郎が同館において末永く顕彰されることが期待できる。

後日談二：朔郎の書斎「百石斎」は、本邦初の鉄筋コンクリート製自宅ということで国の有形文化財として登録された。現在、社団法人日本コンクリート工学会近畿支部が、調査に入っている。筆者を含む朔郎の子孫は、「永久保存をしてくれる団体があれば、土地ごと贈与する」と公式の場で表明した。

後日談三：京都市から頂いた朔郎夫妻の墓地は、朔郎の「現在」の子孫が守っている。しかし

「将来」の子孫が、これを守ってくれる保証はない。

すでに述べたが、太一の墓は、墓碑ともに売却された。そして北垣国道の墓も、その半分ではあるが人手に渡った。このようなリスクがあるので、朔郎の墓は京都市にお返しすることが「リスク回避」の道だと筆者は思っている。

寸評：薩長軍に負けて「讐」念を抱いたものの、その矛先を、社会奉仕に向け、「報復」を果たした。まずまずの幸せ者。

第四節　田邉多聞

田邉多聞（筆者の父親）

氏は藤原、姓は田邉。初代田邉湛増から二十八代目。代々エンジニア一家の三代目。

―― 生誕

明治三十一（一九九八）年二月二十日、父親朔郎が北海道帝国鉄道敷設のため北海道庁に勤務していたので札幌で生れた。後、朔郎の京都帝大教授就任に伴い、京都に移住した。

―― 京都時代

柳池小学校、京都一中、第三高等学校理科を経て東京帝国大学工学部機械工学科入学試験に合格。

―― 東京時代

大正十三（一九二四）年東京帝国大学工学部機械工学科を卒業。さらに法学部政治科の入学試験に合格してこれを卒業し、高等文官試験行政科に合格。

――朝鮮鉄道時代

内務省に入省し、朝鮮総督府鉄道局へ入局。大東亜戦争敗戦までに六四七七キロメートルに及ぶ、南満州鉄道を遥かに凌ぐ大鉄道網（注一）の建設・運行の一翼を担った。

昭和五（一九三〇）年から昭和十一（一九三六）年にかけて二回、ドイツのベルリンへそれぞれ半年の長期出張をしてヨーロッパ鉄道の実態を調査・研究し、成果を朝鮮鉄道に取り入れた。

昭和十二（一九三七）年運輸課長。

昭和十八（一九四三）年任高等官二等（勅任官）交通本局釜山地方交通局長（注二）。この時大本営は「米軍は、沖縄の次には対馬か済州島に上陸する」と予想した。だから陸軍が釜山に集結していた。鉄道と軍は共同作業の必要があったので、多聞は「少将」の位を与えられ、閣下と呼ばれていた（注三）。

昭和二十（一九四五）年八月十五日、大東亜戦争敗戦。

同年九月九日、米第二十四軍団ホッジ司令官が朝鮮総督府阿部信行総督の職務を引き継ぐ。

――米軍への協力時代

昭和二十年九月十三日、ハミルトン中佐が交通本局長を踏襲。九月二十五日ライト中佐が多聞の釜山地方交通局長の職務を引きついだ。

多聞には「南朝鮮から日本へ帰国する八十万人の全在鮮日本人の日本への輸送を三か月以内に完了せよ」との命令がくだった。鉄道員も順次帰国する環境にあり、命令の遂行は難航した（注四）。

注一：敗戦当日まで釜山から満鉄経由で北京、又はハルピンまで毎日特急列車「ひかり」又は、「のぞみ」が走っていた。

注二：釜山地方交通局は、内地との連絡拠点であり、朝鮮鉄道の地方交通局の中で最も重要な局だった。この局は、朝鮮半島の南半分（現在の韓国）の（鉄道だけでなく）全ての交通機関を自ら運営し、従業員数が一〇八、八一三（本局）の約四分の三を有する大きな局だった。多聞は、四十五歳にしてこの大きな地方局の局長となった。

注三：局長官舎に隣接して秘書官官舎、局長用自動車車庫、運転手官舎があった。毎日局から派遣される用務員が居た。その他に、私的に雇用する女中が二名居た。多聞の公的人生において華の時代だった。

注四：米軍が進駐してきた直後の九月二十八日、京釜本線の大邱駅近傍にて大列車事故発生し、死者七十名、重軽傷者八十名を数えた。また十月十七日、晋州線で列車正面衝突があり、死者二十名、重軽傷者五十名を数えた。いずれのケースも局長自らが現地に急行して指揮をとったが、被災者の百％は朝鮮半島人であり、日本人鉄道員が業務を投げ出して帰国したことが原因であるとして局長が朝鮮半島人集会に呼び出されて糾弾された。多聞は「死を覚悟した」と後に鮮交会会誌に投稿した手記に書いている。

注五：筆者は、「終戦日記」の解説書全八十二回のブログに分けて有限会社田辺コンサルタント・グループのＨＰとフェイスブックによって発表した。そのタイトルは、以下の通り。

韓国は日本と米国の支援によって円滑に独立できました（1）～（82）。

マッカーサー配下の米軍は、日本の官僚制度をそのまま韓国に引き継がせた。

《日本は朝鮮半島を「植民地」として「支配」は、これをしていません》

「植民地支配」の否定。

多聞は（ハミルトン中佐を補佐して）それをやり遂げ、その間に日記（タイトル「終戦日記」）をつけた（注五）。

昭和二十年（一九四五）年十二月二十七日に釜山港をステッキ一本で帰国船に乗った（注六）。博多へ着いた後、実家の京都へ向かった。

鉄道は米軍の爆撃対象ではなかったので、列車は動いていた。そして京都市左京区浄土寺真如町十番地の実家（朔郎遺邸）へ戻った。

――京都市電気局

この時、内務省は、京都市交通局長の椅子を用意してくれた。

――公職追放

昭和二十二（一九四七）年一月、米軍マッカーサーのＧＨＱから公職追放令を受けた。追放の理由は、「占領地の行政長官」だった（注七）。

無職となった多聞は以後、朔郎の残した敷地三百五十坪、二十部屋もある大きな邸宅で、気の抜けたように悠々自適生活に入った。その間、鮮交会（朝鮮総督府交通本局下の帰国日本人全従業員のＯＢ会）会長。

――我に返った。

昭和三十五（一九六〇）年頃、やっと気を取り直した。若い頃ドイツでアウトバーンを見ていたので観光用自動車専用道路建設計画を思いつき、阪急電鉄に働きかけて会社を興し、常務取締役となって自らルートを選定し、将来の京都のために京都西山ドライブウエーを完成させた。

現在観光バスで通行するとバスガイドが「このドライブウエーは京都疏水を作った田邉朔郎の嗣子、田邉多聞さんが計画して建設した。京都市内から見えないようにルートを工夫してある」と丁寧な御案内がある。

昭和四十五（一九七〇）年十一月三十日歿。享年七十二歳。東京都営青山霊園『一種口8－16』の田邉家墓地に葬られた。

第五節　有賀光豊

有賀光豊（筆者の外祖父）

注六：日本人送還プロジェクトに協力して成功させたことを大きく評価した米軍は、多聞の帰国に当って局長官舎にあった家財道具を大型トラック二台を使って京都の実家の家まで運んでくれた。現在、多聞の子、康雄は母の嫁入り道具であった「敗戦後の朝鮮帰り」桑張桐箪笥を所持している。

注七：米軍による南朝鮮在住日本人を早期に帰国させるプロジェクトは、マッカーサー司令部GHQの命令であったと父多聞は理解していた。だから、GHQには大いに協力したと思っていた。

ところが、GHQによって公職追放を受けた。以後、GHQに対する「讐念」の塊りだった。しかも占領地の行政長官だったことが理由とは。朝鮮半島を植民地にしたことはない。そのことを父から繰り返してきいた。以後、筆者もGHQに対する「讐念」の塊りとなった。

──「氏」と「姓」

皇室の始祖、天照大神に反したスサノオ命の系統であり、皇室系統の源平藤橘などの「氏」はない。

──神話時代

諏訪大明神（建御名方命、大国主命の次男）が、大国主命の国譲りに納得せず、出雲から諏訪に逃れてきた（『古事記』）。

有賀氏は、諏訪大明神の従者三十三氏の一角。筆頭が守屋氏。代々諏訪神社の神官を務められてきた。有賀氏は、上諏訪神社の北方正面の諏訪市四賀に数多く居住しておられると聞く。他に、筆者の知人、片倉氏、小口氏、向山氏、倉田氏も多いと聞く。

また、上諏訪神社の南方裏山には、「有賀」峠、そして「有賀」城の遺跡が存在する。筆者も二十年程以前に、ここをドライブした。

──戦国時代

時代は下って天文年間（約五百年昔）、現在の長野県上伊那郡南箕輪村南殿と北殿の中間に古城があった。信濃の国の国司、小笠原長時の出城の一つであり殿村城といった。

小笠原の臣下藤沢頼親が箕輪福与城を預かり、頼親の下で有賀右京之介が、この殿村城を預かっていた。その後有賀宮内之介の時代に、殿村城は甲斐武田信玄の伊那攻めを受けて右京之介討死した。この時武田信玄は、有賀右京之介に土着を許した。

以後、有賀宮内之介の子孫は殿村において「地侍」として代々農業を営んできた。この地は、山蕗が一面に生い茂っていたので「蕗原の庄」と呼ばれた。

―　江戸時代

伊那地方（伊那谷）は、徳川将軍家の直轄地（天領）となった。徳川家の代官がここを収めた。有賀家は、南箕輪村最大の地主（名主）と位置付けられた。そして支配地域の社会基盤の整備を行った。例を挙げると、天竜川の治水工事や、灌漑用・生活用の横井戸（「まぶ」という）の掘削工事等であった。年貢米に関して代官との対立なども伝わっている。常に小作人を守る立場に立った行動であった。

諏訪に近い北部伊那地方は、反骨精神が旺盛である。これは朝廷の意に背いて諏訪に逃げてきた建御名方命の精神を継続している。有賀光豊も「反骨精神」の固まりだった。

―　生誕

明治六（一八七三）五月二十三日、長野県上伊那郡南箕輪村南殿の名主（屋号「中東」）、有賀光彦の長男として生誕。「中東」家は、約五十ヘクタールの田畑を有する南箕輪村一番の大地主だった。年収年貢米二〇〇〇俵（八百石）。

―　少年時代

明治十三（一八八〇）年、漢学の先生の宅に預けられ、水汲み飯炊きをさせられて小学校に通う。松本中学（現松本深志高校）に進み、在学中も先生の宅に預けられ、日課の薪割りで腰を痛める。

明治二十四（一八九一）年卒業。

――青年時代

家業を継がせたいと思う父光彦は、高等教育を受けたいと願う光豊に対して言った。「許すが、三年で修学を卒えよ」と。これを受けて、やむなく東京法学院（現中央大学）に入学。明治二十七（一八九四）年、優等で卒業。

――日清戦争

同年十二月、近衛野戦砲兵連隊補充中隊に一年志願兵として入隊。入隊後、新馬の調練を命ぜられ模範生となる。

明治二十八（一八九五）年十二月、志願兵終了試験に合格して除隊となり、翌年三月には陸軍砲兵少尉となる。なお、日清戦役従軍記章と功労金四十円をもらう。

明治二十九（一八九六）年、親友の河野秀男に刺激されて高等文官試験受験を思い立ち、上野図書館に通う。

明治三十（一八九七）年、高等文官試験合格。河野秀男、加藤敬三郎と同期。

明治三十一（一八九八）年、同郷の先輩の渡辺国武に仕官の世話を頼み、（幕臣の子）目賀田種太郎に初対面する。同氏の推薦により、十二月大蔵省に任官して主税局に勤務する。

明治三十一（一八九八）年、大蔵省主税局配下。

明治三十二（一八九九）年五月一日、税関監視官（高等官七等）となって長崎税関監視部長の任につく。

明治三十三（一九〇〇）年六月、父親光彦の勧めもあり、休暇を願い出てアラスカへ採金法視察のために渡米したが、現地暴動のため目的を果たせなかった。同年九月、帰朝して長崎税関に復帰する。

明治三十四（一九〇一）年十月、父光彦の病篤きため一旦官を辞して故郷（伊那）に帰り家業（地主の仕事）を見る。

明治三十五（一九〇二）年、故郷（伊那）で家業にいそしむ。

明治三十六（一九〇三）年十月、父の病小康を得たので再度任官し函館税関署長となる（高等官七等）。

―　**日露戦争**

明治三十七（一九〇四）年一月、税監視官（高等官七等）に任ぜられて前任の長崎税関監視部長を命ぜられ再度長崎に赴任する。監視部長会議でたまたま大阪税関監視部長の鈴木穆と相知る。

明治三十八（一九〇五）年五月六日、鈴木穆の紹介により、信州出身の実業家北村英一郎の娘公子と東京の北村邸にて結婚式を挙げる。任地長崎にて新家庭生活に入る。

―　**日露戦争後（朝鮮半島）**

同年秋、韓国政府財政顧問目賀田種太郎さまの御勧誘によって朝鮮行きを決心する。

明治三十九（一九〇六）年一月十日、「御用有之韓国に差し遣わさる（内閣）」辞令の下に単身朝鮮に赴任する。公子夫人は実家にて身重の身をしばらく静養する。

同年二月九日、韓国総税務司の辞令により鎮南浦税関署長を命ぜられる。同年四月一日、日露戦役の功により勲六等瑞宝章と金二百二十円をもらう。同年五月二十三日、長男光富が出生する。同年八月十日、正七位に叙せらる。

明治四十（一九〇七）年、日韓新協約により韓国政府にあった日本人役人は統監府の役人となる。同年七月六日、長男光富可愛盛りに死す。

明治四十一（一九〇八）年一月、韓国政府官制の改正によって統監府の役人は全員韓国官吏に任用される。したがって韓国政府から改めて鎮南浦税関署長の辞令（奏任官二等俸）に叙せられ、ついで従六位に叙せられる。

明治四十二（一九〇九）年、引続き、韓国政府鎮南浦税関署長。

同年五月七日、長女美佐子（筆者の母親）生まれる。

明治四十三（一九一〇）年一月二十一日、韓国政府関税局関税課長兼経理課長を命ぜられる。同年九月三日、次男光則生まれる。

――日韓併合

明治四十三（一九一〇）年九月三十日、統監府官制廃止となり一時廃官となる。同年十月十日、改めて朝鮮総督府書記官（高等官五等三給俸）に任ぜられて度支部司局関税課長を命ぜられる。

明治四十四（一九一一）年七月十四日、総督府事務官（高等官四等三給俸）任ぜられて京畿道内務部長となる。勲五等に叙せられて瑞宝章をもらう。同年七月十七日、二女夏子産まれる。

大正三（一九一四）年七月三日、三男隆雄生まれる。同年十二月二十二日、高等官三等一級俸になる。

大正六（一九一七）年一月十五日、三女静子生まれる。

―朝鮮殖産銀行

大正六（一九一七）年八月十五日、理財課長に転任し専ら朝鮮殖産銀行の設立委員会幹事を命ぜられる。この銀行は、日本法律による特殊銀行であり、現韓国産業銀行である。

同年七月二十五日、四男敏彦生まれる。同年十月一日、朝鮮殖産銀行成立し同行理事に就任す。

大正九（一九二〇）年七月二日、三島頭取死去にともない、「頭取」を命ぜられる。以後、以下の組織の長を歴任した。朝鮮貯蓄銀行頭取、朝鮮蚕糸会会頭、朝鮮穀物商組合連合会会長、朝鮮山林会会長、京城放送局創立委員長。日本高周波重工業（株）社長、他に、農林省食料管理局顧問。

―斎藤実朝鮮総督と意気投合

昭和五（一九三〇）年、斎藤実朝鮮総督と意気投合した。朝鮮半島出身者融和政策であった。以後、光豊が頭取をしていた朝鮮殖産銀行（現韓国産業銀行）においては、内地出身者と半島出身者の間に給与の差を付けない政策をとった。「よい国にして朝鮮半島の方々にお返しする」。これが信条だった。

この信条により、京城（ソウル）帝国大学を卒業した朝鮮半島出身者の最優秀生が殖銀に集まった。この（優秀な）人材が、独立後の韓国の政治経済を牽引した。

昭和九（一九三四）年七月三日、勅撰貴族院議員に選出された。半島出身の朴泳孝侯爵を支えることを期待されて勅撰されたと聞く。農民有賀光豊が貴族に出世したのだ。

――高周波鋼業と高周波熱錬

昭和十一年一月、特殊鋼製造の日本高周波重工業株式会社を起こし、自ら社長となって陣頭指揮をとった。咸鏡北道（北朝鮮）城津に製鐵製鋼一貫の大工場を建設したところ、折からの大東亜戦争を控え、特殊鋼の需要は天井知らずだった。そのため、会社業績は順調に伸びた。

ところが、敗戦（昭和二十年八月十五日）――。城津の大工場は、没収された。しかし内地（日本）に残った設備により再出発した。現在の日本高周波鋼業株式会社と高周波熱錬（ネツレン）株式会社である。

――突然の断末魔

昭和二十一（一九四六）年、日本進駐軍、米国GHQによる「自宅接収（注一）」「農地解放（注二）」、「公職追放（注三）」、」という三重苦を「唐突」に与えられた。

両腕、両足を切断されて胴体だけで生きろと言われたに等しい。拷問だ。このような理不尽な罰を与えた米軍GHQに対して孫の筆者は「讐念」に燃える。可愛がってくれた祖父のために「復讐」したい。と、心底からそう思っている。

最近仕事で米国人とともに働いた。列車で移動中、「東京駅は爆撃で燃えた」と伝えた。「誰が爆撃した？」と訊いてきた。これに対して「ユー」と答えた。「ノットミー（自分ではない）」が回答だった。

これを聞いた筆者は内心「立腹」した。民間人を大量殺戮したことに対して米国人は「贖罪」意識をまったくもっていないのだ。一方筆者は、祖父の「讐念」を継承している。だからその後、そ

注一：昭和七年に建設された東京都世田谷区北沢四丁目八番六号にあったテニスコート付き三千三百平方メートル二十部屋、自動車車庫運転手家族宿舎付の邸宅は、米軍将校の宿舎として没収された。なお、この家屋敷は（外部から観察すると）現在も昔のままに保存されており、（ネット検索によると）「豪邸ハウススタジオ」として活用されているらしい。昭和十七（一九四二）年、初夏から夏の終わりに掛けて三か月間預けられ、毎日祖父祖母の間に挟まれて「川の字」で寝た。その寝所のある建物。今、その「ウエブ」写真がなつかしい。

注二：光豊は、不在地主を認定されて広大な田畑が農地解放の適用を受けた。その際、小学校四年生の田邉康雄は現地においてその実態を見た。武田信玄の伊那攻め以来所領していた約五十町歩（ヘクタール）の田畑が不在地主であったが故に小作人にタダ同然の価格で引き渡された。これを小学校四年生の筆者は目撃した。

注三：光豊は、「日本の膨張に関係した金融機関のトップ（頭取）」であることがマッカーサー司令部の定めるE項に該当して公職追放となった。追っかけて「有力なる軍事産業のトップ（社長）」であったことを問われてG項でも追放された。

の人と共に働く仕事は断っている。

昭和二十四（一九四九）年死去した。死因は胃がんだった。強いストレスが原因だった。享年七十七歳。東京都営多摩霊園に葬る。光豊の業績は、有賀さんの事績と思い出編纂会『有賀さんの事績と思い出』昭和二十八年発行に詳しい。


寸評：明治維新により、（棚からぼた餅で）農民が「士族」に登録され、順調に立身出世して貴族（勅撰貴族院議員）になったが、大東亜戦争の敗戦によって元の木阿弥以下になった。懸命に生きたが他律的運命には逆らえなかった。

「讐念」に燃えたが、あまりにも強いストレスを受けて「讐念」の捌け口が無かった。直ちに胃がんを発症し、追放二年後に死んだ。

「報恩」に代える時間がなかったのだ。祖父の気持ちを思うと、心が痛む。孫の筆者が「讐念」を引き継ぎ、それを「恩念」に変えて「報恩」したいと思う。

第六節　田邉康雄

田邉康雄（筆者本人）
氏は藤原、姓は田邉。初代田邉湛増から二十九代目。代々エンジニア（工学者）田邉家の四代目。
昭和十一（一九三六）年、日本国朝鮮京城市（現在のソウル市）に生れる。
昭和十八（一九四三）年、京城師範附属尋常小学校に入学。同年釜山市立第三小学校一年生に転校。

昭和二十（一九四五）年五月京都市立第三錦林小学校三年生に転校。　同年八月十五日長野県上伊那郡において終戦の詔勅を聞く。同年九月南箕輪村立小学校三年生に転校。

昭和二十一（一九四六）年十一月京都市立第一錦林小学校四年生に転校。

昭和二十二（一九四七）年四月京都市立第一錦林小学校五年生。

昭和二十三（一九四八）年四月京都市立第三錦林小学校六年生に転校。

昭和二十四（一九四九）年四月京都市立岡崎中学校入学。

昭和二十七（一九五二）年四月京都府立鴨沂高等学校入学。

昭和三十（一九五五）年三月、鴨沂高等学校を卒業して大学受験予備校に入学。

昭和三十二（一九五七）年四月、二年間のいわゆる「浪人生活」の後に「やっと」の思いで京都大学工学部燃料化学科に入学。在学中、体育会テニス部と文化会ＥＳＳ（英語会）に属していわゆる「部活」に励む。三年生の時、運輸省通訳ガイド試験に合格。

昭和三十六（一九六一）年同科を卒業して同科修士課程に（成績優秀につき）無試験合格。新宮春男教授の下、乾智行助手の指導を受けた。

昭和三十八（一九六三）年三月、同博士課程に（成績優秀につき「無願書」「無試験」）合格するも、考える所あり、四月修士号取得しただけで三菱化成工業株式会社に入社。

——三菱化成（現三菱ケミカル）

昭和三十八（一九六三）年四月三菱化成工業株式会社入社。黒崎工場コークス製造課に仮配属。コークス炉上作業に従事。

昭和三十八（一九六三）年七月同社中央研究所触媒研究部に本配属され、合成樹脂／繊維原料製造基礎研究に従事。

昭和四十（一九六五）年同社黒崎工場技術開発部転勤を命ぜられて「既存」製造プラントの技術改良に従事。

昭和四十四（一九六九）年同社水島工場技術部に転勤を命ぜられて「新」プラントの設計に従事。

昭和四十七（一九七二）年同工場製造部に転勤を命ぜられて合成樹脂／繊維原料「新」プラント設計・建設に従事。建設課長。

昭和五十二（一九七七）年同社本社化成品事業部技術課長を命ぜられ事業推進に従事。鋭意、設計・建設した「新」のプラントの立ち上がりに際して完璧ではなかったことを咎められ「窓際族」となる。ここで、三菱に「讐念」を抱き、社会的に良い仕事をして見返してやろうと決心する。

昭和五十九（一九八四）年事業開発部次長に転勤を命ぜられ、シリコン半導体原料製造プラントの設計・建設。事業化を発案し、「報復」のため「良い仕事」を残したいと頑張る。頑張った結果は大成功。現在、同社ドル箱の一つ。

著書の自叙伝、『生涯現役エンジニア®』を、当時の小林喜光社長に贈呈したところ、以下のように御叮嚀な文面の御手紙を受領した。

曰く、「『エンジニアは生涯現役であれ』というメッセージには、一人のエンジニアとして共感するところであり、実際に生涯現役を貫かれた田邉様を羨ましくも思います」と。さらに「これまでエンジニアに専念され、14ＢＧ（ブチレングリコール）を始めとした当社事業に御貢献頂いたことに対しましても厚く御礼申しあげます」と。

平成八（一九九六）年、同社定年（六十歳）退職して、個人事業主田辺技術士・中小企業診断士・労働安全コンサルタント事務所開業。

平成十三（二〇〇一）年、有限会社田辺コンサルタント・グループ代表取締役社長に就任。

令和三年（二〇二一）年、娘の「まちひとこと」総合計画室を吸収合併し、娘を取締役副社長に据えて会社業績は、順調に拡大し、現在に至る。

――「讐念」

三菱化成・三菱ケミカルに在籍した三十三年六か月の間に、主担当した新規製造プラントの六件が社長賞を受賞した。この事実は、未曽有。

加えるに、内一件（前述の14ＢＧ）は大河内記念生産賞【特賞】を受賞した。この賞は、三菱にとって受賞時点で未曽有であり、その後も受賞はない。

ところが、このプロジェクトの社内認可を取り付ける際、事業部長と対立した。事業部長は、筆者の「昇進を遅らせるぞ」と恫喝した。

しかし筆者は動じなかった。怒った事業部長は、恫喝通りに筆者の昇進を遅らせた。同期トップで走っていた筆者は、トップから半年昇進が遅れた。

さらにプラント立ち上がり時における些細なトラブルが過大に取り上げられた。そして外された。人の失敗を過大に取り上げる勢力がいたのだ。御自身の栄達の為に。

これらの事件によって筆者は、三菱に「讐念」を抱いた。その後、技術士、中小企業診断士、労働安全コンサルタントの資格取得に励み、資格取得に成功して六十歳で定年退職すると同時に独立技術コンサルタントとなり、今日に至る。八十六歳にして「生涯現役エンジニア®」である。同名の著書（丸善発売）がある。

――生い立ち

昭和十一（一九三六）年、日本国朝鮮京城（現ソウル）にて、朝鮮総督府鉄道官僚、田邉多聞の次男として生まれた。

昭和十四（一九三九）年五月（二歳九か月）、全朝鮮健康優良児表彰会「発育良好」と認められ「表彰」された。但しこれは、母親美佐子が受「彰」したものである。「お母さん元気に生んでくれてありがとう」。

昭和十五（一九四〇）年二月、紀元節の歌がラジオから流れ始めた。現在でも記憶している。「金鵄輝く日本の…紀元は二千六百年。ああ一億の胸躍る」の歌がラジオから繰り返し、繰り返して放送された。いまでも耳底にへばりついている。「金鵄輝く日本の…ああ一億の胸躍る」と。

昭和十六（一九四一）年八月、そうめんの茹で汁を鍋ごと全身にかぶって大やけどを負う。

昭和十六（一九四一）年十二月八日（五歳）、大日本帝国海軍空母機動部隊ハワイ空襲（ハワイ海戦）し、大成功。これをラジオで知る。しかし、母美佐子は「大変なことが起こった」と大騒ぎ。しかし、この大勝利で街は沸いていた。提灯行列を経験した。

二日後の十二月十日英国戦艦プリンスオブウェールズと重巡洋艦レパルスが、サイゴン空港から発進した大日本帝国海軍一式陸上攻撃機によって撃沈（マレー沖海戦）。この成果を『朝日グラフ』

写真は、昭和十一年十月　親子兄四人。右から父多聞、長男陽一、次男康雄（筆者、生後三か月）、母美佐子。弟謙三は、まだ生まれていない。

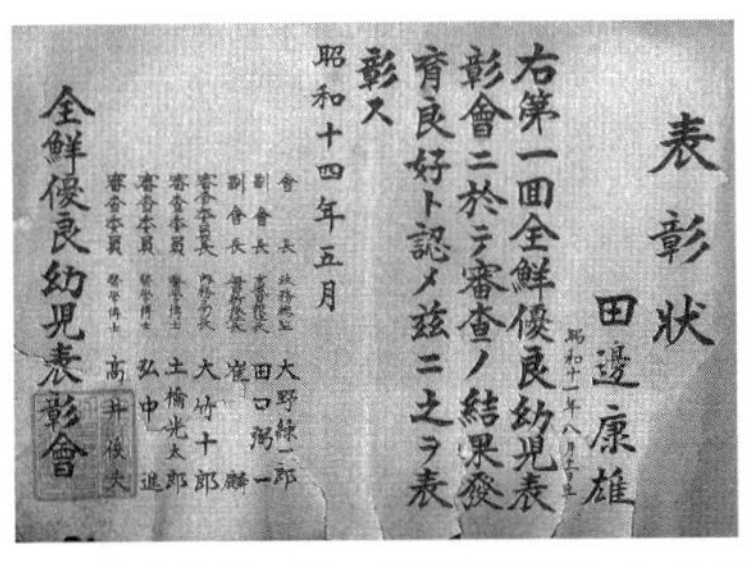

表彰状

田邊康雄　昭和十一年八月三日生

右第一回全鮮優良幼児表彰會ニ於テ審査ノ結果發育良好ト認メ茲ニ之ヲ表彰ス

昭和十四年五月

會長　大野緑一郎
副會長　田口[illegible]一
副會長　崔麟
審査委員長　大竹十郎
審査委員　土橋光太郎
審査委員　弘中進
審査委員　高井俊夫

全鮮優良幼児表彰會

二歳九か月の時、健康優良児として表彰された。居住地が、日本国朝鮮だったので「全鮮」とある。

の写真によって楽しむ。

昭和十七（一九四二）年二月、『朝日グラフ』の写真により、「神兵天下る」を楽しむ（インドネシアパレンバン油田確保戦のための落下傘部隊の活躍）。

同年五月、母方祖父有賀光豊と共に京城（ソウル）から東京までオール一等車の旅を楽しむ。東京都世田谷区北沢四丁目八番六号にある敷地一千坪（二十部屋和洋折衷）の邸宅（自動車と車庫運転手宅付）の広大な屋敷で祖父光豊と祖母公子に挟まれて川の字で寝る生活を約三か月半過ごす。

同年八月末、京城へ戻った。帰路京都に立ち寄り、病床に伏していた祖父朔郎に会い、頭をなでてもらった。これが記憶の最初で最後。

同年九月、鉄道官舎内の幼稚園に、途中から入園。なじまず、苛められる。集団から苛めにあう最初。以来、学校等が嫌いになる。

昭和十八年四月、京城高等師範学校附属小学（尋常小学校と言った）入学。市街路面電車による通学を始めた。

同年六月、双葉山が地方慰問興行で同尋常小学校にもきた。その際、同級生四、五人が土俵上で、かの有名な「双葉山」と勝負した。これは選ばれた学童四、五名が双葉山の「ふんどし」にしがみついていたと言う方が正しい。

同年七月、小学校から（ある）大邸宅の「見学会」兼「遠足」があった。後日、外祖父有賀光豊の邸宅だったと知った。高周波重工業（現日本高周波鋼業と高周波熱錬）の社長であり、勅撰貴族院議員だった。

祖父は、その少し前まで朝鮮殖産銀行（現韓国産業銀行と北朝鮮中央銀行）頭取を十七年間勤めていた。朝鮮半島財界のナンバーワンだった。

学校で宿題は、これをやったことが無い。先生にしかられたこともない。著名人の孫ということで見逃したものだろう。だから家で勉強は、これをやったことがない。同年九月、空襲対策で徒歩による帰宅訓練する。

五歳の筆者

同年十一月（小一）、父親の転勤で釜山に移り、百戸ほどで構成された「鉄道官舎」の一角、総督府局長官舎に住み、釜山市立第三小学校一年に転校した。

転校後、同級生による虐めにあった。いじめの理由はあとでわかった。朝鮮半島人の子が内地人の学校に転校してきたと思われたのだ。登校初日に局長官舎の用務員（朝鮮半島人）に付き添われて登校した故。

しかしすぐに、大きな朝鮮総督府局長官舎から通っていることが分かり、掌を返すように同級生等の見る目が好転した。

新聞は、フィリピンのリンガエン湾への米軍上陸を書きたてていた。先生は、太平洋の島々における米軍の非道を説いていた。日本兵の捕虜あつかいだ。負傷兵を戦車で踏みつぶして穴に埋めると。鬼畜米英と習っていたので、不思議には思わなかった。

図画の時間は戦争ものが題材だった。二年も前の珊瑚海海戦における米空母レキシントン轟沈の図柄が配布された。上手に書いて褒められた。

ここでも宿題はやらなかった。総督府局長の息子ということで先生は大目に見てくたのだ。毎回の授業の開始は、「言い訳」の時間だった。回数を経るごとに上手になった。だから宿題は、これをやったことがない。

昭和二十（一九四五）年、（小三）になって小学校の校庭は陸軍の兵舎となり、テントが立ち並んだ。戦車が行進してきた。港には空母も入ってきた。

大日本帝国陸軍の雄姿をみた。「硫黄島」が陥落し、沖縄戦の最中だった。「次は対馬」と想定されたのかも知れない。その対馬は、釜山の目と鼻の先に遠望できた。

昭和二十（一九四五）年五月、母と兄弟三人は、京都へ帰ってきた。祖母が（半年前に逝った）祖父田邉朔郎を追うように二月に他界したので、実家を守る必要がでたのだ。

関釜連絡船の内地側港、下関は機雷封鎖で使えなかった。博多も同様だったが、沖合で停泊し、艀で上陸した。

前列右から筆者（八歳）、弟田邉謙三、兄田邉陽一、後列右から母田邉美佐子、父田邉多聞。昭和十九年十一月

救命具を付けたまま眠った。母は朝まで一睡もできなかったと、後日打ち明けた。米軍潜水艦が虎視眈々と民間の連絡船を狙っていたのだ。すでにその実例はあった。崑崙丸の轟沈事件だった。生存者なし。

事実、乗船した連絡船は、一週間後に潜水艦攻撃を受けて沈んだ。父多聞としては、大きな「賭け」だった。

同年五月、京都で第三錦林小学校三年生に転入した。京都弁が分からず苦労した。宿題はもうでなかった。

ここでも、暴力を伴う酷い虐めに会った。言葉が通じなかった故に虐められたのだ。虐めで通学が苦しくなった。しかし親には言わなかった。毎日、空襲のニュースがあふれていた。

同年八月七日、「広島に新型爆弾」という新聞朝刊一面の見出しを見た。「京都が危ない」と母は言った。翌日、汽車に乗った。途中、焼け野原の名古屋を見た。行く先は、外祖父有賀光豊の実家。長野県上伊那郡南箕輪村南殿の祖父有賀光豊の実家。

到着翌日、ラジオで知った。「長崎にも新型爆弾」と。母の判断は鋭かった。後年知った。最初の目標は京都だったと。トルーマンの反対で実現しなかったと。反対しなければ、母と三人の兄弟は京都で死んでいた。

同年八月十五日（到着一週間後）に玉音方法を母と共に聞いた。意味は分からなかった。「耐えがたきを耐え、忍び難きを忍び」だけが、耳に残っている。

母は泣いていた。「負けた」と。真説・明治維新は終わった。しかしこのことは、まだ知らなかった。これが筆者の明治維新の終結だったと後年知った。

同年九月一日、夏休みが明けて村の小学校に転入した。すると「町人々々」とさげすまれた。この意味が分からなかった。しかし後日自分なりに理解できた。「そうか。士農工商だったのだ」と。ここは農村だった。町人は（農民よりも）下の身分だ。身分による虐めを受けたのだ。

あまりにも蔑まれるので、体調を悪くして登校拒否した。四か月間。現在の言葉でいうと、いじめであった。投稿拒否に必要な「言い訳」テクニックは、京城、釜山時代の「宿題不提出」で身につけた。これをさらに、磨いた。

なんとか復調して登校した。すると、「門構え付き」の家に住んでいることが分かって、もう蔑まれることはなかった。門構えは、「士」の象徴だった。実際は、「士」ではない「名主」の身分であるが。

以後、楽しく通学した。家の格による差別が子供の世界にもあることを知った。すでに述べた朝鮮釜山と京都の小学校の例も含めて。

この時期に記憶に残るは、教科書の塗りつぶしだ。これはよかった。勉強の時間ではなく、図画工作の時間のようなものだったから。墨と筆は支給された。硯は幸い、光豊宅の倉庫にあった。

昭和二十一（一九四六）年五月、農地解放があった。外祖父有賀家の広大な田畑がタダ同然の価格で小作人に引き渡された。この状況をこの目で見た。小作人の本家（地主の事）に対する態度の変化も見た。

同年十一月、京都へ戻った。そして京都市立第一錦林小学校四年生に転入した。京都の朔郎旧宅に於いて新たな生活が始まった。

父親田邉多聞は朝鮮の釜山から戻っていた。そして京都市電気局長を拝命していた。これにより、京都でもなんとか生活ができそうだという事だった。

ここでも虐めに会った。こんどは成績が悪いという理由だった。そうだろう、頻繁に転校し、勉強する暇が無かったのだ。

――鬱積する「讐念」

幼稚園転入を含め、小学校四年までに四回転入を経験したが、四回とも集団的「虐め」を経験した。理由は「得体の知れないよそ者が入ってきた」。それだけの理由だった。

これに対して「讐念」を持った。しかし、「報復」する腕力は無かった。「今に見ておれ、仕返しするぞ」と心の中で誓った。

――GHQに対する「讐念」

昭和二十二（一九四七）年一月、父多聞は、（突然）GHQによる公職追放令を受けた。これによって無収入に陥った。合わせて新円切替だ。貯金は「無」になった。

朝鮮の京城（現ソウル）と釜山（現プサン）時代は、朝鮮銀行券で貯金をしていた。これが完全に宙に浮いた。さらに「なけ無し」の財産を朝鮮でささやかに投資していた。それも「無」になった。

追いかけて財産税と相続税だ。祖父朔郎は、稼いだ収入を不動産（貸家）投資に回していた。父多聞は、相続税等を不動産の売却で払い、やっと残ったのは、京都実家の土地・建物だけ。

これら朔郎遺品を食料と物々交換して、あるいは金に換えて生活を維持した。明治維新の結末（＝大東亜戦争敗戦）をなんとか生き延びたのは、祖父朔郎のお陰だ。戊辰戦争を生き延びた朔郎は、その経験を活かして子孫のために「生き延びる」方策を残してくれたのだ。合掌「朔郎菩薩」。

昭和二十三（一九四八）年四月、学区再編成により、第三錦林小学校へ転校させられた。この時は、かなりの人数だったので虐められなかった。

――勉強嫌いと「警念」

筆者は、京都で祖父朔郎の旧宅から市立小学校、市立中学校、府立高等学校を経て二年間の受験「浪人」の後に京都大学工学部に入学した。

自宅における勉強は、これをやったことが無いと既に書いた。ところが、最初の受験で気が付いた。「受験勉強しないと大学に入れない」と。それで人よりも二年多く時間を要した。

――敵国語（英語）嫌い

GHQから公職追放を受けた父親ゆずりで、米国嫌い。その流れで英語嫌い。その為に大学初回受験で惨敗。

しかし偶々知遇を得た京都大学工学部助手（後に教授）渡邉信淳先生のアドバイス「エンジニア

は英語ができないと仕事にならない」を知り、浪人中に英語会話の訓練。

それに力が入り過ぎて二浪。しかし大学二年生で文化会ESSのキャップテンとなり、大学三年生で通訳ガイドの試験に合格して挽回した。

一方、体育会テニス部に入部して練習に励んだ。同好会テニス部ではない。だから大学生活は超多忙だった。「体育会」と「文化会」の両方に足を突っ込んだから。


――鬱積する「讐念」と「報恩」


しかしサラリーマンとなって、（中学生一年の際、IQ百五十で五百人中二番だったにもかかわらず）一年下の人から「年少者」扱いされた。悔しかった。だから、「讐念」の固まりとなって出世競争には与(くみ)せず。いい仕事をして「報復」する道を選んだ。

その結果、担当プロジェクト六件が社長賞を受賞し、内一件が（三菱化学としては未曽有の、後もない）大河内記念生産賞の【特賞】を与えられ、積年の「讐念」を晴らした。結果として「報恩」ができた。

――「報復」生涯現役エンジニア®

この実績の上に胡坐をかくことはせず、在職中から、六十歳定年退職後の生活設計を組み立てた。

現在、同年齢の友人達が、（就職した企業において出世した人も含め）すべて引退して「毎日が日曜日」の生活をしている中にあって、ささやかながら会社を設立し、その社長となり、後継者（娘）にも恵まれて生涯現役エンジニア®（工学者）で生活している。「ザマー見ろ」と胸のすく思いである。「報復」の人生。

寸評：「讐念」を「報恩」で「報復」した一生。まだ終わっていないが、自画自賛。

第七節　田邉太一

号蓮舟（筆者の曽祖叔父）

幕臣。幕末から明治に掛けて外交官として働いた。我が国の「職業外交官」の第一号。

本書において重要な位置にいる。ところが、紙面を割くページが無かった。よってここで詳述しよう。

後で述べるが、「超大秀才」である。なぜそんな秀才が生まれたのか。答えは、太一の生まれた田邉家の代々継承方式にある。いわばＤＮＡ「優化」の実験場だったのだ。

石庵（父親）、克忠（祖父）、貞斎（曾祖父）、丘忠（高祖父）と太一の高祖父まで遡って四人中三人までが養子。医師の次男一人と本人自身が既に著名な学者二人。

競走馬（サラブレッド）の生産と同じように、頭脳優秀な父から頭脳優秀な子が生まれた。サラブレッドからさらなるサラブレッドが生産された。

あたかも、ＤＮＡ「優化」の畜産場だったのだ。それが「超大秀才」だった。このバックグラウンドを知らずして太一を理解することはできない。

―― 幕末外交談

経歴を紹介する前に、太一が書いた明治の「名著」と言われる『幕末外交談』の精髄（エッセンス）によって太一を紹介しよう。巻頭の自序（まえがき）と巻末の総括（あとがき）である。原文を紹介し、その後に「太一は言う」を付け加えた。

―― 自序（まえがき）

原文：（一）予の謁を幕府に釋しは實に其外国事務衙門に在り

太一は言う。：自分（太一）は幕臣儒学者の次男に生まれた。生まれた家の家禄は、現物玄米二百俵（八十石）だった。次男だから身分は「厄介の身」だった。

徳川幕府において身分は世襲であり、身分がないと俸禄はなかった。厄介の身のまま昌平坂学問所出役から甲府徽典館教授方出役になり、さらに長崎海軍伝習所（三期生）で訓練を受けた。

一期生の勝海舟は、三期生にも居たが、その理由は知らない。多分、卒業できなくて三期まで落ちたのだろう。いわゆる「留年」だろう。勝とは肌が合わなかった。口先ばかりの人物だった故。

嘉永六（一八五三）年に外国奉行所の書物方出役を命ぜられ、文久元（一八六一）年に二十八歳の時に俸禄三十俵で「身分取立て」沙汰をうけた（注）。

原文：（二）中間譴を蒙りて屏居せし事ありといへとも幾もなく故に復して以て其終りに到れり

太一は言う。：私は二度も役目を解かれた。自分のことより国家のことを考えた結果だ。最初は（一旦開いた）横浜の閉鎖を列強国に納得させる池田使節団。その組頭としてパリに随行したとき。

この話は、最初から無理だった。すでに列強と話し合って開港した横浜を、天皇の命令として（実は薩長）閉鎖するための使節団だった。もちろん、役目を果たすことはできなかった。

二度目は慶喜の弟、徳川昭武パリ万博使節に随行したとき。薩摩の陰謀を見抜けず、薩摩が徳川とは別の、独立した国であるような工作を叩き潰すことができなかった。

いずれも団長は、高禄の旗本等だった。すなわち、家柄だけでポストについた。命ぜられた成果は上げられず、使節団長は罰をうけたが、事務方の長である組頭までが「とばっちり」を受けた。

その結果、閉門蟄居等を命ぜられたが、「お前が居ないと仕事ができない」と言われて無報酬で仕事をさせられた。その讐念は残る。

そして江戸城無血開場の最終決定会議を徳川慶喜の前で小栗上野介等徹底抗戦派とともに勝海舟の無血開城派と対峙した。

その為に幕閣の一角、「目付」に昇進した。（将軍に目通りできない）お目見え以下の御家人、しかも厄介の身「次男」が幕府の重役だ。このことは特記できる。

会議に臨んで、慶喜はすでに腰が抜けており、立てなかった。「みすみす」千代田城（江戸城）を薩長に明け渡し、自分は、上野で謹慎してしまった。恥知らずの臆病者めが。

注：幕府の仕事を終えるまでの辞令は、沼津市明治史料館に原本が残っている。

原文：(三) されは予の譾劣を以てするも幕府外交の事實に於てはやゝ通曉する所あり

太一は言う。：外国奉行は安政五（一八五八）年以來明治元（一八六八）年までの十年間に、定員三乃至四名とは言え、六十人が入れ替わり立ち代わり就任していた。

最長在任奉行は三年間でしかない。要職は家格の高い幕臣の世襲制だから致し方ない。私はこの十年間継続して外国奉行所に在籍した。その内、六年間は組頭という実務の長だった。後の世の外務省でいうと局長か。だから幕府外交の生き字引である。

原文：(四) 世に幕末の事を記するの書たゝに十百のみならす然れとも紕繆相望外交の事に於て殊に其甚だしきを見る

太一は言う。：薩長が歴史を歪曲した。薩長政府を批判する記事を書いたものは逮捕されるなど言論統制がきびしかった。よって戊辰戦争のことは、薩長は「善」、徳川は「悪」という視点で整理される始末である。

とくに外交事情に関しては「歪曲」と「捏造」が甚だしい。弱腰外交をやった徳川幕府の負の遺産を薩長が後始末したということになっている。勝てば官軍というが、薩長による捏造はとくに酷い。

原文：(五) 遂に自らはからす一史を著して信を後世に傳へんとの志ありしも老懶これを果し得す

太一は言う。：いたたまれず重い腰を上げ、とくに具体的計画をした訳でもないが、幕末外交史を書いて後世の人々の判断にまかせようとの志を立てたが、寄る年波には勝てず、悶々としてきた。

外国奉行所時代の同僚で失意の福地源一郎とともに吉原を豪遊したのも、その「はけ口」を求めたものだった。福沢諭吉と成島柳北の先生に対して、福地とともに「御前様」として花柳界を風靡した。

原文：(六) 先年知友のすゝめにまかせ予の憶記するまゝを筆し一章一篇成に随て讀賣新聞に報してこれを世に問ひしことありしか今又これを輯録し更に刪補する所あり以てこの書をなすにいたれり但事予の耳目の見聞する所に局して其全豹を描くに及はす

太一は言う。：友人が「田兄（太一のこと）やってくれ」と強く勧めるので、老いの身に鞭打って思い出しながら少しずつ書いた。そして読売新聞に連載記事を書いた。

今回は、この連載をまとめて一冊の本にした。その際、さらに書き足した。ただし書いたことはすべて自分が見聞きした範囲の事象に限定されているので、これが幕末外交の全部であるということにならない。狭い視野をお許し願いたい。

原文：(七) 又往々臆見を以て時勢を揣摩しこれか説をなすものあり然れとも誇張に渉らす掩飾を事とせす直筆譚むところなきは自から信する所なり幸に幕末資料の一に供るを得は庶幾は宿志の萬一を償ふに足らんか

太一は言う。：世間には自分の独断でもって過去の出来事の意味を断定し、それを正しいと主張するものがある。しかし私は事実の誇張はしていない。飾り立てることもしていない。このことは神仏に誓う。

だからこの書を幕末外交事情だけでなく、幕末の幕府事情に係る資料として提供できたことは、これまで悶々としてきた胸の中が少しは晴れる思いである。単なる幕末「外交史」ではなく、「幕末史」として見てほしい。

——総括（あとがき）

（一）扨幕府柄政の末にありて、外交に関する事、余耳目がの及ぶところ、略上に陳るがごとし、而してこゝに筆を擱に臨みて一言せんと欲するものあり、他なし、幕府の外人に接せしは、余をしてこれをいはしめは、これを外交とはいふべからず、其跡につきてこれを見るに、徹頭徹尾鎖國攘夷を謀りて遂得ざるの歴史たり

太一は言う。：幕府外交の生き字引である私が見聞きしたことはおよそ以上のようなものである。誇張や捏造はせず、ありのままを紹介した。これですっきりした。

終わりに当たって言わしてもらおう。幕府外交は、外交と呼べるものではなかった。海の向こうの外国人よりも京都におられる天皇の御意向を尊重し、鎖国攘夷を図って、それが出来なかった悲しい歴史であった。

（二）初嘉永の末、阿部閣老が柄政の際にありて、全く開國に意あるが如くなりしも、世に活眼の士乏しく、この鴻圖を翼賛すべきものなく、却てこれを沮するの族多く、閣老また責に任じて、敢

て断するの勇なく、事遂に姑息に陥り、國是以て定まらず

太一は言う。：嘉永六（一八五三）年ペリーが初回来航した際、老中筆頭阿部正弘は〝開国〟の必要性を感じていたようだが、他の幕閣には阿部の意見を支えるような見識のある人物がいなかった。それどころか、「鎖国」継続を主張するものが多かった。

阿部は敢えて開国を推進するような勇気がなかった。だから姑息に流れ、因習を尊んでしまった。開国富国の大きなチャンスを逃がした。

（三）英國公使アールコック三年在日本記事中、その事を記して、曰く千八百四十五年、英國か初て支那と戦へる以來、蘭人は世界必然の變遷を告知して、日本の耳目を開きたり、外人が日本に入るの道を準備せし、和蘭政府の公平の處置は、諸國より感謝を受るの理あり、就中、千八百五十四年ペルリ提督が開港の功を奏したるは、蘭人豫告の力、與りて功なくんばあらず

太一は言う。：駐日英国公使オールコックは『日本三年在住記』の中で言う。曰く「オランダ政府は、『アヘン戦争の二の舞にならないように』と日本に一年も前から繰り返し忠告した。

日本においてオランダ以外の欧米列強国が活動する道を開いたことは、列強の一員として感謝している。オランダのお蔭でペリーは日本を開国させることができた。オランダ政府に感謝しても感謝し足りない」と。

（四）これ我國の國を開きしは、かの和蘭國王よりの忠告に源せしものとして、論せるものなり、されど、其實は、前にも説けるごどく、全くしかりとはいふ能はざるものなれども、理を推し勢を

察すれば、自然の運此のごとくなるものを見るべし

太一は言う。：オールコックは、オランダ忠告のお蔭で日本は開国できたといっている。しかしこれは少し言いすぎであろう。日本の開国は時流に逆らうことのできない処置だった。

即ち、開国そのものはオランダ政府の通告がなくてもやっていた。それにしてもペリー来航を一年も前に通告してくれたにも拘わらず、情報を活かし切れなかった阿部正弘の無策を嘆く。繰言になるが。

（五）而して堀田閣老が　次て其事に當るにあたりては、平生の信する所を以て、一切開國の規模を定め、朝廷に啓沃して、以て我國をして萬國と并立し、其交際場裏に立しめんとの卓見あり、其議論の正大公明なるは、天晴濟時の良相といふべしといへども、勢の不可なる、左支右吾以て其志を達するを得る能はず

太一は言う。：阿部の死去に伴い佐倉藩主堀田正睦が老中筆頭になった。彼には期待したが、時すでに遅かった。堀田は開国の規模をさだめて天皇を説得し、開国によって列強と正々堂々と競争しようと考えた。

これは勘定奉行小栗上野介が考えた路線である。惜しむらくは、無策な阿部正弘が（慣例を破って）天皇に「どうしましょうか」とお伺いを立てた後だった。すでに流れが変わっていた。

（六）これに次て、井伊閣老あり、亦時勢外交の巳を得さるを知るものゝことくなれども、其政畧は、専ら幕府の威權を復せんとするにありて、其外交に於る、寧ろこれを第二にをくの状あり、加

之、條約の勅許を請ふの際、一時の姑息よりして、鎖攘の約を朝廷に結ひ、後來幕府外政上、困難の禍胎となるを致せり

太一は言う。：堀田の次に彦根藩主井伊直弼が大老として幕閣トップになった。時勢は「開国やむなし」であることは理解したようであるが、井伊の関心事は「幕府権威の回復」であり、外交は二の次になってしまった。

それだけではない。朝廷に対して条約の許しを得る際、その場しのぎの策として鎖国攘夷を約束してしまった。これが禍根の種。時勢からできる訳がない。

（七）これよりの後、安藤閣老のごときは、其天資の聰明と、應變の機智に富めるより、外交上やゝ見るべきものあるかことしといへとも、畢竟井伊元老の後を承けて、かの鎖攘の息攘を奈何とするも能はす、剰へ、和宮降嫁の事よりして、鎖攘の預約、益固く朝廷との間に結ばれたるを見る

太一は言う。：井伊の後の幕閣トップは老中對馬守安藤信正だった。安藤は生まれつき聡明であり、臨機応変の心得をもっていたので外交上少しは見るべきものがあったが、井伊が天皇に約束した鎖国攘夷の縛りはどうすることもできなかった。

その上に天皇の妹、和宮の将軍家への嫁入りを迎えて、益々天皇の御希望、鎖国攘夷を硬く約束する羽目に陥ってしまった。見ていて苦しい。

（八）ここに於て、幕府の困厄彌甚だしを生せり、これよりその後、幕府は朝廷の譴責と浪士の横議とに制せられ、首を畏れ尾を畏れ、外国と朝廷との間に介して、彷徨行ところを知らず、其志す

所は如何の所にあるやを知らすといへとも、其圖る所行ふところ、一として鎖攘をなし遂け、以て朝意を達せんとするにあらさるはなし

太一は言う。：外国から受ける「開国」圧力と、天皇から受ける「攘夷」との板ばさみになった幕府は哀れだった。

幕府は薩長の策略によって右往左往させられ、何にか知らないが恐れおののき、外国と天皇との間をうろうろと彷徨い、おこなったことは結局、鎖国攘夷を成し遂げて天皇の御意志に沿おうという政策になってしまった。自分で自分のやっていることが分からなくなってしまったのだ。

（九）されば、春嶽老公の如きは、其藩論は開国にありと稱し、然も奏論する所も、其意に外ならさるか如しといへとも、當時其施政上、云爲に著るゝもの、一として鎖攘の手段ならさるなし

太一は言う。：やっていることが分からなくなった好例は越前藩主松平春嶽である。言っていることとやっていることが違う。

自藩の藩士の総意は「開国」にあるといい、自ら開国を主張していたのに、やったことは鎖国攘夷だった。つまり幕府側の人間でありながら、薩長の味方をした。本人がそのことに気がついていなかったのが嘆かわしい。賢公の名が惜しまれる。已矣哉（やんぬるかな）。もう、これまでだ。すべては終わってしまった。

（十）板倉閣老にいたりては、其誠愨忠純の質、太平の宰相としては不足なしといへとも、同じく

朝意に承順することにのみ力めて、朝意を回するの慮なきものゝごとし

太一は言う。：安政の大獄に反対して井伊に罷免された備中松山藩主板倉勝静は、井伊の死後老中に復帰したが、もっとひどい。

本人の資質は極めて高かったが、外国が攻めてくるという時期には通用しなかった。天皇の御意志に従うことばかり考え、御意志を変えていただくような工作はできなかった。太平の世ならば、祖父松平定信に負けない善政を敷いたであろうに。資質を惜しむ。

（十一）松平總裁のことときは、やゝ気魄あり尋常紈袴輩にあらすといへとも時勢を識るの見なく殆とまたかの浪士輩に傀儡使されたるものにして、決して濟世の器ならず

太一は言う。：川越藩主松平直克政治総裁は、気骨のある人物で「お坊ちゃん」ではなかったが、時の流れを見る目がなかった。幕府にチャンスがあるという洞察力にとぼしく、薩長に「いいように」利用されてしまった。

このような無能者を政治総裁に据えなければなかった幕府上層部のお粗末さを嘆く。太平に慣れた幕府上層部の人材不足が薩長による明治武力革命（明治維新）をまねいたのだ。

（十二）中間小笠原、阿部、（豊後守）松前閣老のことときは、頗る開国の主義を持し、外交の外交たる所以を知るものゝごときも、また時勢の沮する所、前躉後跋、その志を遂る事を得す、末年やゝその方を得るに及ひし時は、既に幕府運去の秋にあり

太一は言う。：老中を任命された唐津藩主小笠原壱岐守長行、白川藩主阿部豊後守正外、蝦夷松前藩主松前伊豆守崇広等は、開国の必要性を知り、外交の「何たるか」を知っていたようであるが、残念ながら歴史舞台への登場が遅かった。

すでに薩長の目論む方向に政治は動いていた。幕府上層部には薩摩の大久保のような策士がいなかった。小栗上野介忠順の出番が遅すぎた。いや、無かった。

（十三）故に安政巳來慶應の至るまでを通觀し其事實に顯るゝものを鑒みて予は断じていはんとす、幕府には外交のことなしたゝ朝意を奉し鎖攘をはかりて遂さる跡のみと

太一は言う。：ペリー来航以来、幕末に至るまでを通して見ると、私は幕府上層部を弾劾する。幕府上層部には外交を語る資格はない。天皇の御意向に沿って（確かにその御意向は薩長が誘導したものであったが）、外国人を打ち払って鎖国を継続しようと努力をし、悲しいことにはその努力が報われない、そんな軌跡だけが残った、と。これを言って気分がさっぱりした。まことに爽快である。

―― 犬の遠吠え

以上、田邉太一による『幕末外交談』の「まえがき（自序）」と「あとがき（総括）」を紹介した。読んで太一の気持ちを汲み、ハレバレする思いがある。痛快である。

その一方で、負け犬の「遠吠え」にも聞こえる。遠く悲しげな声である。「讐念」さえ感じる。「報復」もできずに「讐念」が残り、悶々として人生を終わった太一の「遠吠え」だ。

――太一の人生歴

以下、時代順に述べる。

一．生い立ちから学問修得時代

（一）生誕…天保二（一八三一）年、江戸の内神田柳原八名川町の幕臣儒者田邉石庵宅で次男として生まれた。早くから父親石庵について漢学を修めて、四歳の頃から神童と謳われた。嘉永元（一八四八）年、数え年十八歳にして昌平黌学問吟味の甲科に及第した。桁外れの超大秀才。ただちに、（父親石庵の「厄介の身」（注）のまま）昌平黌出役となった。

（二）甲府徽典館…嘉永五（一八五二）年、二十一歳の時、（依然として父親石庵の「厄介」の身のまま）昌平黌の分校（ともいうべき）「甲府徽典館」に教授方として出役となった。父親石庵が「徽典館」学頭をしていたので、その縁故でもあろうが、御家人次男としては異例の出世だった。甲科及第の賜物。

（三）長崎海軍伝習所…甲府勤務三年間に、オランダ語を独学した。そのベースに立って安政四（一八五七）年、二十六歳の時、幕府長崎海軍伝習所に入所して一年間、オランダ人教師から西洋の操艦技術を学び、咸臨丸で実習した。

注：「厄介の身」とは、俸禄を受けている戸主に養われている子等のこと。幕府の俸給・身分制度。

後江戸にもどり、（死去した父石庵を相続した）兄の「厄介の身」のまま、幕府外国奉行所に外国書物方出役として召し出された。最初の仕事は、横浜開港に関する議案の浄書や対話の筆記だった。

二．幕府外国奉行所時代の太一

（一）幕府出仕…文久元（一八六一）年、三十歳の時やっと、幕府に禄三十俵で召し抱えられ、外国奉行支配調役並を仰せつけられて一家を構えた。晴れて幕府の役人だ。

（二）最初の大役…最初の仕事は、小笠原諸島領有権に関する調査だった。（小笠原島開拓使に任命された）外国奉行水野忠徳に随行したもの。因みに、この調査結果が明治になって領有権宣言の基礎となった。

（三）旗本への昇進…文久二（一八六二）年、太一三十一歳の時、「飛び級で」外国奉行支配組頭に抜擢され、本高三百俵役料二百俵、合計五百俵を下された（参考文献九－（五）p-222）。調役並拝命から僅か数か月で、調役を飛び越して組頭（旗本）を拝命したもの。

（四）池田長発横浜鎖港遣欧使節団組頭…一旦開港した横浜を「閉じる」との幕府の命を受けた池田長発に随行してパリへ行った。ところが「鎖港」談判は不発に終わった。団長は処罰を受け、太一もとばっちりを受けて「閉門・蟄居」の罰を受けた。しかし、「お前が居ないと仕事ができない」と言われ、無給のまま従来通りの組頭の仕事をさせられた。この辺りから太一の幕府に対する「讐念」が芽生える。

（五）パリ万博…日本を代表して（慶喜の弟）徳川昭武を団長とする使節団が派遣された。太一は閉門から許されて組頭として随行した。ところが、薩摩藩の謀略を抑えることができなかったという失敗を咎められて再び閉門の罰を受けた。この時、太一の部下として同行した渋沢栄一は（責任を問われる立場には無く）咎を受けず後、大成した。このことにより、太一の幕府にたいする「讐念」はますます高ぶる。今回は、幕府だけでなく、薩摩藩への「讐念」も上乗せされた。帰国後責任を問われ、免職処分を受けた。これにより、以後薩摩藩に対する「讐念」に燃える。

（六）目付への昇進…大政奉還後、「目付」に昇進し、江戸城開城是非を問う将軍面前会議に出席した。緊迫した特殊事情があるとはいえ、御家人の次男が、学問だけでここまで昇った例は、他に知らない。

（七）対薩長徹底抗戦…太一は小栗上野介を支えて対薩長官賊徹底抗戦を唱えて、徳川慶喜の前で勝海舟と対峙した。論に敗れて下野し、横浜外人居留地近辺に潜み、（江戸から艦隊を率いて脱走した）盟友榎本武揚、荒井郁之助、大鳥圭介を外交面・資金面で支援した。

（八）沼津兵学校教授…函館五稜郭に立籠った榎本等が降伏した後、静岡藩（藩主：徳川宗家十六代家達公）に請われて沼津の徳川兵学校一等教授に収まった。なお、この沼津時代に特筆すべきことは、何もない。

三．薩長外務省への出仕

沢宣嘉外務卿から沼津へ使者がきた。太一は何度も断ったが断りきれず、ついにこれを受けて外務省内「ナンバー五」の外務少丞として出仕した。

（一）岩倉遣米欧使節団の書記官長…最初の仕事は、幕府時代に遣欧使節団の組頭を二度も務めた実績を買われてこの使節団事務方のまとめ役。事務方十四名の十三名までが旧幕臣だった。特筆すべきは、使節団副使薩摩大久保利通の理解・知遇を得たこと。以後利通は、太一を活用した。

（二）清国台湾問題…帰国後、薩摩大久保利通に従ってこれを解決した。

（三）千島樺太交換条約…さらに駐露特命全権公使榎本武揚の本省受け皿となってこの条約締結に成功した。

（四）駐清国日本臨時代理公使…この時、公務の間に清国の現代文学『紅楼夢』を学んだ。この知識が後に役立った。後述する。

（五）外務省大書記官…帰国後、外務省内「ナンバー四」の外務大丞、勅任官と順調に出世した。

四．薩長政府退官後の太一

清国から帰国後明治十一（一八七八）年、大久保利通が暗殺された。理解者・知遇者を失った太一は、庇護者がいなくなった。だから、退官を余儀なくされて「元老院議官」となり、さらに「錦鶏間祇候」に列せられた。これ等は、いわゆる名誉職（閑職）であり、太一は不満だった。

（一）花柳界の御前様…この不満を体で表現した。幕府時代の旧友福地源一郎とともに、豪遊をした。池之端の広大な邸宅には、九代目団十郎、五代目菊五郎や三遊亭円朝が出入りしていた。当時、御前様と言えば太一か福地源一郎、先生と言えば、成島柳北か福沢諭吉だったと言われた。

（二）薩長を批判する太一…明治三十一（一八九八）年、痛烈な薩長批判書『幕末外交談』を発表した。これは同時に、幕府外交政策への批判書でもある。「幕府には外交のことなし。ただ朝意を奉じ、鎖攘をはかりて遂げざる跡のみ」と。さらに明治四十四（一九一一）年、明治維新史料編纂会の第二回委員会に呼ばれて講演した。委員が薩長に偏っているとの不評があり、急遽呼ばれたもの。しかし薩長の批判はできず、小笠原諸島の所有権確保に尽くしたことだけをしゃべった。

五．晩年の太一（雅号蓮舟）

（東京）帝国大学教授になった甥の朔郎が恩人太一のため、麹町下二番町五（現二番町十一）に家を建てた。

その家へ娘三宅花圃（明治の女流小説家一号）と、その夫三宅雪嶺（哲学者、国粋主義者）も転がり込んだ。

太一は、近所の島崎藤村に『紅楼夢』などの白話文清国文学を教えた。さらに、近所に住む北村透谷、泉鏡花にも影響を与えたと言われる。現在、千代田区麹町出張所の「麹町界隈わが町人物館」

に、花圃、雪嶺と共に写真と説明文が掲載されている。

（一）旧主家との絆を大切にした太一…明治四十一年（一九〇八）年、徳川宗家十六代家達公の邸宅で催された茶話会に呼ばれた。時代が変わったとは言え、旧徳川将軍家御家人の次男が、徳川御宗家達さまに直々にお話し申し上げる機会を与えられたのだ。なんとダイナミックな出世であろうか。しかし、お互いに「落ちぶれ」の身である。相対的関係に変わりはない。お互いに心の中で「世が世ならば」と思っていたに違いない。

（二）太一家の断絶と祭祀継承…大正五（一九一六）年、太一は八十五歳でこの世を去った。従三位勲三等は、「薩長に楯突いた」旧幕臣としてはまずまずの出世だった。甥朔郎は感謝を込めて、東京「青山墓地」の田邉家墓所に埋葬して墓碑を建立した。朔郎が書いた碑文の写真を掲載する。後に太一家は子孫が絶えたので、朔郎田邉家が祭祀を承継した。

（三）太一の人物評価…「幕臣としては家格低きが故に高く用いられず、新政府に仕えては、旧幕臣なるが故に驥足（きそく）をのばし得なかった」と惜しまれる。

六．太一の功績

（一）幕末・明治の外交官…すでに述べたごとく、我が国の職業外交官の第一号である。いわゆる能吏ではあったが、外交官としてそれ以上のものではなかった。

「太一が居たから、日本の外交政策が変わった」とそのような評価を受ける事績は（外交官として）一つもない。能吏は能吏に徹した。

(二) 京都疏水に対する貢献…一方、太一が居なければ、田邉朔郎は育たなかった。田邉朔郎が居なければ、明治の社会基盤工学エンジニアは、他には居なかった。

そのエンジニアが居なければ、売電用水力発電への設計変更はなく、北垣国道が計画した京都疏水は、収益事業として失敗した。国道が運命の女神の前で「命」を担保に入れて打ったサイコロ博打は失敗し、国道の命は担保流れとなったであろう。

それはどうでもよいが、田邉太一が田邉朔郎を育成しなければ、現在の形の京都は存在しなかった。だから、太一の功績の第一は、京都疏水であり、現在の京都である。

重要だから繰り返す。太一が居なければ現在の姿の京都は無かった。歴史と文芸が共存する京都は無かった。知られざる京都の恩人である（注）。

京都と奈良は同格の古都であり、大阪の衛星都市だった。理系ノーベル賞の京都大学は無かった。世界に誇る京都はなかった。これが田邉太一の最大の貢献である。

七．子孫

太一は元治元（一八六四）年に生まれた長男に一郎と命名した。残念ながら幼くして早世した。慶応二（一八六六）年に次男が生まれた。さて何と命名しようか。

太一は考えた。「次郎」は、幕臣田邉家代々の名前であった。兄の勿堂は孫「次郎」、父親石庵は

注：京都の恩人、田邉太一が幕臣時代に使った佩刀が琵琶湖疏水記念館の「田邉朔郎特別室」に展示されている。

新「次郎」、曾祖父克忠は荘「次郎」、高祖父貞斎は「次郎」大夫、その先代丘忠も「次郎」大夫、さらにその先代菊忠も「次郎」大夫。すべて墓が現存している。（兄を含めて）当主六代が「次郎」の名を引き継いでいる。

太一はさらに考えた。自分は次男であるが、「一」をもらった。よし自分の子は、田邉家の正流「次郎」を貰い、自分太一の長男として「一」を付けよう。早世した兄（田邉家当主）、故孫次郎の子「朔郎」は、「次郎」も「一」ももらっていない。問題なし。「次郎一」に決まった、と。

八．塋地（墓地）

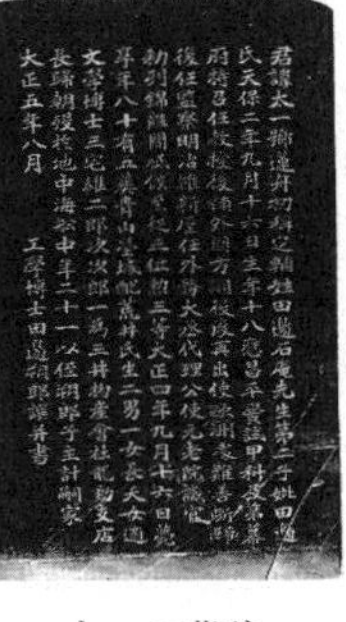
太一の墓碑

寸評：超大秀才に生まれたにも拘わらず、その能力が正当に評価されることの無い「低い」身分に置かれたことに対して「讐念」を抱き、加えるに徳川上層部の「無能」に讐念を抱き、その上に薩摩の「卑劣」にも「讐念」を抱いた。著書『幕末外交談』によって鬱憤晴らしをしたが、所詮は「負け犬の遠吠え」だった。

頭が良すぎた。周辺の「頭が良い。と、は必ずしも言えない」人とレベルに合わせて付き合うことができなかった。人間関係において「清濁併せ呑む」ことが出来なかった。

結局、「頭が悪かった」のだ。男子二人とも早世したことが悔やまれる。田邉家に超大秀才のDNAを残して欲しかった。

第八節　田邉龍子

ペンネーム花圃（筆者の祖父の従妹）

旧幕臣の娘。

明治元年（一八六八）年十二月二十三日、東京本所番場の田邉太一別邸（上野彰義隊の戦火を避けるため）で生まれた（参照：明治十九（一八八六）年、田邉太一の節）。

明治二（一八六九）年五月、一歳。父親太一の沼津兵学校一等教授赴任により、沼津へ転宅。

明治三（一八七〇）年十二月、二歳。太一の外務省出仕にともない、東京上野池之端の大邸宅に転宅。

明治九（一八七六）年、八歳。麹町一番町に転宅。麹町小学校に入学。

―― 萩の舎時代

明治十（一八七七）年、九歳。中島歌子の「萩の舎」に入門。

明治十五（一八八二）年、十四歳　桜井女学校（女子学院前身）入学。

明治十八（一八八五）年、十七歳。一月二十九日、日本画家河鍋暁斎に入門。

同年、八月一日、上野駅にて（片山東熊の師匠）ジョサイア・コンドルと暁斎を見送る（日光避暑旅行）。待ち時間の暫しの会話において、コンドルは「田邉瀧子が田邉太一の娘であり、田邉朔郎の従妹であること」を知るに至る。このことが、五年後に（東熊の旧知、北垣国道の口利きによる）東熊と朔郎姉、鑑子が結婚に至る契機の一つとなった。表現を変えると、「結果として」ジョサイア・コンドルが片山東熊と田邉朔郎の繋がりをもたらした。そして二人は協力して大きな「社会貢献」を成し遂げた。コンドルの日本の「社会基盤」に対する貢献は大きい。

ここに、第三部第二章に掲載した、片山東熊、田邉朔郎、片山鑑子（朔郎姉）の集合写真を再掲載する。大正四（一九一五）年十一月十日、大正皇即位式に参列した際の写真である。

——女性小説家の誕生

明治二十一（一八八八）年、二十歳。三井物産ロンドン支店長の兄、田邉次郎一が病気で帰国中、地中海で死亡。母親が、「葬式代がない」と。一方、花圃は坪内逍遥の『当世書生気質』を見て「この程度なら自分も書ける」と思った。

葬式代稼ぎのため、執筆。妙な動機であるが、人間は切羽つまると何でもやれる。良家のお嬢様が、大衆受けのする小説を書くなど、「とんでもない」時代だった。

同年六月、田邉花圃のペンネームにより、小説『藪の鶯』発表。家伝によれば、登場人物の松島秀子・葦男姉弟のモデルは、田邉鑑子、田邉朔郎「姉弟」である。

文末に言う「松島葦男はその後大学に入り、工学を修め、卒業の後、ある一大土木の工を督し、人に名を知らるるに至り…」と。丁度その時、朔郎は京都疏水工事の指揮をとっていた。

明治二十二（一八八九）年、二十一歳。高等女学校（現お茶の水女子大学）卒業。

―― 樋口一葉への影響

明治二十四（一八九一）年、二十三歳。萩の舎における集合写真において田邉瀧子（花圃）、田邉静子（朔郎妻）、片山鑑子（朔郎姉、片山東熊妻）、樋口夏子（一葉）とともに写る（塩田良平著

『樋口一葉研究』一五二頁）。

明治二十五（一八九二）年十二月十五日、二十四歳。三宅雪嶺と結婚。

この間、樋口一葉に（良きも悪しきも）多大な影響を与える。一葉の「讐念」「報恩」の原動力となった。

明治二十八（一八九五）年、二十七歳。樋口一葉がデビュー作『たけくらべ』を発表。

―― 幸せな晩年

田邉花圃（三宅花圃）の晩年、田邉朔郎は田邉太一・己巳子夫妻のために家を建てた。生活費も負担した。

花圃は、ここへ夫三宅雪嶺とともに寄食し、親子夫婦娘夫婦（四人）幸せに生活した。この時代の一家の写真が流通経済大学三宅雪嶺資料記念館に残っている。

昭和十八（一九四三）年七月十八日、没。享年七十六歳。東京青山の田邉太一墓地に埋葬さる。

寸評：何の「讐念」もなく、唯一の「讐念」だった父親太一の放蕩。太一は、これを忘れたかのよう、親子夫婦（四人）仲良く暮らした。

身内としては安堵の思いである。祖父田邉朔郎が太一に対して「報恩」したことを誇りに思う。この事、ここに繰り返す。

第九節　荒井郁之助

荒井郁之助：田邉太一の姉己巳子の夫【すなわち義兄】）。
「幕臣」。我が国気象学の祖。初代中央気象台長（現在の気象庁長官）。

―― 出自と幼時時代

天保七（一八三六）年、幕臣荒井清兵衛の「長男」として湯島天神下上手代町に生れる。幼い時から武術と学問を父について学んだ。

住居は、田邉太一の住む内神田柳原八名川町に近く、同じ御家人の子であることもあって親しく、四歳年下の郁之助は、幼児時代から田邉太一を慕っていた。

―― 学問時代

嘉永三（一八五〇）年、郁之助は、十四歳で昌平黌（東大の前身）に入学。超秀才を謳われる。

安政三（一八五六）年、二十歳の時、長男である故に家督相続して百俵二十人扶持で幕府に出仕した。ここが御家人の「次男」である田邉太一とは異なり、出世が早かった。

安政四（一八五七）年、幕府長崎海軍伝習所三期生として田邉太一とともに西洋式航海術を学ぶ。

元治元（一八六四）年、講武所頭取。さらに、海軍操練所教授から頭取。

慶応元（一八六五）年、幕府歩兵差図役頭取となり、大鳥圭介と共に横浜でフランス式軍事伝習をうけた。大鳥圭介とは同居し、意気投合して「義兄弟」の契りを結んだ。

慶応三（一八六七）年五月、歩兵頭並に進級。

慶応四（一八六八）年一月、軍艦頭を命ぜられて海軍に復帰。江戸城明渡しの前日に榎本武揚とともに幕府軍艦開陽丸以下八隻の軍艦を率いて江戸湾を脱出し、北海道へ向かって「函館五稜郭」に立てこもる。

——函館五稜郭戦争

田邉太一の同志、榎本、荒井、大鳥の三人は、北海道函館「五稜郭」に立て籠った。対薩長「徹底抗戦」軍である。

軍の構成は、榎本武揚総裁（総司令官）、大鳥圭介陸軍奉行（陸軍司令官）、荒井郁之助海軍奉行軍の海軍奉行（海軍司令官）だった。

——徳川四人組

何度も述べたが、田邉太一は横浜に潜んで欧米諸国との外交交渉の任に当たった。函館戦争は、徳川「四人組」の仕業だった。後に京都疏水でさらに結束を固くした。

——敗戦の将、兵を語らず

途中、函館から「回天」など三艦に乗って薩長軍の（元々幕府が発注した）戦艦「甲鉄」を奪回すべく宮古湾に出撃するも、不成功。戦後これを聞かれても「敗戦の将兵を語らず」と。

——台風による全滅

明治二（一八六九）年、折からの「低気圧」により、開陽丸以下八隻の軍艦を失った（自滅）。これによって勝利の見通しが「ゼロ」となった。

――部下の助命を唯一の条件として降伏

明治二（一八六九）年五月、部下の「赦免を（唯一の）条件に死罪を覚悟して降伏。潔く腹を切らなかったのは、部下の安否を確認するため」と伝えられる。

薩長政府は、三人を（近藤勇のようには）斬首できず、監獄に入牢させた。そして未決のまま三年が経過した。

――明治の再出発

明治四（一八七一）年、薩摩黒田清隆の主張が通り、許されて新政府出仕した。清隆は、ロシアの脅威に対する「北海道」防衛に意欲をもち、それに活用しようと考えたものだった。

明治五（一八七二）年、「開拓使仮学校（北海道大学の原点）」の校長。このことにより、北海道大学「総長・学長・校長」の「初代」に列せられている。

――気象学への道

郁之助は思った。「函館戦争で圧倒的に強い幕府海軍が薩長軍に負けた理由。それは、低気圧による自滅である」と。

この反省の下に新政府出仕後は「気象学」に励んで中央気象台の設立を主張し、その長となった。即ち初代気象庁長官。我が国気象学の祖。「讐念」を「恩念」に変えて「報恩」した。

――京都疏水に協力した徳川四人組

田邉太一、榎本武揚、荒井郁之助、大鳥圭介の四人は一致協力して田邉朔郎を支援した。そのことは、（繰り返すが）京都市上下水道局琵琶湖疏水記念館において確認できる。とくに、「田邉朔郎特別室」である。

大鳥圭介が荒井郁之助に出状した（朔郎実習先打診）「親書」、榎本武揚が朔郎に打った（結婚式の）「祝電」、そして榎本武揚が朔郎の贈った（結婚祝い品の）「送り状」。それに加えて榎本、荒井、大鳥を支えた田邉太一の「佩刀」も展示されている。

――人生の幕引き

明治四十二（一九〇九）年、歿。享年七十五歳。菩提寺は渋谷区広尾五丁目祥雲寺。

寸評：薩長軍に負けて「讐」念を抱いたものの、その矛先を、「悪天候」に向け、気象学の礎を築いた。「讐」念を推進力に使って「報恩」した人。人間の鑑（かがみ）。

第三章　明治維新戦争の勝者薩長の「讐念」

第一節　北垣国道

号静屋（筆者の外曽祖父）

―「氏」と「素姓」

氏は日下部、姓は北垣。第九代開化天皇の末裔を称する但馬の国の地侍。豊臣秀吉は武士として認めたが、徳川家康はそれを認めず農民扱いにした。

幼名、北垣晋太郎。後、八木良造。後、柴捨蔵、後、北垣国道。生涯で姓名を「四度」変えた。幕末の勤皇の志士（現在でいうテロリスト）。

―生誕

天保七（一八三六）年八月二十七日、兵庫県養父市能座五四八番地（現在地名）で北垣三郎左衛門の長男として生まれた。

―生家に伝わる「讐念」

北垣家は徳川天領但馬（兵庫県養父市）の農民、「庄屋」の長男に生まれた。北垣家は、第九代開化天皇の末裔「日下部氏」を称する「地侍」だった。それ故に代々、勤王の志が篤かった。

鎌倉時代の初期、源頼朝の跡を継いだ三代将軍源実朝が暗殺された。死後、後鳥羽上皇は鎌倉幕府追討の兵を挙げたが、北条政子の下で団結した鎌倉幕府方が勝利した（承久の変）。

上皇の挙兵に当たって但馬の地侍は、後鳥羽上皇を支持した。敗れたが、鎌倉勢は但馬までは力が及ばなかった。それで辛くも、地侍の地位は維持できた。

―地侍は農民

時代は三百年余下り、豊臣秀吉は地侍を「武士」として認めた。ところが豊臣家を葬った徳川家康は「地侍」の「武士」身分を認めず、農民「庄屋」とした。

このことにより、但馬の地侍は徳川家に「讐念」をいだいた。北垣家は「讐念」を抱く代表的な存在だった。

なお付記する。別項の有賀光豊（筆者の母方祖父）家も信州伊那の「地侍」であったが、徳川家は「武士」として認めず、農民庄屋（関東では名主という）に据え置いた。

――幕末に爆発した「讐念」

話を戻す。故に北垣家は、幕末において幕府生野銀山代官所を占拠して討幕戦争の火蓋を切った（生野の変）。「変」は失敗したものの、これが明治維新戦争（戊辰戦争）のきっかけとなった。

――成功した「倒幕」活動

明治維新戦争において軍功を挙げ、長州藩傘下の鳥取藩から「藩士」に身分取り立てをうけた。江戸時代の身分制度の中で農民から「武士」身分になっただけでも驚異的であるが、明治になって「生野の変」の「挙兵」が評価されて男爵、すなわち「貴族」に駆け上がった。

江戸時代の農民が江戸時代の枠組みの中で武士を経て明治の貴族となった。農民から天下人になった「太閤秀吉」には遠く及ばないが、ある面で秀吉にも比肩できる立志伝中の人。

――明治の北垣国道

幕末のテロリストだったことは「サッパリ」と忘れ、勤皇にさらなる力を注いだ。その現れが「王城の地」京都の振興だった。そして京都に文字通り「骨」を埋めた。徳川幕府の隠れ城「黒谷金戒光明寺」の本堂の裏に眠る。

―― 生誕

天保七（一八三六）年八月二十七日、兵庫県養父市能座五四八番地（現在地名）で北垣三郎左衛の長男として生まれた。幼名晋太郎。

―― 青年時代

天保十四（一八四三）年、七歳の時、儒者池田草庵の「青谿書院」で漢学を学び始める。成績抜群。嘉永六（一八五三）年、ペリー来航時には十七歳。

青谿書院における成績は抜群だった。そして並外れて抜きんでた体力と頭脳をもてあまし、とくに時局を論ずる時は、先生と激論し、叱責を受けること度々だった。

―― 勤皇倒幕の志

文久三（一八六三）年一月、尊王攘夷のために京都へ上り、京都に潜入して地下活動開始。とくに長州藩士と交わる。

―― 「生野の変」の準備

晋太郎（国道）は、養父で二千人募集して鉄砲を与え農兵とすることを思いつく。折しも、幕府旗本山岡鉄舟が新徴浪士隊を引き連れて京にきた。

国道は山岡と会って許可を取った。京都の北辺、日本海防衛。これが理由だった。騙したのだ。国道は三年掛けて農民を訓練してから倒幕の「旗揚げ」しようと計画していた。しかし、時代は待ってくれなかった。大きく動き始めていた。

――生野の変「序曲」

文久三（一八六三）年八月十八日、京都御所内で政変が起きた。いわゆる「八月十八日の政変」である。その結果、親長州派公家三条実美等「七卿」が長州へ逃亡した。いわゆる「七卿落ち」である。

北垣晋太郎は、大和十津川郷士の乱（天誅組の乱）に呼応して「生野の変」を起こすべく、同志の福岡藩士平野國臣と共に長州へ飛んだ。

同年九月二十八日、二人は、長州三田尻（山口県周防市）に到着し、三条実美等尊攘派七卿と長州藩主嗣子毛利定広と会合し、沢宣嘉を旗頭に戴くことを願い出た。長州藩の主脳部は消極的だったが、長州奇兵隊の壮士が自発的に十名強参加することになった。

同年十月二日、国道と平野が公家沢宣嘉を戴いて三田尻を出発。

同年十月八日、国道と平野は、長州奇兵隊壮士と共に兵庫県加古川に上陸して生野に向かう。途中、「天誅組の乱」失敗の報に接し、「生野の変」挙兵の中止を話しあった、しかし長州奇兵隊壮士は反対論者に対して「卑怯者は切れ」と強行姿勢。

――生野の変（当日）

同年十月十一日、沢宣嘉と長州奇兵隊の壮士は延応寺（生野町口銀谷）に乗り込む。寺側は狼狽して生野代官所に報告。国道と平野は、現場離脱して共に逃亡。北方へ向かう。浅野において左

（北垣）と右（平野）に別れる（注）。

晋太郎は、生家（能座村建屋）で母（利喜）に会い、自決を告げるも、利喜は「再起を期せ」と。

これを聞いた国道は、西に向かい鳥取へ逃げた。

同年十月十八日、国道は鳥取藩に駆け込み以後、八木良造と名乗り、倒幕活動を継続した。東に向かった平野は、京都を目指すも、途中で捕縛され京都で投獄された。一年後の蛤御門の変の際に引きずり出されて斬首された。

――逃げなかった壮士の動き

翌十月十二日未明、奇兵隊壮士は生野代官所に迫る。

同十二日午前七時、代官所は「無血」占領。沢宣嘉は激を飛ばす。「農兵集まれ」と。

同十二日正午、農兵二千人が生野に集まった。

同十三日、出石藩兵九百人、姫路藩一千人が出動。

同日夜十時、旗頭の公家沢宣嘉が逃亡し、

同十四日午後、多数の長州奇兵隊壮士が自刃した。

これにより、「生野の変」は決着を見た。

注：北垣晋太郎（国道）と平野國臣の逃亡経路図が兵庫県朝来市「生野書院」の展示室に掲げられている。

――坂本竜馬

北垣晋太郎は、幕府の「お尋ね者」となり、鳥取において鳥取藩士、千葉重太郎と知り合った。「お尋ね者」、変名して八木良造（国道）は、大胆不敵にも重太郎と共に江戸に潜入した。

元治元年（一八六四）年一月、重太郎が属する江戸の千葉定吉道場（小千葉道場）や長州藩邸に匿われていた。その間、「坂本竜馬」や「勝海舟」と意気投合した。

――常野の乱

元治元年四月、「常野の乱」の後始末のため、千葉重太郎と共に奔走。

――勝海舟

元治元年六月、再度変名した柴捨蔵（国道）は、大阪に寓居していた「勝海舟」を訪問し半日間論争す。曰く「なぜ寓居しているのか。積極的に動かないのか」と。国道の目には、「勝海舟は幕府を裏切る」と見えていた。何という慧眼。だから裏切りを「そそのかした」ものだった。

しかし（臆病者の）海舟うごかず。国道は、その足で長州へ飛び、「山縣有朋」の第二奇兵隊に入隊し、訓練に従事した。

国道は、「柴捨蔵」の変名で入隊審査を受けた。その際、幕府のスパイと疑われて危うく「首を跳ねられる」寸前に追い込まれた。

そこを奇兵隊員の一人が、「生野の変の北垣晋太郎だ」と助言して危うく難を逃れた。無事、奇兵隊入隊し、年少兵「片山東熊」の知遇を得た。この縁が明治になって活きる。

―― 第二次長州征伐

慶応二（一八六六）年六月勃発。

同年七月、将軍家茂の死亡もあり、幕府軍は敗退した。長州軍の大勝利だった。

―― 鳥取藩に帰参

国道は恩賞を待った。武士の身分である。ところが、それは無かった。開化天皇の末裔、地侍の身分に帰りたい。徳川家康に対する「讐念」の「尊王」「倒幕」だったのに。

柴捨蔵（国道）は、失意の底に沈んで鳥取藩に帰った。

―― 戊辰戦争

慶応四（一八六八）年一月四日、国道は鳥取藩兵の一人として御所に詰めていた。その時、長州藩が詰めていた伏見街道から銃声が聞こえてきた。直ちに戦闘態勢に入った。

同年一月、西園寺公望総督に従って山陰道鎮撫府に従い、平定して京都帰還。

同年八月、西園寺公望総督に従って北陸道鎮撫府に従い、鳥取藩十二番隊長（＝山国隊「＝農兵隊」長）として、会津「越後口」戦争を経て、東京と改名した江戸経由で京都へ凱旋した。そして鳥取藩に帰参した（名前はまだ柴捨蔵）。

―― 念願の武士

明治二（一八六九）年、帰参後の鳥取藩において戦功を認められ、鳥取藩士に列せられた。やっと念願が成就して武士になった。この時、姓を北垣に戻し名を国道とした。

――薩長新政府出仕

明治二（一八六九）年六月五日、新政府の弾正少巡察。

同年八月三日、弾正大巡察。

同年十月十日、従七位。

明治三（一八七〇）年五月、徳島藩内紛争につき阿波出張。六月五日、その尽力により金一千疋下賜。

同年十月、函館巡察。

同年閏十月、北海道と樺太を巡察。

明治四（一八七一）年七月、鳥取県少参事。

同年同月、廃藩置県。そして「武士身分が無くなった」。国道の落胆が偲ばれる。「何をやっていたのか？」と。「家名再興、武士の身分に返り咲きたいがために、倒幕の志をもっていたのではないか？」と。しばしの落胆の後、気を取り直した。

同年八月二十四日、北海道開拓使七等出仕。

――北海道／榎本武揚

同年十二月二日、太政官から任開拓判官。「榎本武揚」と親交を得る。

同年同月二日、任正六位。

明治五（一八七二）年九月二日、太政官から任開拓少判官。

明治六（一八七三）年一月五日、北海道開拓使六等出仕。

明治七（一八七四）年一月八日、北海道開拓使五等出仕。

明治八（一八七五）年七月七日、元老院少書記官。

――西南戦争

明治十（一八七七）年四月二十一日、熊本県大書記官（副知事相当）。

明治十一（一八七八）年、引き続き熊本県大書記官（副知事相当）。

明治十二（一八七九）年六月七日、高知県知事。

明治十三（一八八〇）年三月二日、高知県知事兼徳島県知事（徳島県を独立したことによる）。

――京都疏水調査・立案

明治十四（一八八一）年一月十九日、京都府知事。福島県猪苗代湖安積疏水調査を「松方正義」の案内で実施。島田道生を高知県から呼び寄せて京都疏水のための測量をさせる。

明治十五（一八八二）年、一月、南一郎平を招聘し、島田の測量図に基づき、京都疏水の路線を描かせる。五月、東京出張の際、「榎本武揚」と面談。その直後に「田邉朔郎」の訪問を受ける。

　同年、久邇宮邦彦王の剣術指南を開始する（以後、三年間続く）。

　同年、平行して大日本武徳会の創設に奔走する。

明治十六（一八八三）年十月二日、宮内大書記官兼任。田邉朔郎を京都府技師として採用し、島田道生を補佐させて疏水計画の予算化に取り組む。中央政府から「一銭も出せない」と突き放される。

明治十七（一八八四）年、予算案が煮詰まるも、中央政府から計画増強（安全性強化）を命ぜられ、大幅アップ。京都市民に増税負担を掛け、悪評判が立つ。「今度来た（北）餓鬼（垣）極道（国道）」と。

――京都疏水建設

明治十八（一八八五）年八月、京都疏水着工。

明治十九（一八八六）年二月一日、工事部長田邉朔郎、そして測量部長島田道生と決定す。

明治二十（一八八七）年、第一トンネル竪坑出水事故に面し、市会議長高木文平から「朔郎更迭。南一郎平招聘」と要求されるも、「誰がやっても日本初。朔郎でよい」と一蹴する。

明治二十一（一八八八）年、工事部長田邉朔郎を米国に視察出張させ、帰国後の出張報告を聞き、エネルギー政策改善のための大設計変更を命ず。必要な予算は、京都府債発行により調達する。

明治二十二（一八八九）年大阪にあった第三高等中学を京都に移転。成功。これが後の京都帝国大学の母体となる（すなわち、国道が第二の帝国大学を京都に誘致した）。

同年十月五日、長女静子を田邉朔郎に嫁がせることを内々決定す（朔郎知らず）。国道は、「榎本武揚」に結婚媒酌人を依頼した。

同年十二月二十七日、「片山東熊」が、京都博物館建築の件で来訪す。その際、長州第二奇兵隊（山形有朋隊長）の思い出話を共有した上で田邉朔郎の姉、鑑子と結婚を勧める。東熊は、（ジョサイア・コンドルから聞いた）田邉朔郎と田邉（三宅）花圃、田邉太一との関係を思いだし、翌日早朝国道を訪問して鑑子との結婚のことを快諾した。

同年同月二十九日、新島襄に対して同志社大学の設立を許可する。

明治二十三（一八九〇）年一月七日、死の床についた山本覚馬を見舞い、金に百円（現在価値二百万円以上）をポケットマネーから贈る。告ぐ、「京都の復興は成功する」と。

同年四月、明治天皇天覧竣工式の総指揮を田邉朔郎に委任す。

同年十月、片山東熊は、東京帝国大学工学部長の古市公威に朔郎を教授に推薦する。

明治二十四（一八九一）年、大設計変更によって完成した蹴上発電所が完成する。

明治二十五（一八九二）年七月十六日、内務省次官。

同年七月十九日、内務次官を自ら辞し、希望して北海道庁長官に就任。

明治二十六（一八九三）年、北海道庁長官。早くも蹴上発電所事業の大成功が確認され、増設（第二疏水）の機運が高まる。（東京）帝国大学教授をしていた田邉朔郎に設計を依頼する。

――日清戦争

明治二十七（一八九四）年、引き続いて北海道庁長官。

明治二十八（一八九五）年六月二十一日、引き続いて北海道庁長官。勲二等瑞宝章。

明治二十九（一八九六）年三月三十一日、引き続いて日清戦争の功により旭日重光章を授けらる。

同年四月三日、拓殖務省次官。

同年五月三日、引き続いて拓殖務省次官。帝国大学（東京）工学部教授田邉朔郎（娘婿）を北海道鉄道建設に担当させることを望んだが、帝大側（とくに古市公威工学部長）は反対。そこで（旧知）文部大臣西園寺公望に直訴して「引き抜き」に成功。

同年六月五日、男爵（幕末における「倒幕」活動が評価されたもの）。

明治三十（一八九七）年七月十六日拓殖務省次官を依願免職。

同年十月十二日、正三位。

明治三十一（一八九八）年、引き続き函樽鉄道創立委員長。

同年十一月二十一日、函樽鉄道創立委員長。

明治三十二（一八九九）年八月十四日、錦鶏間伺侯。

同年八月二十二日、貴族院議員。

同年十一月四日、函樽鉄道取締役社長。

明治三十三（一九〇〇）年、娘婿田邉朔郎を京都帝国大学教授に据える。その前にシベリア鉄道建設状況の調査に行けと指示する。

明治三十四（一九〇一）年、伊藤博文、対ロシア北海道防衛に関して山縣有朋と協議を重ねる。

明治三十五（一九〇二）年、伊藤博文、対ロシア北海道防衛に関して山縣有朋と協議を重ねる。

明治三十六（一九〇三）年、伊藤博文、対ロシア北海道防衛に関して山縣有朋と協議を重ねる。

――日露戦争

明治三十七（一九〇四）年一月、日露戦争勃発。

明治三十八（一九〇五）年一月二十日、七十歳の高齢につき思し召しをもって御紋付御杯一個、酒肴料五円下賜。

同年五月二十七日、ロシア大艦隊（バルチック）を撃破（日本海海戦）の報に接し、積年の「不安」が解消されて安堵す。

明治三十九（一九〇六）年、七十歳。四月一日、日露戦争勝利への貢献が評価されて勲一等瑞宝章。

明治四十（一九〇七）年、七十一歳。京都中京区土手町に自宅にて隠居生活に入る。

明治四十一（一九〇八）年、七十二歳。京都で隠居。十二月二十日、従二位。

明治四十二（一九〇九）年、七十三歳。京都で隠居。

明治四十三（一九一〇）年、七十四歳。京都で隠居。

明治四十四（一九一一）年、七十五歳。京都で隠居。五月十日、請われて維新資料編纂委員。

明治四十五、大正元（一九一二）年、七十六歳。

同年三月三十一日、文部省維新資料編纂会第三回講演会において「但馬一挙の真相」を談ずる。

同年五月八日、枢密院顧問官（天皇に対する御意見番とは言え、この時点では有名無実。すなわち、「閑職」）。

同年八月一日、韓国合併記念章。

大正二（一九一三）年、七十七歳。永眠の地を京都黒谷金戒光明寺に定める。田邉朔郎自宅から三百メートルの位置に墓地を選定。北垣家は、田邉家に任せたとの意思表示。朔郎は迷惑顔。

大正三（一九一四）年、七十八歳。

大正四（一九一五）年、七十九歳。四月二十日、高齢につき思し召しをもって御紋付御杯一個、酒肴料三十円下賜。

同年十一月十日、大礼記念章。

大正五（一九一六）年一月十六日、没、於京都市上京区土手町の自宅。享年八十歳。

同年同月同日、正二位勲一等旭日大授章。金杯一組下賜。

同年一月二十日、葬儀執行につき勅使として主殿寮出張所長を北垣家に差し使わされ、幣帛下賜。

葬儀執行に際し勅使が北垣邸に差し遣わされた。

塋地（墓所）：黒谷金戒光明寺本堂の裏正面。納骨式に当たって宮中から五十名の儀仗兵が差し遣わされた。

会津藩遭難者の集合墓所がある（徳川幕府京都守護職の居城：「隠れ城」）「黒谷金戒光明寺」を

占拠し、そのど真ん中で永遠の眠りについた。「尊王攘夷」に一貫した一生だった。首尾一貫「讐念」に基づく「復讐」「倒幕」の男。

寸評一：徳川家康に対する先祖代々の「讐念」。これを皇室に対する「報恩」に変えた。宝祚無窮（皇室は永遠）に変えたのだ。その実現の為に、文字通り命を賭けた。運命の女神の前で命を担保に入れてサイコロを振った、いわば「報恩」渡世人。

寸評二：徳川家康に対する「讐念」を皇室に対する「報恩」に変えた。変えて走る車のエンジン。その燃料は、「尊王」思想だった。この思想の下で何度も（命を担保に入れて）運命の女神の前でサイコロを振った。いわば渡世人。しかし常に冷静だった。

開化天皇の末裔「意識」があった。「皇室は永遠」。この意識の下に自分の体が燃料だった。そして燃え尽きた。「無私」「奉公（尊王）」がぴったりと当て嵌まる人。八分の一のＤＮＡを継承する筆者。大いに見倣いたい。

後日談一：国道が倒幕の志士時代に佩いていた刀剣は後年、長女静子を田邉朔郎に嫁がせる際、嫁入り道具のひとつとして持たせた。徳川家康に対する「讐念」を果たし、徳川幕臣朔郎に返した。あるいは、静子に「朔郎が裏切れば刺せ」だったか。

後日談二：国道の生家跡には、大きな「榧（かや）の木」が立っている。榧の木の「実」には螺旋の模様が入っていて通常は「右巻き」。

ところがこれは、「左巻き」。旧地名が「建屋」だったので「建屋のヒダリマキガヤ」と呼ばれる。

その上、西日本最大「榧の木」（樹齢およそ八百年で）であることから、国指定天然記念物。樹木が立っている敷地は、北垣国道の生家跡。江戸時代は、庄屋北垣家のシンボルだった。現在、養父市は国道を「郷土の偉人」として顕彰している。この榧の木は、北垣国道を顕彰するシンボルとなっている。「能座かやの木保存会」が守っている。

後日談三：京都黒谷金戒光明寺本堂裏にある国道の塋地（墓地）は、その半分が人手に渡った。国道夫妻と母親の大きな墓石は現存するが、今後の成り行きが憂慮される。

田邉太一の項で紹介したが、子孫が生活に窮すると、祖先の墓を売却する。そんな例が、（田邉朔郎一族の）田邉太一の墓で発生した。

後日談四：国道は教育熱心だった。着任早々、新島譲を援助した。当時、仏教勢力がキリスト教に対して拒否反応を示していた。これを押さえるため、自らの長女静子を同志社学校に入学させた。そして同志社を認可した。

後日談はここからである。朔郎・静子の娘、湯本とし子は、晩年夫湯本武雄（東京帝大経済卒の大蔵官僚）没後、キリスト教の洗礼を受けた。とし子の子供達（従姉）は「何が起こったのか？」と訝しんだ。

調べたところ、同志社時代にデントン先生に師事し、尊敬していた。だから洗礼を受けた。そして朔郎と結婚した後は黙っていた。とし子は「隠れキリシタン」だったのだ。

このことを開示して従姉の御納得を得た。デントン先生との関係に関する情報は、朔郎に育てられた別の従姉（中村妙子）から得た。

後日談五：死後、個人的な大借財を残し、北垣家子孫は困窮した。しかしその個人借財が京都市を豊かにした。そして「皇室の安泰」思想となって戻ってきた。

「讐念」を、「報恩」の大博打に変えた「誇らしい」曾祖父。開化天皇の末裔意識を梃子にして「皇室の安泰」を願って生きた人。「奉公」を絵に描いたような人。誇らしく思う。「誇らしく」、写真の「国道立像」を拝む。

北垣国道の立像。二〇二二年一月。蒲田晧兵様撮影

第二節　片山東熊

片山東熊（筆者の祖父、朔郎の姉の夫）

嘉永六（一八五三）年十二月二十日。長州藩士片山文左の四男として萩で生誕。

慶応元（一八六五）年、十一歳の年少にして山縣有朋の第二奇兵隊に入隊。北垣国道（当時の姓名は「柴捨蔵」）と知り合う。

明治元（一八六八）年、戊辰戦争の長州軍に従い、会津総攻撃に参加。後、萩に凱旋。その後しばらく、進路を模索する。

明治六（一八七三）年、山縣有朋の勧めにより、工学寮（工部大学校）第一期生として入学。以後、有朋の庇護を受ける。

明治十二（一八七九）年十一月、工部大学校卒業（第一期生）（造家科）。

同年十二月、工部省入省（営繕課）。

明治十五（一八八二）年、有栖川宮熾仁親王に従って欧州視察。

明治十九（一八八六）年、山縣有朋の斡旋により、宮内省へ転省。

明治二十二（一八八九）年、宮内省内匠寮匠師に昇進。

同年十二月二十七日、京都博物館建築案件を携えて北垣国道知事に面会する。

同年同月二十八日早朝、再度北垣国道を自宅に訪問する。

明治二十三（一八九〇）年十一月、北垣国道の紹介により田邉朔郎の姉鑑子と結婚する。

明治三十（一八九七）年、欧米へ長期出張（東宮御所建設計画のため）。

明治三十二（一八九九）年、東宮御所（現在の国宝迎賓館）着工。

明治三十七（一九〇四）年、宮内省匠頭に昇進。兼「東宮御所」造営局技官。

明治四十二（一九〇九）年、国宝迎賓館（東宮御所）竣工。

大正元（一九一二）年、明治天皇葬祭場の建設に従事。

大正四（一九一五）年、宮中顧問官。従三位。勲一等。旭日大授章。

大正六（一九一七）年、没。享年六十三歳。正三位勲一等。青山墓地に葬らる。勅使が弔う。

逸話一：東熊の実兄が、山縣有朋の汚職事件の責任を一身に負って辞任し、有朋を守った。この事を恩に着た山縣有朋は、東熊の（生涯に亘って）後見人となった。

工部大学校の設立に熱心だった伊藤博文と有朋は、奇兵隊時代を通じて「ツーカー」の間柄だった。故に片山東熊の入学に関して「話し合い」をもった筈。

逸話二：東熊から（琵琶湖疏水工事を完成した）朔郎へ帝国大学教授への招聘状がきた（琵琶湖疏水記念館田邉朔郎特別室に展示中）。

帝国大学教授よりも宮内省匠頭の方が、圧倒的に権威があったのであろう。以後、東熊と朔郎は、お互いに協力し合った。皇居内大鉄製煙突（朔郎）、琵琶湖疏水内御所水道取入口レンガ建物（東熊）、そして第二期発電所レンガ建物も東熊の設計である（筆者説）。

皇族のための「宮殿」建設を主たる仕事としていたが、上野表景館、奈良国立博物館、京都国立博物館や地方都市の「裁判所」建物なども設計した。足跡は全国に跨る。

逸話三：その後明治天皇が、皇太子（後の大正天皇）のために東宮御所（別名「赤坂離宮」）を発注された。東熊は、十年の歳月を掛け、渾身の力を振り絞って設計・施工した。ところが、納入した東熊に向かって明治天皇がおっしゃるには、「華美に過ぎる」と。これを聞いて東熊は、寝込んでしまった。そのまま再起できず、一生を終わった（大正六年）。享年六十三歳。

逸話四：「華美に過ぎた」「赤坂離宮」は、明治以降の建築物では唯一の「国宝」。すなわち、「国宝迎賓館」である。これ無しには、国外賓客の十分な「おもてなし」はできない。泉下の東熊は「讐念」を晴らしている。東京青山墓地の「泉下」で。

寸評：渾身の「力作」が明治天皇に批判され、失意の底に落ちた。「讐念」を抱いた。しかし持っていき場所がない。明治天皇は畏れ多くて「報復」はできない。「生前」は同情を誘う人。しかし「泉下」で幸せ。

第三節　大迫尚敏

大迫尚敏（筆者の妻の曽祖父）

薩摩藩士。大日本帝国陸軍大将。子爵

―「氏」と「姓」

氏は「平」、姓は「梶原」→「北原」→「大迫」と変わる。

―源頼朝

鎌倉幕府創始者「源頼朝」の御家人島津忠久は頼朝の命により、薩摩藩（初代）「守護」を命じられた。そして薩摩入りした。その際、「平景高」が島津忠久に随って薩摩入りした。

―薩摩藩の名門

大迫家は、薩摩藩士の中でも名門中の名門。代々重役を輩出した。大迫尚敏は景高の二十二代目。初代「平景高」は、頼朝の御家人「梶原景時」の次男。長男は、梶原景季。木曽義仲追討宇治川の合戦における佐々木高綱との「先陣争い」により、歴史に名を残す。梶原氏は、桓武平氏の流れを汲む「坂東八平氏」の一氏。梶原景時は、「平」の姓を次男に与えて梶原家の系譜の「継続」を望んだ。そして筆者の家につながる。

―本人の生誕

弘化元（一八四四）年十一月十五日、鹿児島県鹿児島市「冷水」において薩摩藩の「御納戸奉行」大迫尚志の長男に生まれる。幼名新八郎「尚熊」。

安政六（一八五九）年八月、十五歳の時、藩主に初お目見えし新八郎「尚敏」と改名す。

万延元（一八六〇）年二月、十六歳の時、「お供番」を仰せ付けられる。

文久元（一八六一）年三月十五日、十七歳の時、「右筆所清書方」出仕。軍役に従事開始。

文久二（一八六二）年、十八歳。引き続き、「右筆所清書方」出仕。

――薩英戦争（初陣）

文久三（一八六三）年、十九歳。引き続き、「右筆所清書方」出仕。

同年七月、東郷平八郎とともに薩英戦争に参加（初陣）。

元治元（一八六四）年、二十歳。引き続き、「右筆所清書方」出仕。

慶応元（一八六五）年七月、二十一歳にして「右筆見習」を仰せ付けられ、役料「米六石」。

――討幕戦争

慶応二（一八六六）年、二十二歳。引き続き「右筆見習」。

慶応三（一八六七）年二月、二十三歳にして「陸軍兵士」を命ぜられ、常備五番隊へ編入されて英国式歩兵訓練を受ける。

慶応四、明治元（一八六八）年、二十四歳にして「鳥羽伏見の戦い」に薩摩軍の一員として参加。西郷隆盛指揮する薩摩軍は、戦闘態勢を取っていなかった幕府軍に対して「奇襲」を仕掛けた。

大坂城にいた徳川慶喜は、徳川幕府の「所領を召し上げる」との（明治天皇の御臨席下）小御所会議の結果に驚き、「天皇の真意を伺おう」と、使い走り小隊を京都に送った。これを幕府軍の「先鋒」とみなして「奇襲」を掛けたもの。しかし、二十四歳の「大迫尚敏」にはその罪悪感はなかった。

――薩長軍

明治二（一八六九）年三月、薩摩藩常備歩兵第二大隊分隊長。

明治三（一八七〇）年三月、半隊長。

明治四（一八七一）年四月、薩長新政府の徴召「御親兵」。

同年七月、薩長新政府「陸軍」中尉補御親兵三番大隊八番小隊半隊長。

同年八月、薩長新政府「陸軍」大尉補御親兵三番大隊四番小隊長。

明治六（一八七三）年二月、薩長新政府「陸軍省」八等出仕。名古屋鎮台出張。

明治七（一八七四）年八月、薩長新政府「陸軍」大尉熊本鎮台幕僚准官参謀。

明治八（一八七五）年十一月、正七位。

――西南戦争（政府軍として故郷鹿児島に向け弓を引く）

明治九（一八七六）年九月、熊本神風党蜂起。薩長新政府「陸軍」として征討に従事。

同年十一月、薩長新政府「陸軍」熊本衛戍副官。

明治十（一八七七）年二月、薩長新政府「陸軍」熊本鎮台幕僚参謀兼務。

同年二月、西南戦争勃発。薩長新政府「陸軍」として鹿児島「（西郷隆盛率いる）逆徒」征討出徒。平定。

同年四月、陸軍少佐。熊本鎮台幕僚参謀
同年十一月、正七位。

明治十一（一八七八）年九月、熊本鎮台参謀補。近衛歩兵第一連隊薩長新政府「陸軍」第一大隊長。

同年一月、鹿児島逆徒征討の際、尽力少なからずに付き、叙勲四等年金百三十五円賜る。

明治十二（一八七九）年十二月、従六位。

――近衛師団

明治十三（一八八〇）年四月、御巡幸御用係。山梨京都御巡幸のお供。

明治十四（一八八一）年二月、鹿児島学校資として金五十円寄付につき、木盃一円下賜。

明治十五（一八八二）年二月、武州連光寺村行幸供。

同年六月、千葉県趣種育場行幸供。

明治十六（一八八三）年四月、神奈川県小金井近傍御遠足供。

同年六月、任陸軍中佐。歩兵第六連隊長。

明治十七（一八八四）年五月、皇居炎上。金十四円献納により賞木杯一個下賜。

明治十八（一八八五）年五月、陸軍中佐。歩兵第六連隊長。

同年六月、孛国（プロイセン王国）へ出張。

同年十一月、勲三等旭日中綬章。

明治十九（一八八六）年三月、独逸国（ドイツ）皇帝陛下贈与の赤鷲三等勲章受領し佩用許さる。

明治二十（一八八七）年四月、陸軍歩兵大佐。
同年七月、従五位。
同年十一月、憲法発布式記念賞下賜。

――第四師団
明治二十三（一八九〇）年四月、第四師団参謀長。
明治二十四（一八九一）年六月、参謀本部第一局長。
同年六月、戦用器材審査委員。
同年十二月、「明治二十五年陸軍始観兵式」諸兵参謀長。
明治二十五（一八九二）年二月、参謀旅行演習補助官。
同年三月、大婚二十五年祝典記念章下賜。
同年七月、奥羽および北海道地理調査の為出張。
同年九月、陸軍少将。歩兵第五旅団長。正五位。
明治二十六（一八九三）年、引き続いて陸軍少将。歩兵第五旅団長。正五位。

――日清戦争／第三師団／旅団長
明治二十七（一八九四）年六月、対清国宣戦布告。
同年八月、動員令下る。
同年九月三日、出征。第三師団に旅団長として従軍。

明治二十八（一八九五）年四月十七日、下関条約調印。八月、平和克復。凱旋。

同年五月、勲二等瑞宝章。

同年八月、勲功により「男爵」を特授さる。

同年同月、功三級金鵄勲章。年金七百円下賜。

同年同月、旭日重光章。

同年同月、「二十七、八年戦役従軍記章」下賜。

同年九月、第一軍武功調査委員。

明治二十九（一八九六）年、引き続いて陸軍少将、歩兵第五旅団長。正五位。

明治三十年（一八九七）年、引き続いて陸軍少将、歩兵第五旅団長。そして従四位昇格。

――参謀本部

明治三十一（一八九八）年八月、引き続いて陸軍少将、そして参謀次長。

同年十月、陸軍中将に昇格。

同年十一月、特別大演習審判官。

同年同月、陸軍勲功調査委員。

明治三十二（一八九九）年二月、鉄道国有調査委員。

明治三十三（一九〇〇）年三月三十一日、北海道庁臨時鉄道部長田邉朔郎と会う。

同年四月十九日、朔郎に再び会う（シベリア鉄道調査の件）。

―――第七師団（旭川）

明治三十三（一九〇〇）年四月、陸軍（旭川）第七師団長。

同年七月、清国皇帝陛下第一双竜宝星章佩用を許さる。

明治三十五（一九〇二）年八月、正四位。

明治三十六（一九〇三）年五月、勲一等瑞宝章。

―――日露戦争

明治三十七（一九〇四）年二月、対露国宣戦布告。

同年八月、動員令下る。

同年十月、旭川第七師団を率いて「中将」師団長として出征し、乃木希典率いる第二軍団に編入さる。

―――旅順「二〇三高地」攻略

明治三十七（一九〇四）年十二月、第二軍団長「乃木希典大将」の指揮下、旅順港二百三高地を攻め落とす。乃木第二軍団はここを観測所として「山越え」に大砲を放ち、ロシアの旅順艦隊を全滅させた。

明治三十八（一九〇五）年五月二十七日、（幼馴染の）東郷平八郎率いる帝国海軍連合艦隊が露国バルチック艦隊を撃破す。これにより、大日本帝国「亡国」の危惧はなくなった。

明治三十八（一九〇五）年九月五日、ポーツマス条約署名により、平和が回復した。

同年八月、従三位。
明治三十九（一九〇六）年二月、陸軍大将に昇格。
同年七月、休職。
同年九月、勲功により、「子爵」。
同年同月、功二級金鵄勲章。年金一千円下賜さる。
同年同月、旭日大授章。
同年同月、「三十七、八年戦役」従軍記章下賜さる。
明治四十（一九〇七）年十一月、予備役を仰せ付らる。
同年十二月、正三位昇格。
明治四十一（一九〇八）年、引き続き、予備役。
明治四十二（一九〇九）年、引き続き、予備役。
明治四十三（一九一〇）年、引き続き、予備役。
同年八月、韓国併合記念章下賜。
明治四十四（一九一一）年、引き続き、予備役。
明治四十五、大正元（一九一二）年、引き続き、予備役。
同年七月三十日、明治天皇崩御。拝別を賜う。
同年九月十三日、明治天皇御大葬「輛側」を仰せ付けらる。

同年十二月、明治天皇に殉死された学習院長「乃木希典」大将の遺言により、第十一代学習院長就任。高等官一等一級俸。畏れ多くも、学習院初等科御在籍中の裕仁内親王（昭和天皇）へ、院長として御進講を重ねる。

大正二（一九一三）年引き続き第十一代学習院長。

同年十一月、七十歳高齢に付き、銀杯一個（筆者妻が所有）ならびに酒肴料賜る。

大正三（一九一四）年、引き続き第十一代学習院長。

同年三月、東宮御学問所評議員仰せ下さる。

大正四（一九一五）年、引き続き第十一代学習院長。兼東宮御学問所評議員。

同年四月十三日、照憲皇太后の御霊を青山殿より宮中皇霊殿へ奉還に付き供を仰せ付けれる。

大正五（一九一六）年、引き続き第十一代学習院長兼東宮御学問所評議員。

同年十一月、御大礼記念章を下賜さる。

大正六（一九一七）年八月、第十一代学習院長と東宮御学問所評議員を辞す。

大正七（一九一八）年、東京文京区西片町において悠々自適。

大正八（一九一九）年、東京文京区西片町において悠々自適。

大正九（一九二〇）年、東京文京区西片町において悠々自適。

大正十（一九二一）年、東京文京区西片町において悠々自適。

大正十一（一九二二）年、東京文京区西片町において悠々自適。

大正十二（一九二三）年、東京文京区西片町において悠々自適。

大正十三（一九二四）年、東京文京区西片町において悠々自適。

大正十四（一九二五）年、東京文京区西片町において悠々自適。

大正十五、昭和元（一九二六）年、東京文京区西片町において悠々自適。

昭和二（一九二七）年九月二十日、東京文京区西片町において死去。享年八十四歳。

　同年同日、勲一等旭日桐花大綬章。陸軍大将正二位勲一等功二級子爵。東京青山墓地の尊敬する薩摩の「大久保利通」墓所の東二十メートルにある大迫家の墓地に葬らる。

逸話一：近衛兵として明治天皇の護衛を重ねた。「真面目さ」により、天皇の信任が厚かった。
逸話二：西南戦争で反乱西郷軍と戦ったので以後、鹿児島には出入り禁止となった。
逸話三：乃木希典軍配下旭川第七師団長として旅順港二百三高地を攻め落とした。
逸話四：乃木希典大将殉死の際遺言があった。「学習院長は大迫に頼む」と。
逸話五：学習院初等科に御在学しておられた裕仁親王（後の昭和天皇）の教育を担当させて頂いた。
逸話六：薩摩藩士の「大迫家（尚敏・尚道）」「迫水家（久常）」「黒田家（清輝）」が「親戚」であり、著名人を輩出した。

逸話七：戊辰戦争、西南戦争、日清戦争、日露戦争に参加し、子爵陸軍大将。弟の大迫尚道も陸軍大将男爵となり、西郷隆盛・従道に次ぐ兄弟大将。鹿児島市内に「大迫兄弟大将の碑」が立つ。現存する。

逸話八：西南戦争において薩摩出身でありながら、西郷隆盛に弓引いたので、以後鹿児島の一族に危害が及んだ。よって一族は東京に引っ越した。

逸話九：明治天皇の御親任が厚く、その御縁で長男尚熊の嫁、「せい」は明人親王（上皇陛下）がお生まれになる際、お世話掛かりとして宮中（東宮）に上がった。以後、長く「東宮」女官を務めさせて頂いた。良子（ながこ）妃殿下（香淳皇后）が薩摩所縁のお方であることも御縁だった。

寸評：人物の特徴：年少にして戦争に参加し、戦争によって立身出世した人。常に勝者であり、「讐念」を抱くことがなかった幸せな人。坂東「平」氏八家のひとつ、梶原家（景時）の子孫に相応しい人。相応しい「武人」。

第四章　敗者と勝者の和解（婚姻）

明治維新は、徳川幕府軍に対する薩長軍の「奇襲」で開始された。戦争する気持ちが無かった徳川には、納得が行かない。このことすでに述べた。結果、徳川旗本八万旗は消えて無くなった。納得が行かない。

加えるに薩長軍は、徳川軍の残党狩りを行った。これも既に述べた。

残党狩りを免れた徳川軍子孫には、讐念が残る。この讐念を押さえ、婚姻によって薩長と和解した徳川幕臣田邉朔郎一族の話を以下に述べる。切り口を変えて整理しただけなので、一部において繰り返しをお許し願いたい。

第一節　徳川と長州の和解（一）

田邉朔郎（徳川）と北垣国道（長州）の和解

北垣国道（長州）は、京都疏水工事に当たり、盟友榎本武揚（徳川）とその一派（田邉太一、荒井郁之助、大鳥圭介）の推薦により、（半信半疑）で田邉朔郎を工事計画に参加させた。やらせてみたら、（意外に）よくやると判断した。そこで工事開始に当たり、工事部長を命じた。朔郎は、よく工事を監督し、工事中に発生した大事故を二度も見事に解決た。その上、工事中に（現場監督でありながら）急遽米国に出張して水力発電に切り替えた。

この時点で朔郎に対する信頼性は極度に高まった。そこで「娘の婿に」と考え、朔郎の知らない間に話を決定した。朔郎は不満だったが、形の上では徳川と長州の和解が成った。

第二節　徳川と長州の和解（二）

田邉朔郎（徳川）と片山東熊（長州）の和解

北垣国道と東熊は、長州奇兵隊以来の旧知だった。前項で述べた「朔郎を嫁に」と決めた、丁度その直後に東熊が所用で国道を訪問した。

この機をとらえて国道は東熊に勧めた。「朔郎の姉を嫁にしないか？」と。東熊は、一晩考えて翌日の早朝に国道を再度訪問して「お願いします」と回答した。このこと、北垣国道日記（塵海）から読み取れる。

東熊は工部大学校六年生の時に朔郎は一年生であり、全寮制だった。だから、既知の間柄だった。東熊にとっても好都合。以後、朔郎と東熊は（生涯に亘って）仕事で協力し合った。

第三節　徳川と薩摩の和解

田邉康雄（徳川）と大迫尚敏（薩摩）の和解

筆者は、見合い結婚をした。母親に任せたところ、見合い写真が山ほどきた。母親が卒業した雙葉女学校（現雙葉高校）と女子学習院高等科（現学習院大学）の同窓生達を通じたのだ。

当方の条件は、「武家の子孫を求む」であった。一生を共にするのであるから、生まれた家の家風が似ていることがよいと考えた。

ところが、（不思議なことに）徳川旗本の子孫の写真は一枚も回ってこなかった。母美佐子（明治四十一年生れ）の同窓生には、徳川旗本の子孫はいなかったのだ。すでに述べたが、旗本八万旗は消えてなくなった。

そうこうしている内に、薩摩武士大迫尚敏の曾孫の写真が回ってきた。「憎き仇、薩摩」と思った。しかし顔立ちは、好みに合っていた。同時に思いだした。薩摩の「男尊女卑」を。「夫を立ててくれるのではないか？」と期待して写真だけで決めた。

判断は間違っていなかった。常に夫の筆者を「立てて」くれて、男二人、女一人の子宝に恵まれ、現在、八十六歳（筆者）と七十九歳（妻）。

もともと筆者には長州北垣国道の血が流れているので家庭内において、「薩」と「長」と「徳川」と、「三者和解」が成り立った。我が家においては、「恩讐の彼方に」日常生活が成り立っている。

一方、徳川将軍家の御宗家徳川恒孝さまは、ある薩摩元勲のお一人の御子孫と結婚されておられると聞く。しかし長州子孫と御結婚されておられるとは聞いていない。だから、筆者の田邉家が、薩長／徳川の武家間における「三者」和解の唯一の存在である。

筆者の子供たちは、徳川の武家、長州の武家、そして薩摩の武家の子孫である。全国でも稀有な存在である。孫が五人いる。その内、男子二人。とりあえず、徳川の武家、朔郎田邉家は安泰である。神様・仏様に感謝。

第七部　日本遺産拡大の提案

第一章　日本遺産と復活通船

京都疏水（正式名琵琶湖疏水）が文化庁によって「日本遺産」に認定された。このことは、序章第七節で述べた。認定に必要とされたストーリー（物語）も紹介した。

第一節　日本遺産とは

ストーリーが認定される。そのストーリーとは、我が国の文化・伝統を「物語る」ストーリーである。有形・無形の文化財群をストーリーでまとめる。

――その目的

ストーリーでまとめた地域の文化財群を「面」として活用し、発信する。このことで「地域活性化」を図る。そう文化庁はホームページで謳っている。

――面への拡大

とりあえず京都疏水の流れに沿った遺産「群」が認定された。いわば「線」の認定である。今後、文化庁が期待している「面」への拡大が必要となる。

面拡大に伴い、当初のストーリーも拡大する必要がある。僭越ではあるが、本書はその拡大のお役に立つような「素材」を提供するものである。

——ストーリーの二本柱

すでに述べた。京都疏水「ものがたり」は、「赤の洞門」と「水力発電」である。京都疏水は水力発電と配電で成功した。地方行政による我が国初のエネルギー政策。その成功だった。故に明治の元勲が「赤の洞門（トンネルクラウン）」に名前を連ねた。「洞門」と「発電」を含まない「ものがたり」などは迫力がない。

第二節　復活通船と「赤の洞門」

明治元勲の「筆」が洞門入口で確認できる。手っ取り早くいうと、「洞門」「扁額」を見るための遊覧船（復活通船）である。ガイドから説明を聞こう。下船後、発電所も見学しよう。ガイドについては後述する。

——発電所と一体運営

現在、発電所は関西電力㈱の管轄下にある。だから、復活通船乗客がその足で発電所を見学することはできない。しかし発電所の見学は不可欠である。

何も、現役発電所建物内部を見学しようと言ってるのではない。レンガ建ての旧発電所の建物の前（北側）に立ち、ガイドから久邇宮邦彦王の「筆」を見ながら説明を聞くだけでよい。

ガイドから、上皇陛下の御祖父、邦彦王に関するお話を聞くだけで我が国の「文化」と「伝統」を感じることができる。

第二章　琵琶湖疏水記念館

――説明ガイド

発電所の「書」を見たその足で「琵琶湖疏水記念館」に行こう。そして説明を聞こう。しかし現在、「説明ガイド」は不在である。それでよいのか？

筆者は、フランスルーブル「博物館」においてミロのヴィーナスを見た。大きな展示室に一つだけ出品されていた。大勢の客が鑑賞していた。

説明書など無かった。しかし、超有名な歴史遺産を身近に見たというだけで満足感を得た。これが博物館だ。

一方、記念館は博物館ではない。ミロのヴィーナスのように、見ただけで満足できるような、超「貴重」な出品物など展示されていない。ガイド不在では、御来訪者に御不満が残る。

――ボランティア

先述した発電所と記念館の説明ガイドには、ボランティアを募ろう。京都疏水を説明したい人材は、地元の御年配者の中に、大勢おられる。地元の誇りとしてガイドして頂ける。

少し教育すれば素人でもガイドになれる。筆者（現在八十六歳）が元気であれば、（テレワーク等で）無報酬教育してあげる。因みに、筆者の血を分けた弟も地元にいる。協力してもらえるだろう。

――発電の展示

京都市上下水道局が運営する琵琶湖疏水記念館における「発電所」の展示をさらに充実しよう。関西電力㈱の御協力を得て。

展示全体の三分の二が発電所であってもおかしくない。それほどに発電所の意味が大きいのだ。このこと既に述べた。繰り返す。京都疏水の知名度向上と発信のためには、発電所が必須だ。国民はエネルギー政策に関心がある。なぜなら、人間は「口にする」ものと、「暖を取る」ものが無ければ生きられない故。

しかも京都疏水は、（繰り返すが）日本初の「地方行政」による「エネルギー政策」なのだ。これが「受け」入れられない訳がない。

――展示プロ

現在の恒設展示は、観客に親切な展示とは必ずしも言えない。現在の展示は、展示責任者の顔が見えない。そして、その場限りの展示だ。ストーリの一貫性が見えない。そして展示を「日々新たに」という姿勢が見えない。

繰り返す。展示内容の更新頻度が、十分に高いとは言い難い。パチンコ店は、「新装開店」を繰り返すことによって「常連客」を確保するのだ。参考にしたい。

頻度の高い更新のために、「展示プロ」を養成しよう。前述した「説明ガイド」と兼務でよい。

同じく、地元ボランティアで可能である。

第三章　田邉朔郎特別室

――特別室の閉鎖

話が変わる。随分と以前のはなしである。京都「疏水記念館」の、とある資料研究員は言った。

「ここは田邉朔郎を顕彰する場ではない」と。このせりふを田邉家のある一員から聞いた。

この話を聞いたとき、「怒り」がこみ上げてきた。「田邉朔郎なしに琵琶湖疏水建設のストーリーが成り立つと思っているのか」と。

時を同じくして「田邉朔郎特別室」が閉鎖され、研究員の執務室に転用された。記念館オープン当時設営されていた特別室が閉鎖されたのだ。

――特別室開設の経緯

かつて（三十年前）田邉家は、京都疏水に関する田邉朔郎遺品資料を京都市に提供した。現在記念館に保管されている「田邉家資料」である。これが契機となって琵琶湖疏水記念館が開設された。

この開設時に、田邉朔郎特別室が開設された。

――京都市方針との整合性

市は、「琵琶湖疏水の魅力向上と発信」なる大きな目標を掲げておられる。前述した資料研究員は、「琵琶湖疏水の魅力向上と発信のために、田邉朔郎は不要」と言ったに等しい。そう受け止めて「内心」怒ったのだ。

このことを直接申し上げようと思ったが、これを聞いた時、その研究員は、すでに去った後だった。去った後で確認した。嘱託研究員だったのだ。正規の京都市職員でなかった。いわば「臨時雇用」だったのだ。

――京都市の御英断

時代は変わった。記念館を管理する京都市上下水道局上層部「代替わり」があった。この機に筆者は、実情を申し上げた。それに対して上層部は御理解を示された。その結果、「田邉朔郎特別室」は復旧された。

回復されて「田邉朔郎特別展」に活用された。このことは、本書の第三部「田邉朔郎の一生」の「序章」の写真で確認できる。

――再発防止

臨時雇用の、（市の組織としては「下層部」の）一資料研究者による思慮を欠いた「安易」な変更。こんなことが、今後再発生しないとも言えない。

そのことを危惧する筆者は、本件の経緯を（あえて）をここに書き記した。今後の「京都疏水の知名度向上と発信」のために。

第四章　拡大ストーリー

―登場人物

高校時代に（一部ではあるが習った）『源氏物語』を引用するまでもない。物語とは登場人物の描写である。その意味で、本著『京都疏水物語』は文化庁が要求する物語に、正に当て嵌まる。

本著は近現代の歴史物語である。近現代だから登場人物の親族が現に存在する。だから著作者は、親族に対する配慮が大切だ。

ところが、疏水ストーリーに登場する主要人物は、すべて筆者の親族である。だから配慮なしに真実を語る。恥ずかしいところも含めて。

―「送り火」の大文字山

図表－２「大文字山から見た疏水クラスター群」を見てほしい（巻末）。送り火で有名な大文字山。そこから見た京都市街である。眼下に緑の「吉田山」が見える。その手前に同じく緑の「真如堂」と「黒谷」の丘が寝そべっている。

吉田山の向こうには、京都大学が見える。そしてその向こうには、京都御所が見える。およそ二キロメートル四方である。この狭い場所に、京都の「三大」特徴である「歴史」と「伝統工芸」と「文教」の内、「歴史」と「文教」がぎっしりと詰まっている。

さらに京都疏水ストーリーに登場する主要人物の遺跡・遺品もある。これらが、これだけ高密度で詰まっている地域は、全国どこを探してもない。以下、説明する。

第一節　歴史クラスター

《皇室》

（一）京都御所
（二）冷泉天皇陵（第六十三代天皇。平安時代初期）
（三）陽成天皇陵（第六十七代天皇。平安時代中期）
（四）後一条天皇陵（第六十八代天皇。平安時代中期）
（五）聖護院門跡（京都にある五門跡のひとつ）

《神道》

（一）日向大神宮（京の伊勢：祀神天照大神。第二十三代顕宗天皇の勅願により創建。五世紀）
（二）熊野若王子神社（京の三熊野神社のひとつ。他の二社は、熊野神社、今熊野神社）
（三）日吉神社（滋賀県日吉大社と関係のある小さな神社）
（四）岡崎神社（延暦十三（七九四）年創建、主祭神素戔嗚尊とウサギ）

（五）吉田神社（貞観元（八五九）年創建。京の守りの神々を祭祀。平安時代初期創建）
（六）宗忠神社（神道黒住教の教祖黒住宗忠を祀る。江戸時代中期創建）
（七）熊野神社（京都にある三熊野の一つ。聖護院門跡の守護神）
《仏教》
（一）南禅寺（禅宗：京都五山の上。鎌倉時代）
（二）南禅寺塔頭金地院（石庭：小堀遠州作と記録の残る全国唯一の庭）
（三）永観堂（禅林寺：弘法大師の弟子真紹草創。平安時代初期）
（四）銀閣寺（東山慈照寺：室町幕府将軍足利義政の隠居所。戦国時代初期）
（五）法然院（延宝八（一六八〇）年建立。法然上人所縁の寺。江戸時代初期）
（六）安楽寺（法然上人所縁の寺）
（七）東本願寺岡崎別院（親鸞上人岡崎草庵跡）
（八）黒谷（浄土宗金戒光明寺：法然上人所縁の寺。徳川幕府の隠れ城）
（九）真如堂（天台宗眞正極楽寺：永観二（九八四）年開闢。平安時代中期）
（十）百万遍知恩寺（浄土宗法然上人所縁の寺）
《産業遺産》
（一）京都織物レンガ建倉庫（京都疏水初期の発電により操業を開始した由緒ある建物）

第二節　文教クラスター

《高等教育機関》

（一）京都大学（北垣国道が誘致に成功した（元々計画は大阪だった））

（二）京都府立医科大学

（三）同志社大学（仏教勢力を押さえて北垣国道が誘致に成功した）

（四）立命館大学

（五）旧武徳殿（北垣国道が設立した日本武道の殿堂）

（六）鴨沂高校（北垣国道が力を入れた女紅場／日本初の高等女学校の後継）

《博物館等》

（一）京都国立近代美術館

（二）京都市京セラ美術館

（三）ロームシアター京都

（四）京都市動物園

　　以上地域を「岡崎公園」という。

《庭園》

（一）哲学の道

（二）南禅寺別荘群（京都疏水の水を利用した日本庭園）

（三）無鄰菴（山縣有朋別荘）
（四）白沙山荘（橋本関雪記念館）
（五）東山慈照寺（銀閣寺：東求堂、銀沙灘、向月台等）

第三節　登場人物の遺跡クラスター

（一）北垣国道
①立像（夷川船溜まり）
②屋敷跡（土手町）
③墓地（黒谷本堂裏）
④扁額（第一疏水第一トンネル内、インクライン下の三ケ所）
（二）田邉朔郎
①立像（インクライン上部船溜まり）
②百石斎（田邉朔郎書斎、真如堂正門前）
③墓地（大日山京都市営墓地、インクライン裏山）
④扁額（第一疏水大津入口、京都出口、第一第二疏水合流トンネル三ケ所）
（三）田邉太一
①碑石（南禅寺塔頭金地院。鳥羽街道・伏見街道の幕府軍戦死者追悼碑）

第四節　登場人物の遺品クラスター

（一）琵琶湖疏水記念館

①北垣国道（田邉家資料）

②田邉太一（田邉家資料）

③田邉朔郎（田邉家資料）

（二）百石斎（田邉朔郎の書斎。現時点では未公開）

①田邉朔郎（田邉家資料）

②田邉太一（田邉家資料）

第五章　北垣国道の街並み設計

国道の願いは、「宝祚無窮（皇室は永遠）」である。国道の「書」が京都疏水の第一トンネル内にひっそりと掲げられている。

ここで図表－3「疏水クラスター群～北垣国道の『街並み設計』」を見てほしい。前述した大文字山から見た俯瞰図に少し手を加えた。国道が計画した二本の疏水は、疏水記念館近くで合流し、幹線と支線に分かれて俯瞰図区域を包む。幹線と支線が両腕で抱えるようにして御所を守る。

すでに日本初の地方行政機関京都府は（早くも）慶応四年設立され、御所の西側を守っていた。これに加えて国道が誘致した同志社大学と京都大学を御所の北と東を守る。

また、国道が主導した大日本武徳会を御所の南に据える。そして国道も御所の南に居住して御所をお守りする。さらに自分の永眠の地を徳川幕府の「隠れ城」黒谷金戒光明寺に定めた。

黒谷で「宝祚無窮（皇室は永遠）」を見守らせて頂く。これが、国道の「街並み設計」だった。京都疏水ストーリーの終着駅である。

第六章　クラスター散策ルート

第一節　観光ガイド

筆者は、京都大学三年生（昭和三十四年）の一学期、通訳ガイド（現在全国通訳案内士）の試験に合格した。

地元京都のＪＴＢからお誘いがあり、登録した。すると春秋の観光シーズンだけではあったが、お呼びが掛かった。客はすべて米国人だった。合計五十回以上協力した。ルートは以下の通りだった。

―― 外国人観光ルート

朝九時に都ホテル（現在ウエスティン京都みやこホテル）に参上し、まず配車を確認する。当時国内では稀有だった大型外車。シボレーが記憶に残る。

ロビーから客室に電話する。訪問先は指定されている。お定まりのコースは、①平安神宮→②京都御所→③修学院離宮→（ホテルで昼食）→④清水寺→⑤三十三間堂→⑥東本願寺→⑦桂離宮→ホテル帰着。たまに、郊外の大原三千院。逆に市内の中心部、祇園「お茶屋」さん。

一日案内して二千円もらった。その上、チップを千円。合計三千円。大卒初任給が一万円の時代。とてもうれしかった。一ドル三百六十円の時代だったから、客の負担は現在よりは楽だったのだろう。

第二節　仮想：米国人向け「疏水」観光ルート

もう年だからできないが、六十歳に若返ったとして米国人の観光客を有料で「通訳案内」するたらば、前述した若き日の事例を参考にして以下のような「ルート」が想定される。

朝九時にウエスティン京都みやこホテル→客と合流→（ハイヤーで）→①疏水記念館。「恒設展示（疏水全ルートの説明）」と「田邉朔郎特別室」の閲覧（特に水力発電と新幹線計画の説明）→（ホテルで昼食）→②（ハイヤーで）インクライン公園→③田邉朔郎立像→④発電所鉄管→⑤復活通船船着き場→⑥乗船→⑦日本初のコンクリート橋説明→⑧各トンネル洞門の「書」の由来を説明→⑨大津船着き場→下船→（ハイヤーで）ホテル。

このルートで如何ほど頂けるだろうか。学生時代は、初任給（月給）の約三分の一だった。そうすると約十万円頂けるのだろうか。

一方現在筆者が、現役で営業中のＩＳＯ／職場安全コンサルティングは、一日三十三万円（税込み）頂いている。これに比べて不満だが、暇があり、暇つぶしならやってもよい。若ければ。

なお、この情報を元にして「挑戦」される有志を期待する。学生時代にお世話になったＪＴＢなどの観光会社の参入も期待される。

第三節　散策ルートの提案

前節において非現実的な「空想」を楽しんだ。ここで現実に戻ろう。以下において疏水クラスターを巡るルートを幾つか提案する。

筆者は、目を瞑っていても廻れるが、一般の方々の便宜のためには案内版、説明版、道標等が必要である。観光案内ブックやパンフを手にしているとしても。

いずれのルートも「疏水記念館」を起点とする。以下に幾つか列挙しよう。

ルート（０）

京都インクライン上部船溜まり→乗船→【出口洞門：三条実美】第三トンネル【入口洞門：

松方正義】→【出口洞門：西郷従道】第二トンネル【入口洞門：井上馨】→【出口洞門：山縣有朋】第一トンネル【入口洞門：伊藤博文】→大津三井寺下→下船。およびこの逆コース。

このルートは既にあるので、「別格」であり、「ルート（0）」とした。また、「哲学の道」と第一疏水「山科～逢坂山越え～大津」の散策ルートも既設であるから、別格である。「ルート（0）」の一部として考えてほしい。

ルート（1）「北垣国道・田邉朔郎一日コース」

記念館→朔郎立像→国道立像→国道居宅跡→国道が誘致した大日本武徳会跡徳殿→黒谷金戒光明寺国道墓地→真如堂朔郎記念石灯篭→朔郎旧書斎「百石斎」→京都大学土木工学科朔郎胸像→国道が誘致した第三高等学校（京大教養部）→本部時計台横、ノーベル賞館（三高時代の建物）→解散

ルート（2）「体力強化コース」

記念館→（裏口を経て）→インクライン軌道→（線路に沿って登る）→田邉朔郎立像→発電所鉄管を見ながら深呼吸→田邉朔郎が建立した殉職者の碑→船溜まり→石橋渡る→（三本道の内もっとも山側の）小道を登る→日向大神宮を右下に見ながら道なりに左折→京都市営墓地→最奥左の道に入る。→（十五メートルで右折）→田邉朔郎夫妻の墓地→「希英魂永留本市（京都市長）」を見る→元の道に戻ってさらに直進する→樹木がうっそうと茂っている→その道を下る→沢に出る→お寺「最勝院」を右横に見て下がる→ローマ橋→南禅寺

本堂→南禅寺山門→南禅寺南門→記念館→解散

ルート（3）「コンクリート歴史コース」

記念館→（タクシーで山科四宮の疏水べりと指定）→第一疏水→第十一号橋→石碑「本邦最初鐵筋混凝土橋」→（しばし疏水に沿って散策）→天智天皇陵→（徒歩）地下鉄御陵駅→地下鉄三条蹴上駅→（タクシー）→真如堂（北白川農民が田邉朔郎に贈った石灯篭）→本邦初の自宅用コンクリート建物「百石斎」の概観を道路から見て解散

ルート（4）「疏水クラスター群一望コース」

記念館→（タクシー）→銀閣寺→登山道→応仁の乱戦場跡→大文字山（如意が嶽）山頂→送り火の中心に立つ→（吉田山、鴨川、御所を一望）→大の字の「三画」に沿って下る→下山道→平家打倒の「謀議所」鹿ケ谷山荘の俊寛→法然院→解散

第四節　究極の二泊三日ルート

最後に付け加える。筆者がお世話になった大切なお方様、そして疏水の歴史を含めた我が国の文化・伝統に御興味のあるお方さま御夫妻にご恩返しの（かつ安上がりの）「観光案内」をして差し上げるとすれば、以下のようなルートとなる。

――一日目（前泊）

南禅会館（宿泊施設）に、午後三時頃チェックイン→インクライン→金地院（崇伝を説明す

る）↓石庭（小堀遠州を説明する）↓田邉太一碑（鳥羽街道の戦いを説明する）↓南禅寺ローマ橋↓南禅寺本坊↓夕食の湯豆腐（順正で食す）↓南禅会館↓就寝

――二日目

朝がゆ（瓢亭を予約しておく）↓疏水記念館（恒設展示を見る）↓同（朔郎特別室を見る）↓昼食（南禅寺「奥丹」の本家湯豆腐を食す）↓永観堂↓新島襄の墓↓哲学の道↓法然院↓銀閣寺↓（タクシー）↓南禅会館↓夕食↓就寝

――三日目

南禅会館↓朝食↓チェックアウト↓平安神宮大鳥居前慶流橋↓（疏水沿いに直行、右折、左折、直行）↓北垣国道立像↓（戻る右折）↓左の橋を渡る↓平安神宮前を過る↓（左折）↓（丸太町通りを横断）↓（左京郵便局前を過ぎる）↓（右折）↓黒谷金戒光明寺門↓（左折し階段を上って）↓山門↓（階段を上って）↓本堂前↓（本堂から見て左行し坂を下って）↓池↓（石橋を渡って）↓（正面の長い石段を登って）↓三重塔↓（左折して突き当りを左折）↓北垣国道の墓地↓（来た道をもどって左折）↓右側に会津藩墓地↓（直進して）↓三井家の墓地を右に見て↓真如堂本堂門↓三重塔を左に見て↓（前述した）北白川農民が田邉朔郎に感謝して寄付した石灯篭↓（広い石段の坂を下って）↓山門↓（公道にでて右折し）↓直進して突き当りを左折↓田邉朔郎書斎（百石斎）を左に見る↓（直進して坂を上がり御一条天皇陵の横を登って）↓（坂の頂上を右折してお稲荷さんの赤い鳥居群を潜って）↓竹中稲荷↓裏に回って喫茶「茂庵」で一休み→（吉田山のてっぺんに回って斜面を下って）→吉田神社→京都大学正門→（時計台を右に見て裏に回り）→土木工学（現社会基盤工学）教室→入って階段を上り「踊り場」の田邉朔郎像→北門「百万遍知恩寺」で解散。歩く距離約四キロメートル。正味走行時間約四時間。

歩きながら「日本神話」における日本創成期の無名の三神、続いて日本列島創成期のイザナギ命・イザナギ命→天照大神→天孫降臨→神武東征建国→古墳時代→飛鳥時代→奈良時代→平安時代→鎌倉時代→南北朝時代→室町時代→戦国時代→安土桃山時代→江戸時代→明治・大正・昭和前半時代→昭和敗戦後時代に亘り、我が国の「文化・伝統」に関する意見交換する。このような意見交換するに京都以外の適切な場所はない。

あとがき　「讐念」を「報恩」に変換して阿弥陀仏の下へ

人間の行動力の源泉。それは「讐念」である。そんな仮説を立てて田邉朔郎一族の実行動で検証した。

――筆者自身、「讐念」によって生きてきた。だからその正当性を（自分本位で）確かめたかったのだ。自己承認欲求だった。その結果、哲学者ニーチェのいう「ルサンチマン」が良く理解できた。

――報復の矛先をどこに向けるか。直接的に仇討（かたきうち）をすることもできる。ところが朔郎一族は、「いい仕事」をして仇に対して「ザマー見ろ」という道を選んだ。結果として「報恩」である。仕事の内容に公共性がある場合は「奉公」に繋がった。

――重要だから繰り返す。田邉一族は、筆者も含めて「讐念」の捌け口を公共性のある仕事向けた。そのことによって社会の片隅においてではあるが、大きな不自由なく生活させていただいた。「感謝」の一言に尽きる。

――京都疏水は、明治維新の勝者薩長が（危機感をもって）主導し、敗者徳川が（恩讐の彼方に）協力して完成した。このことを第一部「建設物語」で確認した。

確認するに当たり、佐幕派の田邉太一（筆者の曾祖叔父）の人脈と、討幕派の北垣国道（筆者の曾祖父）の人脈を通じて明治維新と言う大きな山脈を、上空から三百六十度「ぐるー」と回って俯瞰できた思いである。

――俯瞰の結果、真説・明治維新を提唱した。提唱した後で気が付いた。朔郎の一生と、提唱した「真説・明治維新」は、時期と期間において完全一致する、と。

――朔郎は文久元（一八六一）年に生まれた。一方、「真説」の始まりは文久二（一八六二）年。朔郎の他界は、昭和十九（一九四四）年で、「真説」の終りは昭和二十（一九四五）年。一乃至二年の誤差はあるものの、ピタリと一致している。

――朔郎の死後、半年にして妻静子が後を追った。「真説・明治維新」が終わる直前に、二人仲良く大往生を遂げた。

「真説維新」と「朔郎一生」の一致は、偶然か。それとも神様仏様のお導きか。筆者は、お導きだと信ずる。「『恩讐』を『報恩』に変えて（協力して）懸命に生きる二人に、敗戦の苦しみを『一生に二度』も与えることは本意ではない」との思し召しだった。

――朔郎は長男秀雄の死を悼んで般若心経の写経をし、これを掛け軸として残した。これを第三部「朔郎の一生展」に出品した。朔郎は、「般若心経」に造詣が深かった。

――筆者も、中学三年生の時、般若心経を諳んじた。以来今日に至るまで毎日少なくとも十回は唱えている。だから通算百万回唱えたことになる。

――またこれを唱えながら、十日断食を三十二歳から六十七歳に至るまでの三十七年間に二十七回決行した。

だから般若心経は、身体機能の一部である。この「般若心経」を少し加工して極楽におられる朔郎の心の中を探ってみよう。

――**朔郎曰。「仏」説舎利子。「菩薩」行深「般若波羅密多」時、依「般若波羅密多」故、究竟「涅槃」。三世諸仏、依「般若波羅密多」故、「羯諦羯諦波羅羯諦波羅僧羯諦菩提薩婆訶」。**

朔郎曰く、「お釈迦様（ゴータマ・シッダルタ）は弟子の舎利弗（シャーリプトラ）に向かって説かれた。若い頃の自分（菩薩＝菩提薩埵＝ボーディ・サトゥヴァ）は、甚深な『知恵の完成（般若波羅蜜多＝パンニャパーラミタ）』の行をおこない、知恵の完成を会得した。だから大往生（涅槃）を遂げることができた」と。

さらに曰く「志を同じくする者達（三世諸仏）も『知恵の完成』によって皆大往生（涅槃）をとげた。「みんな行った、みんな行った（羯諦羯諦波羅羯諦＝ギャーテイギャーテイハラギャーテイ）」と。

――**朔郎続曰。如「仏」説。我依「般若波羅密多」故、掘了「赤洞門」於彼方恩讐、究竟「涅槃」。被授法名「釈了以」。**

朔郎は続けて曰く。「お釈迦様が説かれた如く、自分も『知恵の完成』を得て「讐念」を原動力にして「報恩」に励み、『（青の洞門ならぬ）赤の洞門』を掘って大往生を遂げることができた」と。

さらに曰く、「釈『（了海ならぬ）了以』のお名前を頂いてお釈迦様の一族に加えていただいた」と。

――**本書の結論**

前書きにおいて「殴られたら、殴り返す」。報復が人間の本性であるが、理性によって「讐念」

を「報恩」に変えることができる。こんな仮説を立てた。

この仮説を朔郎一族の真説・明治維新によって検証した。その結果、敗者も生きていれば、この「讐念」を恩念に変えて「報恩」することができる。敗者の「報恩」の軌跡が歴史の重要な一部だった。

一方、（比喩的に言えば）殴り殺された人もいる。半殺しにされた人もいる。古来、戦争の勝者が敗者を徹底的に虐殺する根拠が明らかになった。

勝者は、敗者による報復「復讐」が怖いのだ。勝者も懸命に生きている。勝者による「敗者、皆殺し」の軌跡。これはヒト（ホモモーベンス）がもって生まれた性（さが）、必然性のある歴史だった。

幕末明治風　朔郎被翻弄
太一国道来　去了哉与風
幕末明治の風、朔郎翻弄さる。
太一国道来り、風と共に去りぬ。

（付記）田邉太一と北垣国道が幕末の動乱の中でそれぞれ佩いていた刀剣二本が、京都市上下水道局琵琶湖疏水記念館の田邉朔郎特別室に展示されている。また、幕末には幼児だった田邉朔郎が持っていた子供用の懐剣が旧朔郎書斎、文化庁登録有形文化財「百石斎」に保管されている。

筆を擱くにあたって

朔郎田邉一族は、八百年に亘って「相続く」戦乱の中で「相続いて」敗者となった。その故に勝者に対して「讐念」を持った。しかし勝者に対して直接「復讐」する道は、これを取らなかった。「恩讐の彼方に」よい社会貢献をして勝者を見返してやる。と、前向きな発想で「復讐」を成し遂げてきた。結果として子孫のために（有形／無形）「役に立つ」生活基盤を遺した。

このような一族に生を受けた幸せを感じ、筆者も子孫のために（ささやかながら）「生活基盤」を遺したいと努力してきた。先祖から受けた「恩」は、子孫に返そう、と。

――生まれ育った「国」への感謝

そして最後の最後に一言。本稿を整理して再認識した。すべての「日本人」は、その「家は」、天皇を「本家」とする「分家」である。本家のためなら命をも投げ出す。「恩讐の彼方に」。このような国に生まれ育ったことを「誇り」に思う。

――子供たちへ「与ふる言葉」

これが締めの言葉。子供たちへの「メッセージ」。再度いう。親から受けた「恩」は、山よりも高く海よりも深かった。これをお返ししたいと思った時にはすでに親は居ない。だから子に返す。

――「宝祚無窮」の環境の中、「工学」と「医学」で生き抜こう

人対人の関係の中で相対的価値のある力は（末代まで生き抜くためには）役に立たない。絶対的価値のある力が役に立つ。分かり易くいうと、「文系」ではなく「理系」である。

なかでも、生活力「維持・向上」に資する分野。すなわち、「道具」を使って人の役に立つことをする仕事。具体的には、「工学」と「医学（薬学を含む）」である。

田邉一族は、過去五百年間、「工学」または「医学（薬学）」で生きてきた。これらを習得しておれば、生きる環境がどのように変化しようとも生き抜くことができる。どんな時代でも（ひと様から）必要とされるのだ。

田邉朔郎家の子孫に告ぐ。環境から必要とされる「工学」または「医学（薬学）」を身につけて末代までも生き抜こう。

一方、「宝祚無窮」（皇室は永遠）。皇室のためなら、命をも投げ出そう。ご先祖さまに倣って。それが、末代まで生き抜く道である。

生きるに当たって徳川家康公の「人生訓」を頭の隅にでも置こう。徳川家康公のたまわく、「及ばざるは、過ぎたるに勝れり」と。

謝辞

本著の出版に当たっては数限りない、多くの方々の御協力を頂いた。厚く々々御礼申し上げる。だが、その方々の全貌を記載するには、紙面が不足する。よって以下の方々を、各御協力内容と共に代表例として明記するに止める。

一．京都市上下水道局様には、琵琶湖疏水記念館収蔵資料等、幾多の資料を提供して頂くなど、多大なご協力セミナーを頂いた。

二．名古屋大学名誉教授加藤詔士（鉦治）先生には長年、百石斎所蔵「田邉朔郎遺品」資料をひも解いて頂き、かつ、継続的に御提供頂いた「工部大学校（東大工学部前身）」に関する御研究結果を利用させて頂いた。

三．スタンフォード大学フーバー研究所教授西鋭夫先生には、ダイレクト出版社による御講演、ウエブセミナー、御著書、面談等を通じて明治維新が英国の助力によって行われ、かつ、薩長軍の「非道」との大きなヒントを得て利用し、先生の『新説・明治維新』に対して「真説・明治維新」のタイトルを使用させて頂いた。

四．京都大学教授、藤井聡先生には、経営科学出版社によるウエブセミナー御著書によって先生が御提唱された「インフラ政策学」という言葉を知り、この言葉にヒントを得て京都疏水建設論を展開させていただいた。

五．徳川旗本等子孫の会、柳営会様には、その機関紙『柳営』に筆者の本著作に関連する記事六件を掲載して頂いた。

六．咸臨丸子孫の会、正井良治様には、京都「鳥羽伏見の戦い」の戦跡をつぶさにご案内頂き、薩長軍の非道さを（改めて）理解させていただいた。

七．彰義隊子孫の会、事務局長（実質：会長）大蔵八郎様には、御編著『新彰義隊戦史』（二〇二〇年十一月勉誠出版）の原稿作成過程から協力させて頂き、薩長軍の非道さを（改めて）理解させていただいた。

八．日本コンサルタンツ取締役副社長高津俊司様には、田邉家資料の中の「弾丸列車路線計画図」（昭和十四年朔郎作）が国宝的価値のある資料であることを御教示頂いた。

九．京都市御在住、日本初のアート「位置情報×フォト×俳句」作家の蒲田皓兵様には、琵琶湖疏水の現状に関するフォト撮影の面で多大なご協力を頂いた。

十．伊丹市御在住、従姉中村妙子様（旧姓田邉、現在八十九歳。十歳まで朔郎夫妻の下で育てられた朔郎の孫）には、朔郎が死の床についた経緯や、私生活の特徴など、朔郎の思い出話を多々語って頂いた。

十一．早稲田大学創造理工学部建築学科渡邉大志研究室加藤彩那さまには、京都疏水のトンネル洞門デザインについて多々アドバイスを頂戴した。

十二．妻田邉智子（旧姓大迫）には、曾祖父大迫尚敏が「鳥羽伏見の戦い」において徳川軍に発砲した薩摩軍の一人であったことを記載した「授爵時宮内省提出公式家系図」を提供してもらい、かつ、薩摩藩の風習を多々語ってもらった。

十三．丸善プラネット株式会社水越真一様には、編集・出版の面で、田邉朔郎以来の丸善様との歴史的繋がりの上に立って多大なご協力を頂いた。

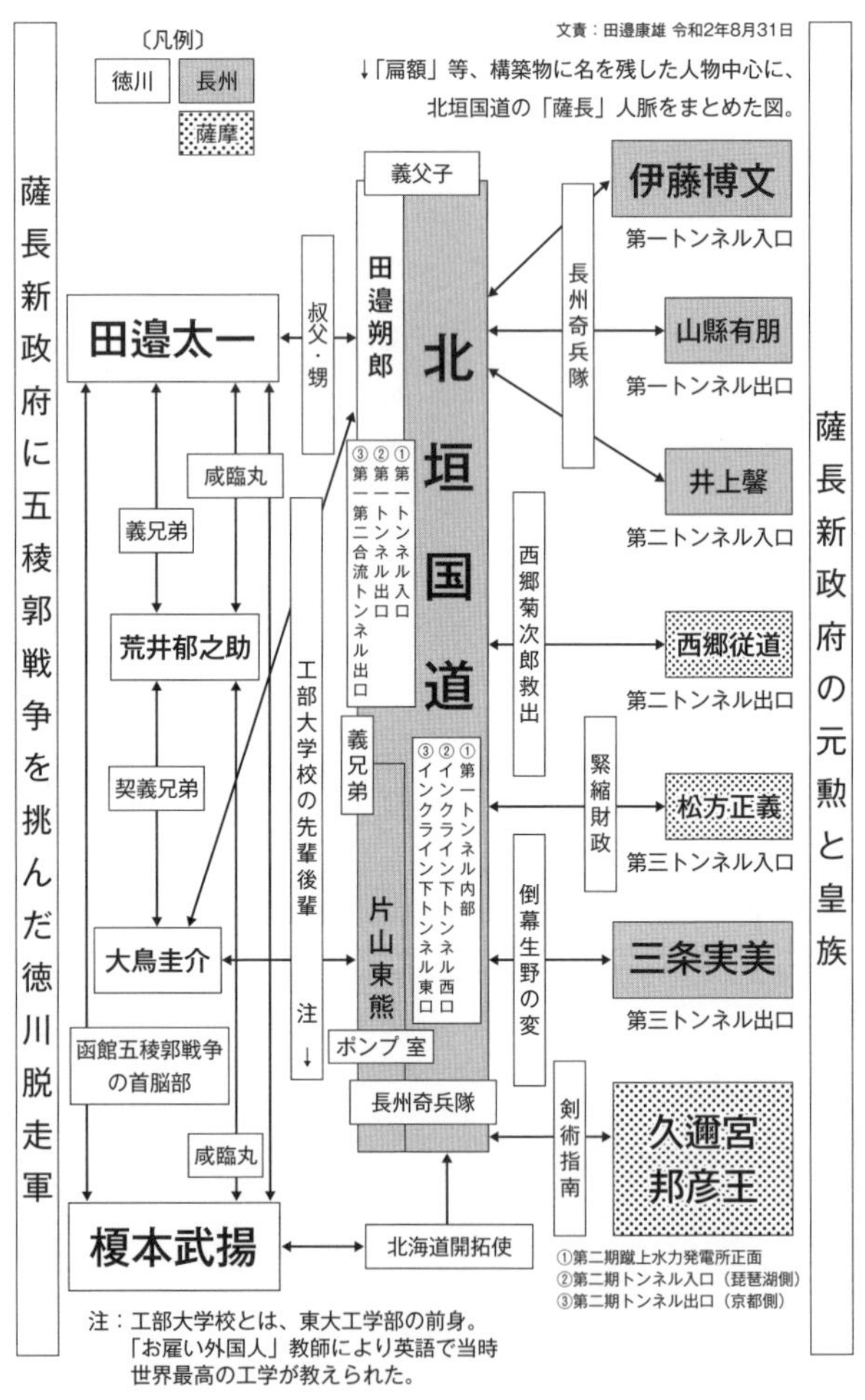

図表-1　北垣国道の人脈とトンネル扁額

文責：田邉康雄　令和２年８月31日

図表-2　大文字山から見た「疏水クラスター」群

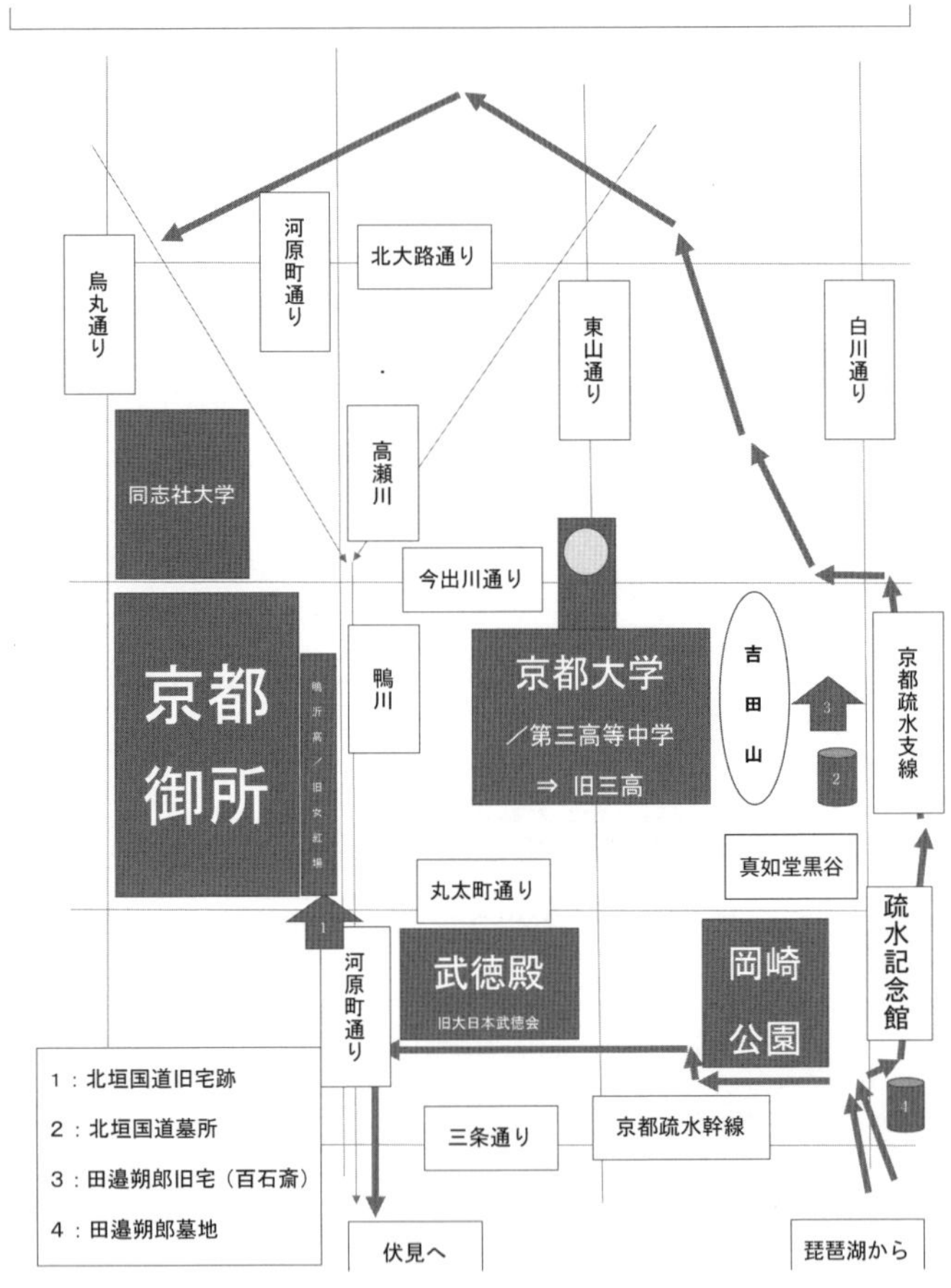

図表-3　疏水クラスター群
北垣国道の「街並み設計」

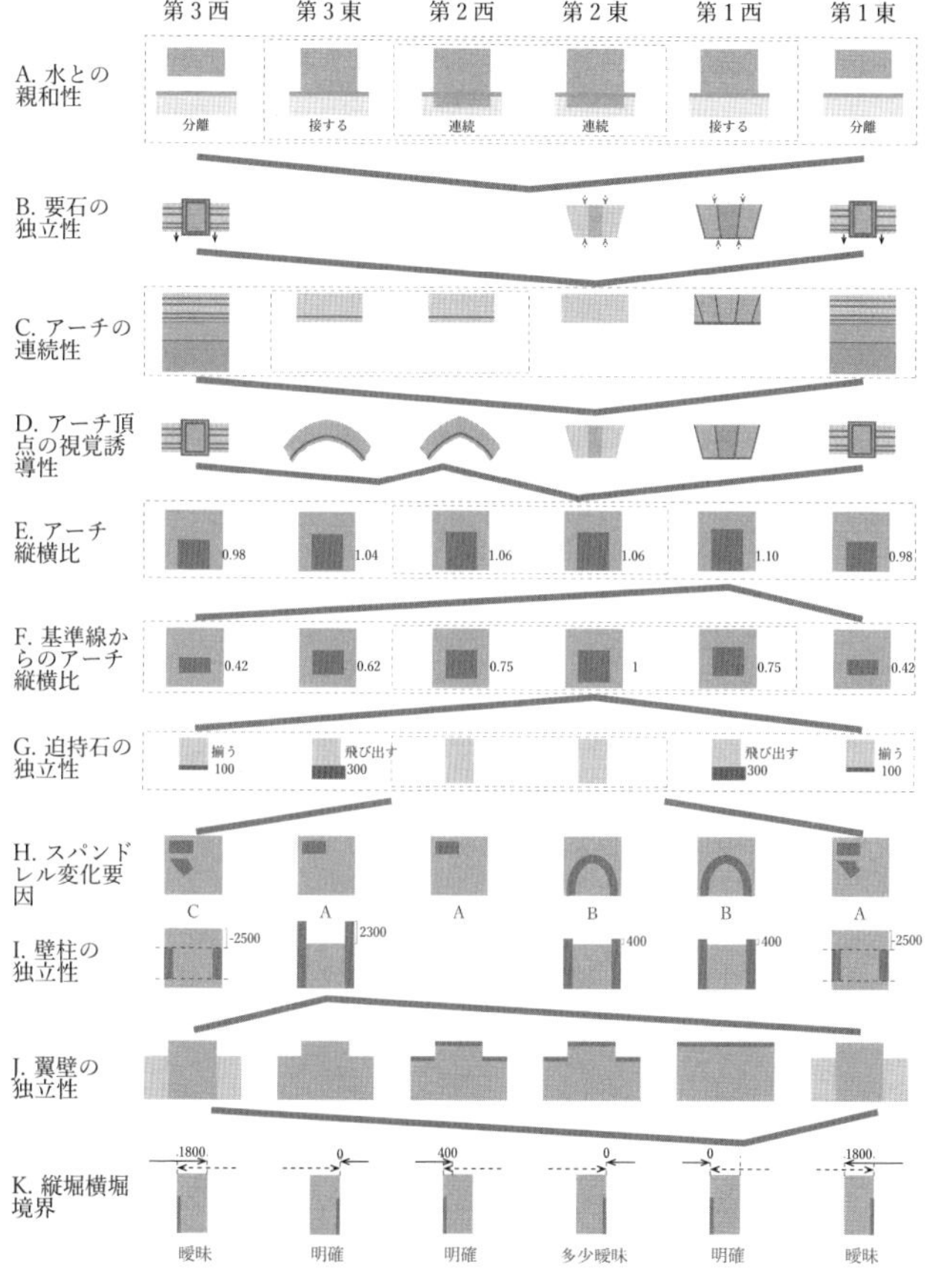

図表-4　洞門の形式比較図
加藤 彩那「琵琶湖疏水のデザイン原理とその波及性の研究—洞門、インクライン、水路閣に着目して—」

引用文献

一．日本人の祖先（ルーツ）に関する文献

（一）川幡穂高著『気候変動と日本人二十万年史』岩波書店発行、二〇二二年。
（二）斎藤成也『DNAで読み解く日本人の起源史～古代日本列島1万年史』ダイレクト出版ルネサンス事業部発行、二〇二二年七月一日。
（三）斎藤成也『最新DNA研究が解き明かす日本人の誕生』経営科学出版（キンドル版電子書籍）、二〇二二年七月二日。
（四）斎藤成也『核DNA解析でたどる日本人の源流』経営科学出版（キンドル版電子書籍）、二〇二二年七月三日。
（五）久野潤『New History』ダイレクト出版ウエブセミナー配信（特にDNA分析によって日本人の歴史が分かる。ヤポネシアの提言）、二〇二二年七月十日。
（六）田中英道『日本国史の源流～縄文精神とやまとごころ』扶桑社初版発行、二〇二〇年九月。
（七）田中英道『ユダヤ人埴輪があった～日本歴史を変える30の新発見』扶桑社初版発行、二〇一九年十二月十日。
（八）田中英道『京都はユダヤ人秦氏がつくった』経営科学出版（キンドル版電子書籍）、二〇二一年一月三十一日。
（九）ヨセフ・アイデルバーグ著、中川一夫訳『大和民族はユダヤ人だった～イスラエルの失われた十部族』た

まの書房発行、一九九五年七月一日。
（十）伊勢雅臣『都市からの脱却～自然と共生体の中で生きる』日本志塾、ダイレクト出版ウエブセミナー配信、二〇二二年七月一日。

二．日本の「建国」に関する文献

（一）BSフジ『古事記の世界（CGアニメで紐解く日本誕生物語）』ユーキャン発売、二〇〇九年八月十一日。
（二）渡部昇一『読む年表日本の歴史』ワック株式会社発行、二〇一一年八月十四日。
（三）田中英道『決定版～神武天皇の真実』ダイレクト出版、二〇二一年
（四）田中英道『真・日本建国史』ダイレクト出版ウエブセミナー配信、二〇二一年八月二十八日。
（五）田中英道『New History』ダイレクト出版ウエブセミナー配信、二〇二二年五月三十一日。
（六）小堀桂一郎『月間歴史塾』経営科学出版ウエブセミナー、二〇二二年八月十一日。
（七）福井雄三『月間歴史塾』経営科学出版ウエブセミナー、二〇二二年八月十一日。
（八）松浦光修『月間歴史塾』経営科学出版ウエブセミナー、二〇二二年八月十一日。

三．皇室に関する文献

（一）渡部裕明『皇位継承でたどる天皇陵』産経新聞出版、二〇一九年三月五日。
（二）小堀桂一郎『象徴天皇考』（提案：長い歴史上で実績のある「猶子」の叡智を活用して皇位継承者を増やす方法）明成社初版第一刷発行、二〇一九年四月十日。
（三）伊勢雅臣『日本人として知っておきたい皇位継承問題の真実』（皇室とは何か？　皇位とは何か？）ダイレ

クト出版ウエブセミナー配信、二〇二二年七月四日。

四．明治維新に関する文献

《通説》

（一）原田伊織『官賊と幕臣たち～列強の日本侵略を防いだ徳川テクノクラート』毎日ワンズ発行、二〇一六年。

（二）榎本秋『歴史新書：世界を見た幕臣たち～明治維新の原動力となった「もうひとつの幕末史」』洋泉社発行、二〇一七年九月十九日。

（三）浜崎洋介『真説・近代精神史第一巻～文学者が見た明治維新の闇。東亜百年戦争の運命』経営科学出版ウエブセミナー配信、二〇二二年七月一日。

（四）蜷川新『維新前後の政争と小栗上野の死』日本書院発行（国会図書館蔵）、一九二八年。

（五）渡辺達治『冊子・維新の記憶／一八六三年生野の変』読売新聞大阪本社発行、二〇一八年。

《新説》

（一）西鋭夫『新説・明治維新』ダイレクト出版発行、二〇一六年四月一日。

（二）西鋭夫講演録『新説・明治維新〔改訂版〕』ダイレクト出版第二版第十七刷発行、二〇二〇年一月二十八日。

（三）Toshio Nishi「The Meiji Restoration as Japanese Aesthetic Destruction」of『A New Theory of the Meiji Restoration』ダイレクト出版、二〇二〇年一月十八日第二版発行。

（四）室伏謙一『眠れなくほど面白い江戸日本巻一外交編～欧米が恐れた江戸官僚～封印文祖Hに記された幕臣たちのウルトラ外交術』経営科学出版ウエブセミナー、二〇二二年七月十二日。

（五）対訳新渡稲造著樋口謙一郎訳『BUSHIDO：The Soul of Japan　武士道』シナノパブリッシングプレス第十二刷発行、二〇一九年十一月十日。

《真説》

〈発端〉

（一）男爵北垣国道『但馬一挙（生野の変）の眞相』文部省維新資料編纂会第三回講演速記録、一九一二年三月十一日。

（二）田邉康雄「真説・明治維新～倒幕『生野の変』挙兵から対米『大東亜戦争』敗北までの82年間」柳営会発行雑誌『柳営』（三十三／三十四合併号）、二〇二一年十一月二十日。

（三）大蔵八郎編『新・彰義隊戦史』勉誠出版発行、二〇二〇年十一月二十日。

〈終局〉

（一）中垣秀夫（元陸上自衛官）『天皇の皇太子への手紙』史料紹介―最後の御前会議における昭和天皇御発言全記録（関連参考資料の⑩）、チャンネルNIPPONアーカイブ www.jpsn.org/report/62677/（二〇二一年三月十二日閲覧）。

（二）迫水久常（筆者康雄妻の血縁者）『大日本帝国最後の四か月（終戦鈴木貫太郎内閣「懐刀」の証言）』河出文庫発行、二〇一五年七月二十日。

（三）小堀桂一郎『大日本帝国の終焉（英雄鈴木貫太郎物語＝辛うじて無条件降伏を回避できた物語）』経営科学出版ライズアップジャパン事務局発行、二〇二二年七月十日。

（四）小堀桂一郎『小堀桂一郎の一九四五年の追憶「大日本帝国の終焉～日本の運命を分けた『幻の四か月』と一人の英雄（鈴木貫太郎）」』経営科学出版配信ウエブセミナー、二〇二二年七月二十二日。

〈後遺症〉

（一）西鋭夫、岡崎匡史『占領神話の崩壊』中央公論新社発行、二〇二一年七月二十五日。

（二）西鋭夫『国破れてマッカーサー』中公文庫発行、二〇〇五年七月二十六日。

（三）甲斐弦『GHQ検閲官（復刻版）』経営科学出版ライズアップジャパン事務局発行、二〇二二年七月一日。

（四）ダイレクト出版他多数

五．一般歴史観に関する文献

（一）岡崎久彦『遺書』育鵬社発行、二〇一五年（特に語録：歴史とはその時代々々を、生き残りをかけて懸命に生きた人の奇跡であり、正しい歴史観などはない）。

六．我が国の将来展望に関する文献

《WGIP（占領米軍による日本人洗脳工作）からの脱却》

（一）西鋭夫・岡崎匡史『占領神話の崩壊～70年間地下室で眠り続けた極秘文書が、戦中・戦後の数々の欺瞞を炙り出す』中央公論社発行、二〇二一年七月二十五日。

（二）西鋭夫『アメリカ帝国滞米五〇年（アメリカは正直もうダメかもしれません／大帝國・アメリカの終焉が、近づいてきているかもしれない）』ダイレクト出版発行、二〇二〇年八月三十日。

（三）北野幸伯『大戦略論勝者の地政学編』ダイレクト出版ウエブセミナー配信、二〇二二年七月一日。

（四）藤井厳喜『最強兵器としての地政学～あなたも国際政治を予測できる』ダイレクト出版ウエブセミナー配信、二〇二二年七月二日。
（五）藤井聡『インフラ政策学』経営科学出版ウエブセミナー、二〇二二年七月一日。
（六）ダイレクト出版ウエブセミナー多数
（七）経営科学出版ウエブセミナー多数

七．京都疏水の記録に関する文献

《古典》

（一）若松雅太郎編算『改定琵琶湖疏水要誌（全）』京都市参事会発行、一八九六年。
（二）早瀬龍明・菊山一彦編纂『部外秘琵琶湖疏水及水力使用事業』京都市電気局発行、一九一二年。
（三）田邉朔郎『京都都市計画第一篇琵琶湖疏水誌』丸善発行、一九二〇年。

《現代》

（一）本間尚雄『琵湖疏水ならびに蹴上発電所の技術について（電力中央研究所報告五七　八〇〇一号）』電力中央研究所発行、一九七八年（電力の専門家による日本初の売電用水力発電によって京都疏水は事業として成功したとの記述がある）。
（二）高久峯之介『近代日本と地域振興（京都府【市】の近代）』思文閣出版発行、二〇一一年三月二十五日（第二章「琵琶湖疏水工事の時代」に「もしも当初計画通り水車小屋方式によって建設していたら、疏水工事のための発行府債【市債】は償還不能となり事業は失敗していた」との記述がある）。

（三）田邉康雄「旧幕臣『生身の人間』田邉朔郎の一生」京都市上下水道局琵琶湖疏水記念館主催「田邉朔郎特別展」より、開催期間二〇二〇年十一月十七日から二〇二一年五月九日まで（博物館的でなく、分かり易い展示と好評を博す）。

（四）京都新聞社編『琵琶湖疏水の百年　叙述編・資料編・画集』京都市上下水道局出版、一九九〇年（フェノロサの「美術品保存」アドバイスの記載がある）。

（五）Henrry S. Drinker「Tunneling, explosive compounds, and rock drills」Third Edition revised and enlarged, 1882.（洞門デザインの件）

（六）加藤彩那「琵琶湖疏水のデザイン原理とその波及性の研究——洞門、インクライン、水路閣に着目して」早稲田大学創造理工学部建築学科渡邊大志研究室発行研究論文1X18A036、二〇二二年七月一日。

八．社会基盤工学に関する文献

（一）藤井聡『改訂版土木計画学』学芸出版社発行、二〇二一年二月二十日。

（二）藤井聡『インフラ政策学』経営科学出版ウエブセミナー、二〇二二年七月一日（その中で、明治の天才大学生田邉朔郎と持ち上げて下さる）。

（三）室伏謙一『眠れなくなるほど面白い江戸日本 vol.2 まちづくり編「世界一の都市・江戸」日本人だけが知らない繁栄のまちづくり』経営科学出版、二〇二一年。

（四）室伏謙一『司馬史観に洗脳された日本人～一次史料が暴いた江戸日本八つの嘘』経営科学出版、二〇二一年。

九．田邉朔郎「系譜」に関する文献

（一）日本家系家紋研究所赤井信之編集『田辺・田邉一族』日本家系協会発行、一九九八年二月。
（二）小和田哲男監修『徳川家臣団子孫たちの証言』静岡新聞社発行、二〇一五年（第二章の二、「旧武田家臣～国宝を守った忠臣田邉忠村の子孫」）。
（三）徳川幕府『江戸幕臣人名辞典』二〇二一年、国会図書館蔵（五十八頁「田邉孫次郎」の項）。
（四）近畿化学工業界誌『近代【土木・電気・機械】の黎明期を切り開いた田邉朔郎と彼の後ろ楯、男爵北垣国道、維新戦争の傷跡を超えて生涯二人三脚で走った幕臣と薩長官軍を二人の子孫から見る（連載その一～八）』近畿化学協会発行、一九九〇年。
（五）田邉康雄『びわこ疏水にまつわる、ある一族のはなし』編集協力社団法人近畿化学協会編集部、印刷株式会社七曜社（自家本）、一九九一年九月五日（国会図書館蔵番号ＧＫ１３５－Ｅ４５）。
（六）経済産業省『事業成果報告書（技術者分野横断カリキュラム・教材の開発とモデル事業の推進）』平成十四年度経済産業省産業技術人材育成支援事業（技術者能力開発支援事業）、二〇〇三年（この中の一部、「技術者継続教育事業展開の具体的策定」日本工学会から再委託調査受託、再受託代表有限会社田邉コンサルタント・グループ）。
（七）田邉康雄「わが一族の幕末と明治～大政奉還時六歳だった当主を中心にして」柳営会発行雑誌『柳営』（二十七号）、二〇一四年十一月二十日。
（八）田邉康雄「琵琶湖疏水にまつわる田邉朔郎一族の幕末・明治・大正・昭和・平成のはなし」柳営会発行雑

誌『柳営』（二十八号）、二〇一五年十一月二十日。

（九）田邉康雄「本家の家伝『おせち』『うどん』の幕末危機、それを学問でつないだ分家」柳営会発行雑誌『柳営』（三十号）、二〇一七年十一月二十日。

（十）田邉康雄「明治維新による京都の危機、それを救った徳川／薩長の琵琶湖疏水建設。『恩讐の彼方へ』協力した徳川将軍家臣（幕臣）たち～明治維新百五十周年に当たって明治維新に関係した薩長／徳川両者子孫の回想と将来展望」柳営会発行雑誌『柳営』（三十一号）、二〇一八年十一月二十日。

（十一）田邉康雄「旧幕臣『生身の人間』田邉朔郎の一生～祖父を見倣って生涯現役を貫く嫡孫（現在八十三歳）が語る～」柳営会発行雑誌『柳営』（三十二号）、二〇一九年十一月二十日。

（十二）田邉康雄「真説・明治維新～倒幕『生野の変』挙兵から対米『大東亜戦争』敗北までの八十二年間」柳営会発行雑誌『柳営』（三十三／三十四合併号）、二〇二一年十一月二十日。

（十三）田邉康雄『生涯現役エンジニア』丸善プラネット発行、二〇〇七年一月二十五日。

（十四）田邉康雄『電子出版生涯現役エンジニア』二十二世紀アート発行（キンドル版電子書籍）、二〇二二年七月。

十．田邉朔郎家の個々人に関する文献

《朔郎の五代前「田邉貞斎」》

（一）岡田老糯『江都（江戸）名家墓所一覧』文化十五（一八一八）年岡田老糯発行、東洋社から再出版、一九〇一年。

《田邉朔郎》
（一）田邉朔郎『水力』丸善発行、一九一三年。
（二）田邉朔郎『とんねる』丸善発行、一九二二年。
（三）西川正治郎『田邉朔郎博士六十年史』山田忠三発行、一九二四年。
（四）田邉朔郎『石斎随筆』丸善発行、一九三七年。
（五）土木学会日本土木史研究委員会『近代土木技術の黎明期～日本土木史研究委員会シンポジウム記録集』土木学会発行、一九八二年（第一部人物編「田邉朔郎」、並びに事業編「琵琶湖疏水」）。
《朔郎の嗣子、田邉多聞》
（一）田邉多聞「第四章プサン地方交通局管内」、『朝鮮交通回顧録（終戦記録編）─別冊』、鮮交会発行、１９７６年。
（二）田邉多聞『鉄道マンが書いた世界絵はがき旅日記』諷詠社発行、二〇一九年二月。
《朔郎の祖父田邉石庵》
（一）大日本人名辞書刊行会編『大日本人名辞書（三）』講談社発行、一九八〇年八月十日（p.1595「タナベセキアン」「タナベレンシュウ」）。
《朔郎の父親田邉孫次郎》
（一）徳川幕府『江戸幕臣人名辞典』国会図書館蔵（五十八頁「田邉孫次郎」の項）。
《朔郎の叔父田邉太一》

（一）田邉太一『幕末外交談』冨山房発行、一八九八年。

（二）田邉太一著、坂田精一訳『幕末外交談』平凡社出版、一九六六年。

（三）田邉康雄「ある幕臣の挑戦」沼津郷土史研究談話会発行『（沼津史談』（第七十二号）、二〇二一年三月三十日。

（四）田邉太一「戦没者の碑の碑文」一九〇七年四月記、京都の南禅寺塔頭金地院石庭の裏（「小隊を率い上京し、朝旨（天皇のお言葉）中の変更の故を一問して親しく事情を訴えんと欲した。然るに、その時大兵を擁し輦下に在るは、概して我らを敵視するに非ざる無し」との記載がある。すなわち、太一は、鳥羽伏見の戦いは、戦闘態勢をとっていない幕府軍に対する奇襲であると断定している）。

《朔郎の従妹田邉（三宅）花圃》

（一）塩田良平『樋口一葉研究（増補改訂債発行）』中央公論社発行、一九六九年四月二十八日（第四章第二節田邉花圃の項）。

（二）河鍋暁斎記念美術館『河鍋暁斎日記』平凡社発行、二〇一三年七月三日。

《朔郎の岳父北垣国道》

（一）霞会館諸家資料調査委員会（代表者大久保利謙）編纂『昭和新修家族家系大成（上巻）』一九八四年四月十日（p.451「国道の曾孫北垣圭一」の項）。

（二）塵海研究会『北垣国道日記「塵海」』思文閣発行、二〇一〇年（特にその中の明治二十二年十月五日の記述（北垣静子を朔郎の嫁にすることを決めた））。

（三）三橋貴明『財政破綻論の嘘』●●発行、●●年（国が京都市の復興を国道に託しておきながら、国からは一銭もでないと突き放した。これに対して国道は京都市の公債を発行して京都疏水を建設した。百三十年以上も前の国道が三橋貴明氏の「財政破綻論の嘘」を知っていなかったにも関わらず円建て公債発行を発行して工事を進めたことは驚異的）。

（四）養父市ホームページ「国指定天然記念物ヒダリマキガヤの木と北垣国道の実家跡」https://www.city.yabu.hyogo.jp/soshiki/kyoikuiinkai/shakaikyoiku/1/4/hibari/2529.html（令和四年六月二十七日閲覧）。

《朔郎の義兄片山東熊》

（一）塵海研究会『北垣国道日記「塵海」』思文閣発行、二〇一〇年（明治二十二年十二月二十七日と二十八日の記述（片山東熊が国道の勧めにより田邉朔郎の姉鑑子を嫁にすることを承諾した状況証拠。朔郎と静子の縁組を決めた二か月後の会談））。

《朔郎の孫康雄（筆者）の外祖父有賀光豊》

（一）編纂委員長渡辺彌幸『有賀さんの事績と思い出』日本高周波鋼業株式会社内編纂会編集兼発行、株式会社研文社印刷、一九五三年五月三十一日（国立国会図書館サーチ）。

（二）多摩霊園著名人研究家小村大樹「歴史が眠る多磨霊園（有賀光豊の項）」http://www6.plala.or.jp/guti/cemetery/PERSON/A/aruga_m.html（二〇二二年六月二十日閲覧）。

《朔郎の孫康雄（筆者）の嫁の曾祖父大迫尚敏》

（一）大迫尚敏『大迫系譜（全）』宮内省爵位局提出、一九一六年八月（慶応四年一月二日、京都鳥羽街道に徳川

慶喜の先鋒と開戦と記載がある。前年二月、英国式歩兵訓練を受け、三月に島津久光に従って京都に上るとの記載がある）。

十一．田邉朔郎が卒業した工部大学校に関する文献

（一）加藤鉦治（詔士）「日英教育文化交流史研究～日本・スコットランド間の技術移転と文化交換を中心に～（研究課題番号11610257）」平成十一年度～平成十三年度科学研究費補助金（基礎研究【C】【二】）研究成果報告書、研究代表者名古屋大学教育学部教授加藤鉦治（詔士）、二〇〇一年、他、研究論文多数（第三部朔郎特別展に記載あり）。

（二）加藤詔士「お雇い英国人教師ヘンリー・ダイアーの日本研究～成果と特色～」日本英学史学会『英学史研究』第41号、二〇〇八年十月一日。

（三）ヘンリー・ダイアー著、平野勇夫訳『DAINNIPPON The Britain of the East, 大日本 東の英国』実業之日本社発行、一九九九年十二月一日。

（四）ロビン・ハンター著、加藤詔士・宮田学訳『ヘンリー・ダイアー物語、日本とスコットランドの懸け橋』大学教育出版発行、二〇二二年五月三十日。

（五）加藤詔士「帰国後のお雇い教師H・ダイアー（グラスゴー技術教育の改革）」本英学史学会『英学史研究』第五十三号抜粋、二〇二〇年十月日。

十二．朔郎の孫、筆者の筆になる文献

（一）Yasuo Tanabe, Mitsubish chemical Industries Limited Tokyo, Japan, "New route to 14BG and THF,"

HYDORCARBON PROCESSING SEPTEMBER 1981, p-187.

(二) THE OKOCHI MEMORIAL PRIZE, 1986, Mitsubishi Chemical Industries, Ltd., "Development and Commercialization of 1,4-Butanediol/Tetrahydrofuran Production Technology," ISSN 0289-9329.

(三) 田邉康雄「旧幕臣『生身の人間』田邉朔郎の一生」京都市上下水道局琵琶湖疏水記念館主催「田邉朔郎特別展」より、開催期間二〇二〇年十一月十七日から二〇二一年五月九日まで。

著者略歴

歴史ノンフィクション作家。京都疏水のプロジェクトエンジニア田邉朔郎を祖父とし、同プロジェクトリーダー北垣国道を曾祖父として昭和十一（一九三六）年に生まれた。京都大学工学部燃料化学科を一九六一年に卒業し、同修士課程を一九六三年に卒業した。直ちに三菱化成工業（現ケミカル）株式会社に入社し、同社のプラント建設プロジェクトエンジニアを経て現在、有限会社田辺コンサルタント・グループ代表取締役社長。安全技術コンサルタント。

歴史ノンフィクションに関する作品は、一族の伝記『びわ湖疏水にまつわる、ある一族のはなし』と自叙伝『生涯現役エンジニア®』の二件。今回が第三回目の作品であり「集大成」。その他工学分野に関する著書・論文は約百件と多数を数える。他に特許二百件。

国内資格：技術士、中小企業診断士、労働安全コンサルタント、全国通訳案内士、英検一級合格。

海外資格：英国ＣＱＩ／IRCA Registered Quality/Environmental/Occupational Health & Safety Management System Principal Auditor（品質・環境・安全衛生の三分野ＩＳＯマネジメントシステム主幹（最高位）審査員）。

受賞歴：プロジェクトリーダーとして建設した「三菱式ブタジエン原料ブタンジオール製造プラントが大河内記念生産賞【特賞】、日本化学会技術賞、石油学会賞等を受賞した。

恩讐の彼方に

ある工学一族と近現代日本の軌跡

二〇二三年一月三〇日　発　行

著作者　田邉 康雄 ©2023

発行所　丸善プラネット株式会社
〒一〇一－〇〇五一
東京都千代田区神田神保町二－一七
電話 〇三－三五一二－八五一六
https://maruzenplanet.hondana.jp

発売所　丸善出版株式会社
〒一〇一－〇〇五一
東京都千代田区神田神保町二－一七
電話 〇三－三五一二－三二五六
https://www.maruzen-publishing.co.jp

組版　株式会社明昌堂
印刷・製本　富士美術印刷株式会社
ISBN 978-86345-541-2 C0021